哈佛投资课

刘长江　编著

吉林文史出版社
JILIN WENSHI CHUBANSHE

图书在版编目（CIP）数据

哈佛投资课 / 刘长江编著. -- 长春：吉林文史出版社, 2017.5（2021.12 重印）

ISBN 978-7-5472-4074-8

Ⅰ. ①哈… Ⅱ. ①刘… Ⅲ. ①投资经济学 Ⅳ.①F830.59

中国版本图书馆CIP数据核字(2017)第091901号

哈佛投资课
HAFO TOUZIKE

出 版 人	张　强
编 著 者	刘长江
责任编辑	于　涉　董　芳
责任校对	薛　雨
封面设计	韩立强
出版发行	吉林文史出版社有限责任公司
地　　址	长春市净月区福祉大路5788号出版大厦
印　　刷	天津海德伟业印务有限公司
版　　次	2017年5月第1版
印　　次	2021年12月第5次印刷
开　　本	640mm×920mm　　16开
字　　数	200千
印　　张	16
书　　号	ISBN 978-7-5472-4074-8
定　　价	45.00元

前　言

　　哈佛大学创建于 1636 年，是美国最古老的高等学府，也是世界最负盛誉的名牌大学之一，同时也是全球造就亿万富豪最多的大学。哈佛大学人才辈出，ABC 著名电视评论员乔·莫里斯在哈佛 350 周年校庆时曾这样说道："一个曾培养了多位美国总统、多位诺贝尔奖获得者、多位普利策奖获得者以及数十家跨国公司总裁的大学，她的影响足可以支配这个国家……"哈佛大学是辉煌的，但大学中的哈佛商学院更令人称道。它的商学院被喻为"总经理摇篮"，培养了微软、IBM 等一个个商业神话的缔造者。著名亿万富翁纽约市长彭博、维亚康姆执行董事长雷石东、城堡投资集团创建者、对冲基金大亨格里芬、美国前财政部长保尔森以及石油大亨老洛克菲勒都出自哈佛。据美国《福布斯》杂志最新公布的"美国造富大学排行榜"显示，哈佛大学因造就了 62 位在世的全球亿万富豪而名列榜首。由于培养了众多富豪级的校友，哈佛也因此而成为全美接受捐赠资金最多的大学。

　　哈佛大学之所以能在商业方面培养出灿若群星的杰出人才，归功于它有一套独特有效的投资学方法。考入哈佛大学，亲自去学习这些方法，是多少学子梦寐以求的事情；将自己的孩子送进哈佛大学深造，又是多少父母望子成龙的殷切期望。然而，能真正走进哈佛大学的人毕竟是极少数，大多数人难以如愿以偿。为了帮助莘莘学子及广大渴望在财富方面有所成就、有所作为的读者不进哈佛也一样能聆听到它在投资学方面的精彩课程，学到百年哈佛的成功智慧，我们编写了这部《哈佛投资课》。

投资学是指一门旨在揭示市场经济条件下的投资运行机制和一般规律，并在此基础上分析各类具体投资方式运行的特点与规律，以使人们在认识投资规律的基础上提高投资效益的学问。通俗地讲，投资就是合理地利用投资工具和投资知识进行不同的投资规划，完成既定的投资目标，实现最终的人生幸福。投资有两个主要目标，一个是财务安全，一个是财务自由。财务安全是基础，财务自由是终点。正确的投资可以使财富成倍增长。哈佛大学一直强调投资的重要性，正确的投资可以为你保存第一桶金，并且让它不断增值。正如股神巴菲特所说："一生能够积累多少财富，不取决于你能够赚多少钱，而取决于你是否懂得投资理财，钱找钱胜过人找钱，要懂得让钱为你工作，而不是你为钱工作。"

罗伯特·清崎说："人们纠结于财务问题的主要原因是，他们在学校里待了很多年，却对金钱一无所知。结果便是他们学会了怎样为金钱工作，而不是让金钱为他们工作。"因此，现实生活中，我们经常听到一些人为自己没钱找借口，抱怨命运的不公。其实，这是大多数人的通病。他们从来没有考虑过，他们之所以如此，是由于不会投资理财，对金钱一无所知。因为缺乏投资方面的知识导致行动的落后，行动的落后导致生活的贫穷。世界上许多穷困的人都是有才华的人。这些有才华的穷人整天就想着读完大学读硕士，读完硕士读博士，甚至还要出国深造，考各种各样的证件，以期在毕业的时候能找到一家好的雇主，得到一份高薪水。在他们的思维中，从来就没有想过如何学习有关投资方面的知识。结果，博士、硕士给擅长投资的高中生甚至初中生老板打工的现象比比皆是。因此，如果不努力提高你的投资方面的知识，即使你学到其他再多的知识，考到再多的证件，你依然无法在财富方面取得成功，更别说获得财务上的自由。

　　很多人看到比尔·盖茨、李嘉诚等人的财富都很艳羡，梦想着有朝一日能够像他们一样家财万贯。其实，你要成为亿万富翁也不是没有可能。这是一个创造奇迹的时代，人人生来都是平等的，本来就没有高低贵贱之分。比尔·盖茨、李嘉诚起初也是贫穷的人，但他们最终成为了富翁，他们致富的秘诀是什么呢？答案就是不断进行投资。他们时刻都像一个富人那样在思考、在行动，最终通过不懈的努力，实现了自己人生的辉煌。因此，你现在的贫穷并不可怕，关键在于你要懂得如何进行投资理财，改变自己的贫穷思维，接受富有的思维。学会像富人一样思考，像富人一样行动，最终你也可以成为亿万富翁。

　　中国有句古话说："取法其上，得乎其中；取法其中，得乎其下。"我们要想在投资上取得卓越的业绩，最好的办法就是学习最伟大的投资学知识。毫于疑问，哈佛投资学便是这样一门最值得我们学习的课程。

　　这本《哈佛投资课》就是综合哈佛投资精华理念，从问题出发，通过深入浅出的解说和翔实的投资案例为大家一一介绍投资学的各方面知识，从什么是投资，投资的原理、理念、方法、陷阱等方面向大家展示哈佛大学投资课的知识系统，涉及银行储蓄、房产投资、保险投资、股票、基金、债券、期货、外汇、黄金、风险投资、私募投资和机构投资等相关方面的知识。通过本书，将让你感受到哈佛大学投资学课程的独特魅力，学习哈佛大学投资致富的精髓，让自己更早走上财务自由之路。

目　录

序章 走入哈佛的投资世界

第一节 保尔森怎么成为华尔街的
游戏规则制定者

在房地美和房利美出事后，财政部长亨利·保尔森决定开会收拾残局。财政部、美联储、美国联邦住房金融局负责人洛克哈特和房利美的高管齐聚一堂。保尔森回忆说，玻璃墙围成的会议室里当时至少聚集了十多个人，有的围坐在主会议桌旁，有的沿墙而坐。

洛克哈特是第一个发言的。他给房利美状况作了一个漫长的、详细的演示后，指出房利美各种违规之处。在美国的金融活动中，这些违规并不是什么大事，对洛克哈特来说这就像是违章停车罚单那么稀松平常。

洛克哈特的表现，在保尔森看来是有些紧张和犹豫的。不过，事情最终指向了房利美的要害：稽查员们判定房利美的资本金不足，这家公司的经营存在不安全和不合理的地方。联邦住房金融局已经决定将房利美置于接管程序下。洛克哈特最后实话实说：人们都希望他能够自愿接受，但他们不接受，联邦决定强行掌握控制权。就像保尔森等人事前商量好的那样，洛克哈特宣布已选定了新的 CEO，新的团队也已准备就绪。

在洛克哈特讲话的过程中，保尔森看到房利美的负责人马德十分痛苦。

"他们怒火中烧。马德一会儿皱眉，一会儿冷笑，有一次还双手抱头，摇晃不止。我对他产生了一丝同情。他也很不容易。房利美或许有些傲慢，甚至有些浮夸，但马德是在一宗肮脏的财务丑闻之后接任 CEO 之职的，而且在他尽力清理烂摊子的过程中，他一直是比较合作的。"

最后，保尔森发言，他说："吉姆已经阐明了房利美严重的资本短缺，我同意他的分析，但我还要补充一点，我不打算给现在这样的房利美注资一分钱，尽管国会已经授权我这么做。"保尔森这么做是有自己的充分理由的。保尔森认为，房利美做得比房地美要好，他们在该年早些时候已经融资 74 亿美元，而房地美却延误了战机，导致了更大的资本缺口。但是，两家公司现在都已无力获得私募资金。

在《峭壁边缘》这本自述性质明显的书中，美国前财政部长保尔森先生真实表达观点：对于祸国殃民的房地美和房利美，他"一个子儿"的救援都没有。

高高在上，训话美国最大的住房贷款管理者的底气，非常人可比。布什和奥巴马本人也不会如此直白了当的说话。在这里，保尔森就像是国王，在向自己的臣民——美联储主席和银行的董事发号施令。

你并没有看错或者听错，保尔森就是华尔街的国王。只不过，更多时候，他扮演的是一个掮客的角色。

只要熟悉他的履历，你就会更加确信这个哈佛毕业生的角色。这是迄今为止，哈佛大学最有金融帝国特色的代表。他一系列的身份转换，如此耀眼，以至于外人要么空叹浮光掠影，要么眼花缭乱。

1970 年从哈佛大学商学院毕业。1970 年至 1972 年，在五角大楼担任国防部长幕僚助理。在 1972 年到 1973 年，任尼克松政府的总统幕僚助理和白宫内务委员会成员。

1974 年，他加入了高盛的芝加哥分部工作，开始职业投资银行家生涯。1982 年，他成了公司的合伙人。1983 年至 1988 年，在中西部带领着高盛投资银行部，1988 年成了高盛芝加哥办公室的管理合伙人。1990 年至 1994 年 11 月，担任高盛投资银行部的联合主管。1994 年，升任为高盛公司总裁兼首席运营官，并首次被提名为首席执行官。1998 年，又成为高盛公司高级合伙人之一。1999 年，他随着高盛上市成为高盛集团董事长兼首席执行官。在他的带领之下，高盛的利润在众多美国证券公司中非常突出。2005 年，他五年的报酬有 3700 万美元，单单是 2006 年的报酬已经高达 1640 万美元。估计在那时，保尔森的身价已经超过了 7 亿美元。堪称亚历山大以来最富的财政部长之一。

这份履历表向人们披露了一个美国政治界和金融界的惊人秘密：高盛公司更喜欢国防部，只要转角一定会发生权钱的质变。保尔森就是这个奇怪转角的中心人物。

1972 年，保尔森只有 26 岁，在越南战争的旋涡中心国防部任职。那个时候他和高盛这样的中型公司没有任何关系。那时华尔街，真正掌控天下的是股票投机巨头和大财团，比如福特家族和摩根家族。大规模的金融对冲还没有出现，布雷顿森林体系的管制十分严格，监管所及，任何大规模的国际投机都只能在地下暗流中涌动。

我们有时不得不佩服哈佛商学院的二流毕业生保尔森的眼光。当越南战争开始成为美国耻辱的时候，这个人居然巧妙地离开了国防部，转而进入当时不显山不露水的高盛。高盛公司能看上这个国防部年轻人，今天看来，主要是金融家们嗅到了美国当时政治和经济的双重混乱。

尼克松政府在黄金问题上的暧昧态度，给了大投机者们大展拳脚的希望。黄金体系管制放松后，金融家们开始意识到，绕过美国政府直接炒黄金是个不错的想法：最早的一批外汇精英，就从大银行中诞生了。对于保尔森而言，显然国防部的经验告诉他，战争迟早要结束，只要战争一结束，就有可能造成大量的投机客和黄金黑市交易。问题是，投行的生意在哪儿？

投行在分业经营没有松动前，按照管理费和承销费赢利。要在混乱中赢利最多，必须学习淘金热中的发财者。保尔森和属下盯上了恶意收购这块"肥肉"。道理上很简单，因为大公司随时能在外汇市场上投机，他们的卖空规模十分的可怕。空头们错综复杂的借贷关系，频繁的竞争和市场的狭小，导致彼此有敌意的公司越来越多。敌意收购战成了那个时代美国市场的淘金热，在恶劣的环境下，反恶意收购成为一门大生意。这和加州淘金热富了李维斯牛仔裤生产商一个道理。

保尔森是个天生的掮客，是能利用关系说服某些公司作"白手套"的佼佼者。保尔森甚至会用边打边拉的手法，让自己左右逢源。经常在一次拯救活动中可以同时有两笔可观的酬金。高盛就在这些中介生意中一天天壮大起来，成为华尔街的一大实力集团。

此后，随着生意增加，高盛公司开始涉足期货。1973年石油危机发生，有着国防部背景的保尔森瞬间成为发战争财的高手。他在期货市场的投机，每每因为战争威胁，就可获取巨额利润。高盛在历史上最明智的购入阿朗公司案就是保尔森的手笔。从此高盛成为一个依靠关系、战争和华尔街的掌控者。

时间穿越到1990年海湾战争前夕，石油期货的大投机者保尔森步步高升，逐渐成为高盛的掌控者。看上去，政治和石油、金融的组合让美国不断发动石油战争。事实的真相是，此时的高盛公司已经不甘心听消息获利，而是靠主动操作获取暴利。每一次石油战争，都是高盛做空或者做多的巨大机会。为了让利益最大化，保尔森这个掮客终于从金融"白手套"变成了政治的"白手套"。2005年他成为第一个投行出身的财政部长。和保尔森相比，游离在白宫之外的索罗斯简直温和得像个绅士。

回顾保尔森这段历史，稍微有点儿判断力的人都该明白。

保尔森之所以能够成为政界和华尔街的红人，的确同他特殊的中间人身份有关。这只是一场自然而然的进化历程而已。这甚至已经不是罗斯柴尔德家族的内森可以望其项背的。

　　早在熊彼特时代，哈佛的商学院教案就这样写道：经济学家把金融看成是货币和经济的中介。而保尔森则是成功将这一理念进行最大利用的人物，可以说，他本人就是这套制度的象征。只不过，当你从哈佛教科书的故事堆中找到这句话的时候，更感到金融中介的分量和真正意义。

第二节　萨缪尔森怎么拿风险价值公式当消遣

　　在常人看来，萨缪尔森是投资界的外人，而事实是他不仅是名副其实的"行家"，也是当时一个著名的投资者伯格的忠实粉丝。

　　1915 年 3 月 15 日，萨缪尔森出生于美国印第安纳州一个犹太人家庭。一战后，他们全家移居芝加哥，萨缪尔森随后就读于海德公园中学，开始研究股票市场，还帮助代数老师选择股票。和通常多数人的想象不同，经济学的顶级大师萨缪尔森从小就是个资深股民。

　　1935 年，萨缪尔森获芝加哥大学文学学士学位，1936 年获芝加哥大学文学硕士学位，1941 年获哈佛大学理学博士学位。在哈佛就读期间，师从约瑟夫·熊彼特、华里西·列昂惕夫、哥特弗里德·哈伯勒和有"美国凯恩斯"之称的阿尔文·汉森研究经济学。

　　说到股票，在萨缪尔森那个年代的经济学家里，是很普遍的讨论话题。只不过那时候的讨论，类似于如今华尔街经理人俱乐部沙龙，不是学术界的研讨会。当时的哈佛，教授在股市中赔钱的不在少数。大名鼎鼎的熊彼特，本来打算在美国大发一笔横财，用来填自己在维也纳炒股的窟窿。想不到，熊彼特和马克·吐温一样，数学不太好的贵族范教授又一次赔了。于是之后的很长时间，他不得不勤快地上课、写书，依靠版税生活。经济系主任陶西格先生倒是不经常赔钱，不过严格来说他是银行家，对炒股十分谨慎。商学院的教授们，更关心泰罗制的效率高不高，炒股是他们推荐给工人的和谐新手段。问题是教授们也是干说不练。

1936 年凯恩斯来美国后，哈佛的学子中便流传着这个英国人的种种奇闻。凯恩斯爱炒股、大赚特赚的神奇传说最吸引学生们的注意力。有些人决定甚至追随他到剑桥试试身手，哪怕做个助理员也行。那时出身银行家的不少哈佛才俊后来都去了英国。

在哈佛学习的萨缪尔森认为，凯恩斯的确是个榜样，因为他也是数学系出身。除了中学时代的股市残留记忆外，此时萨缪尔森更加关心风险的问题：为什么人们对于风险无法测量？风险到底是怎么计算出来的？人和人对风险的态度为何不同？

由于学术界和华尔街的态度相同，对于风险的研究感兴趣的人在那个时代是个异数。只有很少的领域偶尔才勾起人们的兴趣，比如保险公司和家庭理财。

直到上世纪 60 年代，萨缪尔森才开始研究风险的数学量化。在他看来战后的稳定环境，已经可以开始让人们冷静下来研究这一问题。他的一位校友，从海军陆战队服役后回校的阿罗和法国青年德布鲁，率先对风险进行了分类，其中关于风险偏好的说法，解开了萨缪尔森对于人们风险爱好观点不同的迷惑。

开拓性的研究，让萨缪尔森也着手研究细分的股市中风险的秘密。后来，他意识到市场上的风险和不确定性是有相关性的，风险可以降低，但不能减少。股票和资产的组合，可能和风险的价值有关系。为此萨缪尔森提出存在一个风险组合的理想值，所有的资产应该是围绕这个值进行波动。这无异于指出，市场才是股市中的决定者，而且这些决定是人所不能操控的。这当然是和华尔街的认识不同。由于使用大量的高级数学，萨缪尔森也开投资学术化的先河。

在那以后，利用最新的数学手段，检验股票的各方面指标的做法层出不穷。过去那种依靠图表和财务分析的方式，逐渐被边缘化，除去极少数未被证伪的部分外，多数已经被今天的学术界看成是胡言乱语。这就是为什么今天华尔街和学术界如此意见相悖的缘由。

当萨缪尔森第一次写出自己的风险价值公式的时候，他开玩笑说，这些价值公式的意义不过是自娱自乐而已。在 1960 年以前，没有人相信仅仅凭借数学和经济学的工具就可以对市场进行验证。人们相信股票是按照内在价值确定价格的，这个价值和风险没有被发现，是人们的技术水平不足。而萨缪尔森明显是同这个观点唱对台戏，因为他的理论是根本不存在这样的理论。

萨缪尔森的贡献在于：人们从此打破了对华尔街分析师的迷信，投资成为了严肃的学术研究。不再是任何华尔街分子可以染指的地方。如今的学术界已经变成科学家的范围，当一个不再有怪力乱神出现的投资学的世界才是正常的。

第三节　哈佛资产管理公司为何能保持高回报率

从哈佛大学成长、壮大的历史来看，哈佛的资产管理是慢慢建立的。在 18 世纪至 19 世纪，从伦敦富商贺里斯捐资设立神学教授讲座开始，一系列讲座席位得以纷纷设立，自然科学进入哈佛殿堂，捐资助学渐渐成为哈佛校友乃至美国社会的优良传统。各学院在资金筹措方法上也迥然不同。管理委员会授权一个研究与发展委员会于 1948 年 11 月负责监管此事。1949年初，哈佛高等学习与研究基金会成立，其宗旨是为研究生院筹措资金。二战后最初几年，哈佛大学在现代社会的富足景况还未出现，到 1949 年，经验丰富、精明谨慎的波士顿商界人士保·卡伯特当选为财务主管，他充分利用了地方投资公司的知识技术优势，哈佛的研究生院基金逐渐成熟。到 20 世纪 50、60年代，普西校长发动了美国历史上最大的募捐运动——哈佛本科生院计划，这一计划正式公布是在 1957 年 6 月的开学典礼。

作为西半球最早的公司，哈佛本身和资产管理公司并无差异。最早的哈佛就是以公司的形式建立起来的，当时马萨诸塞地方政府为此专门授权建立该公司。从传统上说，人们可以确定，哈佛的公司性质更有利于这个学校的运营。私人学校在过去的几个世纪里，一直依赖各种私人捐献才得以维持，在哈佛一开始就不是问题。校方虽然建立两个委员会保证管理的公开和有效，不过这个机制并不和公司运营冲突。

由于文化和历史的原因，哈佛的资产管理公司建立之初，就和私人管理的对冲基金的早期形式不相冲突。在西方，投资之所以一直被看成是个人的事情，很重要的一点是：投资经理人本身是从私人管家中分化出来的一种职业，体现的是一种领领和附庸的关系。雇佣财务专家是一件很普遍的事情。这类专门被雇佣的私人基金理财经理人是哈佛的资产管理公司的雏形。在 17 世纪，一个能干的家仆是有钱人专门的投资方式。聘用私人管理顾问对于哈佛来说是件水到渠成的事情。

要理解投资和管理顾问，必须了解一个基本事实：和东方国家不同，在西方，管理钱财的专门人士一直都是独立于商人阶层的。商人通常自己就是理财者，他们并不需要专门的管家。所以，东方国家那种专门的账房先生，在西方并没有对等的词语。

犹太人和欧洲国王的特殊关系，造成了今天的理财顾问和投资方式的雏形——雇佣一个管家处理私人事务。最早的欧洲国王和犹太人达成协议，前者在政治上给予犹太人保护，让他们成为合法的附庸和封臣，后者则在保护人的名义下做管家。王室的财产在17世纪后逐渐被这些专业的理财投资者管理。后来中央银行在犹太人的财团中出现了，不过他们和国王国家权贵们的这类特殊关系并没有结束，比如罗斯柴尔德家族，将这项生意一直维持到今天。他们依旧是投行和资产管理公司中的佼佼者之一。

在前现代时期，特殊关系的形成是管家们长期高额利润的来源。犹太人通过放高利贷和控制黄金汇兑大发其财。由于他们广泛的资金网，使得他们能够在流通中赚取大量的利差。各国的关税、商品税甚至王室的王冠都是犹太人发财的一种重要的保证金。毕竟投机生意总是需要一定的机会成本的，而那些机会成本高的投资，通常都是风险很小的那种，典当控制货币就成为最保险的买卖。

随着犹太人金融业的发展，资产管理公司不再仅仅流动在上层社会，民间也开始流行。于是像哈佛这样的公司，就成为了一种潮流。此时他们的利润已经变成以管理费为主。因为金融规模太大，直接控制资金越来越难，所以用杠杆的以小博大的方式会更有效。在当代，资产管理公司已经改头换面，如今的资产管理公司虽然保留古老的合伙制，经营者都已经变成独立的经理人。

1974年，哈佛管理公司成立，对学校监事会和学校董事会负责并汇报工作，目的是"为学校提供与其他名牌大学所获得的一样丰厚的回报"。该公司负责将哈佛所获得的捐赠进行与其规模和现代财经市场的复杂性相适应的投资。校方选聘由卡伯特领导，卡伯特招募了另外由哈佛的工商管理硕士或是波士顿投资银行、投资公司的杰出人士等组成的8位搭档，这支9人团队在制订和实施投资方案时果敢而富有想象力，其优异表现使哈佛大学所获捐赠资金的增长率超过通货膨胀率，使哈佛成功驾驭更为复杂的投资领域。随着公司业务不断扩张，10 年间团队成员从 9 位增至近百位。

经理人相对于管家，不可同日而语。经理人是专业的投资专家，他们有独立的经验和方法，这和私人管家不同。其次他们的服务对象具有普遍性，不像私人管家只针对有钱人。最后经理人的效率高，收费低，管家则除去效率较低，还需要各种情感和利益上的输送才能稳定。

现代的哈佛资产管理公司的高回报主要来源于资产管理，科学地分散风险。几乎所有的投资都是精心计算和决策做出的，不再是从前那种充满复杂利益关系、疯狂的阴谋和特权的非法勾当。哈佛不断吸引华尔街的优秀经理人进入资产管理公司，保证决策者的素质，很大程度上说这可以最低限度地降低投资决策本身的风险。

与那些有着严密的公立学校管理制度不同，哈佛没有政府的支柱，不可能有稳定的收益，但也因为如此，他们在资金管理上也格外出色。经历了几个世纪的风雨，哈佛已经是世界上回报率最高的学校，不过这些高回报主要是靠风险投资。在这当中，资产管理公司可谓功不可没。长期成功的资产管理无疑是哈佛成功的第一秘诀。

第四节　窥探哈佛钱袋子的秘密

美国大学教育基金规模庞大，是大学经费的重要来源。哈佛大学拥有世界上最大的学术投资基金，2007 年资金规模超过了 350 亿美元，由于金融和经济危机的影响，截至 2010 年 6 月底哈佛基金为 276 亿美元，占大学预算 35%。普林斯顿大学教

育基金达到 144 亿美元，耶鲁大学捐赠基金总额 2007 年超过了
230 亿美元，受危机影响，2010 年为 167 亿美元，占学校经费
支出的 41.3%。

　　美国大学教育基金的主要目的是支持大学发展，主要来源
于校友、相关企业和社会团体等，因此教育基金通常采用非公
开形式筹集。募集工作常常由校友会承担。从美国大学基金募
集方式看，主要有个人直接捐赠和委托计划性捐赠两种。个人
随机的、事先无安排的捐赠，主要是针对具体项目的集资捐赠，
例如校友大厦等。一般大学会设立专门的捐赠联系电话和邮箱、
大学网站也会开辟捐赠网页方便大家捐赠。委托计划性捐赠主
要包括个人年金捐赠、信托捐赠、遗产捐赠、财产捐赠等方式。

　　美国大学基金一般由专业资产管理公司负责管理，如哈佛
的哈佛基金管理公司，普林斯顿大学的普林斯顿大学投资管理
公司。说这些管理公司是钱袋子，一点儿也不为过，从规模和
管理上说，这些公司通常集中了一个大学 90% 以上的财源。失
去这些公司，大学的经费几乎可以算作彻底断绝。学校立刻就
会停止运转。

　　在大学众多的钱袋子中，显然哈佛的那个最鼓，最吸引眼
球，许多人可能想知道，这个大钱袋子内部到底是什么样子呢？

　　从外向里看，哈佛的钱袋子是一种市场运作模式。特点是
机构独立、自主，基金完全按照市场规律运作，管理人员专业，
基金会工作人员的工资收入和福利根据其获得的捐资和基金运
作产生的收益的比例确定，管理规范和运作高效。哈佛大学的
教育基金由内部职业投资人和外部第三方管理团队进行资产管
理，通过内外部两个平台，实行积极管理策略，构建全球投资
组合，以应对千变万化的市场。

　　从里向外看，哈佛大学教育基金是个根据投资实践和理论
基础建立的"捐赠模型"。投资特点为高分散性、多元化和长期
性，除股票、债券外，还包括私人股权投资、房地产等实物投

资。耶鲁基金在投资理论上遵循均值方差分析进行投资管理。普林斯顿大学基金特别注重基金未来收益的增长，始终保持对股权投资的偏好。2010 财年，哈佛大学教育基金收益率为 11％。普林斯顿大学教育基金收益率为 14.7％，耶鲁大学教育基金收益率为 8.9％。

你想知道里面都放的是什么类型的硬币的话，那就更有意思了。基本上哈佛就是一个现代货币投资工具的展览厅，几乎什么都有。一般来说股票最多，其次是实物，最后才是债券。大学基金投资于股权投资的比率超过一半或接近一半。股权投资包括国内股票投资、外国股权投资、新兴市场股权和私人股权。哈佛、耶鲁和普林斯顿在股权上的投资均高出大学基金在股权投资的平均比率。在股权投资中，对私人股权的投资比率明显较高。哈佛大学更注重对国外股权的投资，其比例为 22％。对实物资产的投资比率日益增长。如商品投资、房地产、自然资源等。哈佛大学在实物资产方面的投资比例为 23％。在固定收益债券投资的比例越来越小。美国大学教育基金在固定收益资产上的平均投资比率为 15.3％，只有哈佛在该资产的投资为 13％。这与近年来美联储量化宽松的货币政策造成高通货膨胀有直接关系，固定收益易被高通胀侵蚀，为保证基金的收益率必然要减少对该金融资产的投资。

哈佛的资产管理公司几乎是什么赚钱，什么风险最低就投资什么。他们的资产结构比例也明显的是一种固定比例的投资组合形式。这种投资比例符合现代投资学"鸡蛋不放在一个篮子里"的理念。同时它也突出重点，不会出现分散过度的问题。哈佛的股权比例高，可能奉行的还是长期持有的理念。至于债券占据比例较低，这主要是因为美国的国债市场不够活跃。

即使人们知道哈佛的投资比例和高收益，许多基金公司，他们总是无法像这个钱袋子那样良好地运转，直到近年来哈佛基金亏损，人们才突然意识到。原来这些黄金投资比例也是会出错的。在 2008 年，完全不设防、有点儿混乱的耶鲁管理方式的绩效就超过了哈佛。

不过哈佛人对此信心十足，在他们看来这是基金管理的必然。一个基金不可能永远高收益，总是有高有低。哈佛永远都是如此，会让人怀疑哈佛是不是也跟麦道夫一样具有见不得人的秘密。

毕竟，教育基金投资是一种公益性基金，因此在投资管理中必须将安全性和长期收益放在首位。同时寻找一个富有投资经验、具备创新能力和执行能力的管理团队是价值增值的前提。

从资金来源看，美国教育基金主要源自企业和个人财产有计划地捐赠，有明确的投资原则、投资目标和投资方案，每年均有年报说明当年的投资情况。哈佛近年更加注重抗通胀品种资产的投资（如房地产、自然资源等），而耶鲁和普林斯顿大学更偏好股权投资。大学基金在本轮的金融和经济危机中难免损失，但大多投资回报率较其他机构投资稍强，因此必须加强对宏观经济环境的分析，构建多重动态风险管理体系，为基金的保值增值护航。

第五节　哈佛投资天才米亚是如何投资的

2005 年，哈佛大学当时的基金总额已经突破 250 亿美元。那时的哈佛大学捐赠基金的数额远远超过世界上其他任何一所大学，比紧随其后的耶鲁大学多出 100 亿美元。如此辉煌的业绩，离不开哈佛大学管理公司首席执行官的努力。

哈佛大学管理公司前任首席执行官杰克·米亚是机构投资界的知名人物，在他任职的 15 年间，哈佛的资产从 47 亿美元暴增至 260 亿美元，年回报率接近 16％。2005 年 10 月米亚离职，并开设了自己的对冲基金。

为人低调、温和却具有强烈的竞争力，瘦而结实，衣着随意，不系领带，乘地铁上班，这就是哈佛曾经的投资天才杰克·米亚的个人特点。米亚是大学基金其他资产项目的开拓者。

与自己的前任不同，米亚不热衷股票投资，信赖多样化的成果，喜欢独辟蹊径。当多数人热烈地追捧股票市场的时候，他却采取冷眼旁观的态度，转而在债券投资上下功夫。在股票市场出现疯狂的牛市下，这种行为和疯子无异。同期因为股票的高涨，通胀随之而来，国债的收益和银行存款差不多，在别人的投资不断浮升的时候，哈佛基金却是慢腾腾的，一点儿没有跟上大盘的走势。许多人曾经认为哈佛雇佣了一个不正常的基金管理者。

2000～2003 年，当标准普尔 500 下跌了 33 个百分点后，这种战略在金融危机甚至整个金融市场崩盘后显现了它的战略意义，因为在那以后哈佛的捐赠基金同期增长 9%。

从米亚的投资构成来看，是一类倾向于在多样化的基础上，进行危险对冲的策略。从某种意义上说，他的投资似乎更依靠宏观经济的看法，而不是计算，和多数宏观对冲基金可能类似。

1993 年开始，美国进入一个通胀的低潮期，经济异常繁荣，高科技公司的上市推动，股票市场的资产效应十分明显。那是 80 年代以后最大一次股市造富的大潮。许多人因为股票价格飙升，一夜成为亿万富翁。道·琼斯的股市翻点的时间超过历史纪录。在经济学界弥漫超然的乐观情绪，有的经济学家声称，美国的繁荣正在开启新经济，互联网将是永不下跌的道·琼斯这类观点，不一而足。

细心的经济学家会发现这是个靠不住的繁荣，因为就在那个时代，哈佛的宏观经济学家索洛就指出，他根本没有从国民收入增长中找到计算机的成分，索洛甚至不满地质问：计算机的贡献在哪儿？

美国政府提出信息高速公路的计划，谁也没有料到这不过是个噱头。要实现该计划，美国至少需要进行一次大规模的基础设施重建。这意味着美国政府必须靠赤字来维持投入，又意味着将从股市中分流很大部分的资金，显然，真的这么做了，股市很可能会因此下跌。这种理论上的冲突，至少从宏观上说是完全正确的。

格林斯潘显然在那个时候就看到了这种冲突，所以他不断地在利率上施压，防止资金从股市中流出。自然总有一天这类泡沫会破灭。

米亚所在的团队很清楚这一点，作为全球宏观经济理论最顶尖的地方，不可能不知道这是个再明显不过的宏观漏洞。这也导致米亚在这个时机，大规模投资那些安全避风港的债券和抗通胀股票。

正因为这个对冲机制可以预见有大规模的暴利，所以米亚更可能依赖外部的经理人。因为一旦哈佛的内部教授参与，就可能成为外人的口实，为了避免尴尬和舆论关注，米亚不停地招揽外部人才。在米亚的领导下，哈佛捐赠基金开始越来越依赖外部专业人才，尤其是基金经理人。1997年底，只有15%哈佛捐赠基金分派给外部的基金经理人，而在米亚离职时，这个比例达到约50%。

1998年牛市中，米亚担心无法留住自己辛苦招募并培养起来的基金人才，向监管哈佛捐赠基金的哈佛经营公司建议允许哈佛管理公司经营其他大学的捐赠基金，使米亚及其员工可以获得额外的收入。经营公司委员会担心其中可能存在矛盾，断然拒绝了他的提议，这引起了人才的大量外流。

2004年米亚的收入达到七百万美元。尽管以华尔街的标准，700万美元的年薪合情合理，然而作为非营利性的大学机构却对发放给米亚及其基金经理人的巨额薪金持有异议。尽管哈佛校长知道外聘基金经理人也许要花费更高的代价，但是对于哈佛，一个非营利性机构来说，形象更重要。

　　总的来说，在米亚之前，哈佛的投资还从没有过那么具有对冲基金投资的色彩。也正是因为这一点，高薪成为一种必然的要求。和别的基金不同，对冲基金的管理费从来都是水涨船高。当然这一点也激化了米亚和哈佛校方的矛盾。毕竟在一个传统的保守大学里，对冲基金的高风险，只能偶尔为之，长期出现，必然让学校担心资金的安全。就算米亚取得那么好的成绩，可是这不能让大家放心。

　　到 2005 年 10 月，备受争议的米亚离职。他开设了名为 Convexity Capital Man—agement 的对冲基金，并带走了 30 名员工——几乎是哈佛大学管理公司的整个债券业务部门，同时也是创造了捐赠基金近年出众业绩的整个投资小组。

　　一个原本是哈佛基金的改革性人物，投资天才，就这样离开了哈佛。不过他的战略倒是很好地在哈佛贯彻下来。继承者埃利安，年轻时大部分时间在欧洲度过，是受过一流训练的经济学家——剑桥大学毕业，牛津大学博士——他一直认为他最终将回到学术机构。

　　"我管理着全球最大的新兴市场基金，媒体和市场对我的一举一动都密切关注。"他相信哈佛的竞争优势。"它有长期投资的视野、AAA 级的资产负债表、稳定的资金来源，以及吸引创意和人才的能力。"

　　公司自身管理约一半的财产，剩下的由外部管理公司进行投资，这是米亚的外部型对冲基金的政策的延续。哈佛大学管理公司将私人股本、房地产和大宗商品的投资外包，在新兴市场、债券和股票的投资则内外管理相结合。"混合模型是有道理的，"埃利安说，"挑战总是在于如何识别有增加值的资产类别。"

第一章 为什么投资常令人困惑

第一节 投资并非大多数人想象的那样

"投资"这两个字想必大家都不陌生。近些年来世界的经济发展可谓日新月异，投资市场和投资品种也是渐渐地丰富和完善起来，靠投资致富的人也越来越多了。但是，很多人对投资的理解有点儿狭隘，他们对投资的理解往往是好莱坞影片中的投资方式。其实投资并非大多数人想象的那样。

在大多数人的眼中，投资是一个充满戏剧性、激动人心的过程，提起投资，他们的脑海里就会浮现出这样的一幅场景：场内经纪人在交易日的开盘时大喊买订单或者卖订单，或者是某位富豪在一场交易中赚到数百万美元，或是股票价格暴跌后，投资者跳楼自杀。这就让有些人认为，投资需要冒很大的风险，要有非常好的运气，还要挑选最好的时机，还需要市场上有热点，投资者能够迅速收集所有的投资消息等等；更有一些人是这样认为的，把钱交给一些内行的人，让他们帮自己赚钱，这才是投资……其实在这些人眼中的投资并不是真正的投资。

真正的投资是很枯燥无味的，它仅仅是一个由固定程序、策略和一系列能使人变富的措施组合而成的计划。换另一句话来说，投资是一个通过机械操作而达到富裕的过程。更简单一点儿来说，投资是指货币转化为资本的过程，在这一个过程中，不同的人可以采取不同的方式，所以投资对不同的人有不同的意味。

当人们在谈论投资的时候，其实他们是在谈论不同的东西，却还以为是在谈相同的事物，他们总是把自己的投资方式当成是真正的投资，这也是为什么投资总是令人感到困惑的原因。因为大多数人的所谓的投资并不是真正的投资。对于投资，你说东，他说西，自然不会弄明白其中的奥秘。就像对于哈佛大学来说，推出免费的在线课程也是一种投资。

2012 年 5 月 3 日，哈佛大学和麻省理工学院宣布一项名为"edX"的合作计划，该计划将提供这两所大学的免费在线课程。2011 年 12 月，麻省理工学院就已经进行过类似这样的投资工作，在 2012 年 3 月份开始《电路与电子学》的教学。截至 2012 年 5 月 3 日，这个课程已经吸引 12 万人报名，其中有 1 万人已经通过了期中考试。据媒体报道，"edX"将吸取麻省理工学院的这次公开课的经验，开放五项课程。两所大学承诺将为该项目各出资 3000 万美元。

像这样的投资活动，也只有学校之类的机构能够体会到其中的奥妙，普通人是不会把这个当成自己的投资的。从麻省理工学院的《电路与电子学》课程项目的经验，哈佛投资 3000 万美元推出五项课程，得到的回报绝不会仅仅是 3000 万美元。而据媒体报道，之前斯坦福大学、普林斯顿大学、宾夕法尼亚大学以及密歇根大学宣布与 Coursera 合作，开设在线免费课程，还获得 1600 万美元的风险投资。从中我们也可以看到，哈佛大学的这项投资计划会给自己带来不少的风险投资资金。

对于哈佛大学来说，做这一项投资并没有什么戏剧性或者是激动人心的过程，它仅仅是按固定的程序把课程免费在网络上推出，从而等待这个课程为自己带来的回馈。所以说，投资并不是大多数人所想象的那样，投资比大家想象中枯燥无趣多了，它仅仅是一种把资金转换成资本的过程。

总的来说，投资可以分为实物投资、资本投资和证券投资。实物投资是以货币投入企业，通过生产经营活动取得一定利润。

资本投资和证券投资是以货币购买企业发行的股票和公司债券，间接参与企业的利润分配。而绝大多数人所说的投资，常常只是证券投资中的股票和基金之类的投资而已。

真正的投资由于涉及的领域不同，它可以分为股票、债券、共同基金、房地产、保险、商品、储蓄、收藏品、贵金属、对冲基金等不同的类型。不同类型的投资所涉及的各种因素自然不一样。所以我们谈投资的时候不能一概而论。

而且不同的人所追求的投资也有所不同，而不同的投资在他们眼中的价值也是有区别的。就像有些人以孝敬父母为先，这样的人会选择投资于大家庭，因为大家庭是赡养年迈父母的好方法；而对于那些想要谋求好工作的人，他们就会投资于良好的教育、工作安全和各种福利，对于这些人来说，他们自己本身和他们可以出卖的技能就是他们的资产，所以他们会在自己身上投进更多的成本。在美国，约有一半的人投资于外部资产，他们拥有各种股票，因为他们已经意识到工作安全和终生雇佣根本不能保障他们的后半生。

也正是因为他们对投资的追求不同，所以，他们对投资的理解也就会有不一样的理解。会产生这样的结果是因为投资是一个非常广泛的课题。我们可以投资许多不同的事物，我们生活中的一切都是因为有人投资才会存在。为我们提供方便的电，供我们行走的道路，我们住的大楼等等，都是因为有人投资，才有了它们的存在。可以说，投资在我们的生活中无所不在，并不像大多数所认为的那样，只是少部分人的生活方式。

第二节　其实投资并没有什么高深学问

由于大家对投资的认识有偏颇，所以在大多数人的印象里，要想投资成功，就需要有非常高深的学问，这就出现了那些把自己的金钱交给别人去投资的现象。其实，投资并没有什么高深的学问。就拿大家所熟悉的证券投资来说吧。

2002年，在伦敦《金融时报》每年一次的竞赛上，出现了一个5岁的小姑娘。这位小女孩从《金融时报》证券交易专栏列出的300页的上市公司名单中随机选择了一些股票。一位女士用转轮的方式也选择了一些股票。大家把她们所选出来的股票的赢利情况跟顶尖的金融分析师的赢利情况作对比。一年过后，那个小女孩轻而易举地赢了。她的股票上涨了5.8%。而那位通过转轮盘的女士损失了6.2%，输得最惨的就是那个顶尖的金融分析师，他的投资组合损失了46.2%。

从中我们可以看到，没有什么高深学问的5岁小姑娘只是随机选择了一些股票，就轻而易举地击败了拥有高深学问的顶尖金融分析师，即使只是使用转轮盘的方式选择出来的股票都能够比那位专业人士选择出来的组合损失得少。从这一点我们可以清楚地看到，能够成功投资并不需要什么高深的学问。

世界投资大师巴菲特也曾经说过这样的话："如果高等数学是必需的，我就得回去送报纸了，我从来没发现在投资中高等数学有什么作用。"从中我们也可以看出，巴菲特也不认同投资需要高深的知识这一说法。现在社会上有很多人把投资过于神秘化，有很多评论专家更是把投资说得神乎其神，不但各种概念满天飞，而且还把许多非常高深的数学模型、复杂的技术指标、眼花缭乱的走势图表都通通搬过来。其实，真正的投资就像生活常识一样简单，简单得不能再简单。

在哈佛大学商学院中流传着这样一则小故事：有两位经济学教授在校园里散步，走着走着，他们忽然看到前方的地面上有一张很像是10美元的钞票。其中一位教授正准备去捡这张钞票，却被另一位教授拦住了，他说："你怎么能轻易相信这张钞票是真的呢？如果是真的，早就被人捡走啦，怎么可能还等到现在让你来捡?"

那位教授一听，觉得也有道理，正在犹豫之间，一位乞丐也看到了这10美元的钞票，他毫不犹豫地跑过来，迅速捡起这张钞票，想也不想就去旁边的麦当劳商店买了一只汉堡包和一大杯可乐，津津有味地吃起来。

从这则小故事中我们可以看到，正是那些拥有高深知识的人把事情复杂化了，他们会利用自己所拥有的知识对自己所遇到的事情做出一些分析，然后才会做出决策，之后才去行动；而那位乞丐想都不想，看到了钱就捡起来去买吃的。其实投资也是一样，它本身是再简单不过的了，都是被那些拥有高深知识的分析师炒得复杂了。

1973年年中，《华盛顿邮报》股票的内在价值为4亿～5亿美元，但是奇怪的是在当时的报纸上看到的这只股票的市值只有1亿美元。巴菲特说，要了解并计算这只股票的股价和价值的比率，并不需要特别的洞察力，大多数证券分析师、股票经纪人、传媒公司管理层都能轻而易举做到这一点。因为当时的《华盛顿邮报》经营状况良好，这样，它的内在价值肯定能够不断增长。但是大多数人没有看到这一点，并不看好这只股票，于是市场上这只股票的价格不断地下降，其实这也是从另一个角度增加了这只股票的内在价值。

这是一个很简单的事实，但是大多数的投资者都宁愿相信各种复杂的数学计算，而看不到这一点，只有不相信"投资需要具备高深知识"的巴菲特看到了，他在此期间开始大量买入这只股票，据报道，这只股票从1973年到1974年间，市值从1060万美元下跌到800万美元，向下调整了25%。但是，巴菲特都没有抛售过，他一直坚持持有并不断买进。截至2003年年底已持有30年，赢利12亿美元，增值128倍。

从这个事例中我们可以看到，投资并不需要什么高深的学问，就拿上面举的例子来说，只要经营的公司前景看好就可以了，而不需要去做过多的计算或者是研究该公司的股票价格在市场上的走势如何。看看巴菲特的投资赢利结果就可以证明了这一点。

就像投资建立一个企业也是这样，只要看好了行业的前景，你就可以投资，也许你没有相关方面的知识，但是你可以聘请这方面的专家来为你管理这家企业。谁说投资一个企业就得亲力亲为？只要有资金，就不愁找不到人才。

巴菲特在为《聪明的投资者》写前言的时候也曾经明确说过："成功的投资生涯不需要天才般的智商、非比寻常的经济眼光，或是内幕消息，所需要的只是在做出投资决策时的正确思维模式，以及有能力避免情绪破坏该模式。"

所以，我们不需要质疑自己能不能投资，因为投资并没有什么高深的知识，只要能够判断一个企业经营的好与坏，一个行业是否有前景，我们就能够为自己的投资做出正确的决策。

第三节　投资是计划，不是产品或过程

在很多人的脑子里，投资就是一种产品或者是一个过程，所以，很多投资大师或者理财专家都会遇到过这样的问题："我现在有多少多少钱，请问我适合投资什么？"或者是"现在投资什么最能赚钱？"但是几乎所有的投资大师或者是负责任的理财专家都没有给出一个特别明确的投资什么产品的投资建议。这是因为投资是一个计划，而不是一种产品或者是一个过程。

当然，在我们的生活当中，很多人为了自己获利，会很不负责地向别人推荐一个投资产品，就像交易系统大师范·K.撒普所说的那样，他经常听到这样的广告：

你知道真正的财富是如何年复一年地被创造出来的吗？它

完全是由农业创造的——因为人们必须要有吃的。当你考虑最近的天气变化时，你可能会认为粮食会出现短缺，这就意味着未来的粮食价格会上升。即便是仅仅投资 5000 美元，你也能够控制大量的粮食。如果粮食价格朝着对你有利的方向仅仅移动几美分，你就可以发一笔小财。当然，这是有风险的。人们会因此而赔钱，也确实有人赔了钱，但是如果我的话正确，那么想一想你会赚多少钱呢？

听到这样的广告可能会真的有人动心，乍听之下都会觉得它说的也有一定的道理，甚至有人会觉得自己不可能就会是那个倒霉鬼，自己应该就是那个能够赚钱的人。他们会这样认为：别人能够从中赚到钱，为什么我就不能？就这样义无反顾地一头扎了进去。他们对自己的生活没有太多的想法，只是抱着一个赚钱的念头，于是只要社会上兴起什么投资产品，他们都会去尝试一下。结果就导致了投资者在寻找热门投资的过程中，花费大量的时间去问别人他该买什么、该卖什么。

其实每个人的投资都是非常个性化的，我们每个人在市场上获利的起点都不一样，每个人的创富之旅都是始于不同的道路。有的人自主创业，有的人投资自己的工作技能，有的人购买彩票，而有的人投资股票……不同的人适合不同的道路。这也就是为什么我们现在社会上会存在那么多的投资产品的原因。

就像是社会上存在着那么多不同类型的小汽车和卡车的原因一样。因为世界上存在着各种形形色色的人，由于每个人所处的环境不一样，家庭成员的数量不一样，家庭所需要的汽车的类型也就不一样。例如单身贵族不可能去买一辆可以载 7 个人的客车，但是赡养着双方父母的小家庭就有可能需要这样的客车。而从事生产的人宁愿要一辆运货汽车也不会要两个座位的赛车。投资产品也一样，针对拥有不同资金人会有不同的投资产品，而且针对不同行业的领域，也会提供相应的投资产品。

投资产品数量的丰富并不代表我们的投资就是一种产品，

这些投资产品其实就像是那些交通工具一样，把我们从一个地点运送到另一个地点。当然这里的"地点"并不是指我们所能够看得到的空间地理位置，而是我们在财务上的一种变化的状态。也就是说，投资产品能够让我们在财务上从现在的状况在未来某一时间达到我们所期望达到的那种状态。例如，你现在只有 10 万美元，你希望自己在一年之后能够拥有 20 万美元，那么，你可以选择一种或者两种投资产品进行投资，这些产品就能够使你的财产状态发生变化。

当然，在这一个过程当中，我们可以选择股票，也可以选择基金，甚至可以选择投资创立一个企业，只要我们能够达到自己所希望的财富目标。所以说，我们的投资是一个计划，而不是一个产品。

但是，在我们的现实生活中，很多人决定进行投资理财的时候，他们关注的不是自己的财富的计划，而是关注投资的项目，例如某个基金或者是某种外汇交易，接着他们会投入精力去了解这个投资项目会涉及的程序，即交易的过程。在他们的眼中，是他们投资的东西挣钱，但是交易并不等于投资。

交易仅仅是一种程序或者技术，做期货交易的人与先买房子然后装修，再以更高价格出售出去的人没有什么不一样的地方，一种是期货交易，一种是房地产交易，这只是实现投资目标的一种手段而已。

可以说，在我们所处的世界中，每天都会有新的投资项目的产生，每个项目都是需要交易，它们都拥有自己独立的交易程序。很多人都是依附于这些投资项目和投资程序来存活于投资的世界。比如，有人只投资于债券，有的人只投资于不动产，而有的人只沉湎于期货当中，他们完全依附于一种投资工具，而无视其他的投资工具和可以运用的其他的投资程序，久而久之，他们就永远在一种投资工具中转圈。这是因为他们没有明确自己的财务计划，错把这些独立的投资项目当成了一个整体的投资活动，所以就让这些投资项目和投资程序变得非常难以捉摸。

所以，想要成为一个成功的投资者，就要认清这一点，投资是一个计划，而不是一个产品或者是一个过程；要跟着自己的财务计划走，而不要被投资工具绊住了脚步。

第四节　为什么投资最终的对象是一家企业

很多人在投资的时候总是只关注具体的投资对象，对于该投资产品背后的企业却被完全忽略。其实，我们投资的最终的对象恰恰是这个投资产品背后的企业。为什么这样说呢？

先拿大家所熟悉的股票投资来说吧，股票是什么？股票是股份公司在筹集资本时向出资人公开或私下发行的、用以证明出资人的股本身份和权利，并根据持有人所持有的股份数享有权益和承担义务的凭证。从中我们也可以清楚地看到，一只股票的背后代表的就是一家企业。如果这家股份公司不存在了，这只股票也就没法存在。而且股票的价值跟它背后的企业紧密相连。

有些人在投资股票的时候，总是根据股市的行情买进或者卖出股票，总是试图在市场中寻找黑马股。但事实上，普通股代表的是企业股东权益。这也是为什么格雷厄姆教导巴菲特，不要去问：要买什么股票，以什么价格购买；而应该问：买哪个企业的股票，计划投资多长时间。正是因为他深刻明了投资股票，其实是在投资该股票背后的企业。

如果你购买房地产，例如一幢公寓，那么这幢公寓也是一种企业经营。因为每一幢公寓后面都是一个房地产开发公司经营的结果，目前还没有听说有哪个人自己建造了一幢公寓出来卖的。想必买过房子的人都了解，在买房的时候，除了要关注房子的地段之外，人们更关注是哪个开发商建造的房子。从中我们也可以看到，进行房地产投资，其投资的最终对象也是一家企业。

投资债券、基金、期货等等，追究下来，它们的背后都是由一家企业在支持着，换另一句话来说，它们都是某一家企业的产品。我们在投资这些投资项目的时候，其实也是间接地投资了一个企业。所以如果我们想要拥有一个非常好的投资成绩，就应该像巴菲特一样，直接关注这家企业的经营状况和管理情况，而不要只是关注市场上对该投资产品的炒作情况。也许下面的例子能够让你更加明白这个意思。

麦克想要自己创业，但是他又不想从头做起，于是动了投资一家零售药店的念头。后来他听说有一家当地临街的零售药店想要卖掉。他找到了这家药店，翻看它们的账本以确定这笔生意可以赚多少钱。他觉得这个药店可以赢利，但是他不知道这家店的赢利是持续的还是反复无常的。后来经过调查，他确定这家药店的获利能力是持续的，而且不会出现显著的变化。所以他就问店主这个店要卖多少钱。

在他了解了价钱之后，他还将售价和药店的年收益做了一个对比，确定了他的收益是多少。在了解了预期收益率后，他又多跑了几家药店，看看自己的预期收益率算不算是一项好的投资。后来他发现自己的收益率看上去非常有吸引力，所以出手买下了那间药店。

一年后，有人给出比他当初预期还多的收益率来购买他的这间药店，但是，麦克看到了药店本身持续获利的能力，拒绝了这一次可以赚大钱的机会。而且现在，他已经是当地最大的一家连锁药店的老板了。

从麦克的投资经历中，我们可以看到，在我们进行投资的过程中，不要只看投资产品一时的价格，而要透过这个现象，看到投资产品的本身价值，从长远的收益来做出投资的决策。

其实在我们的身边，不难看到这样的人士，特别是那些投资经纪人，他们都喜欢从短期角度去观察企业，他们希望速战速决。一个年度 20% 的收益率可能不足以引起前十佳投资经纪人的丝毫兴趣。在投资管理游戏中，连续几个季度绩效不佳的投资经纪人就会在游戏中出局。所以能够抓住一次机会就是一次，而那些急于赚钱的投资人也难逃此劫。

世界投资大师彼得·林奇常常对普通投资者告诫说，一定要了解所购买的投资产品背后的上市公司，不仅要了解上市公司的经营状况，还要了解该公司深层次的管理问题。如果投资者不了解上市公司的实际情况而做出投资决策，则有可能被投资产品价格变化的表象所迷惑而导致亏损或者投资收益率降低。

投资大师彼得·林奇认为，一个公司的经营策略如果发挥得当，则很容易给一个公司带来持久性的赢利，并以此提高该公司的投资产品的价格。而且很多专业投资者和许多一般投资者的经验已经表明，做到了对上市公司的相关情况十分了解的投资者，往往都比那些对上市公司一无所知、随意进行投资的投资者收益要高出许多。当市场低迷之时，信息充分者一般能够获得较高水平的赢利，而且能够避免投资失误导致的损失，而信息缺乏者很可能面临着很大的投资损失。当市场高涨时，信息缺乏者也能够在大牛市中获取一定水平的收益，但是信息充分者却可以获得更高的收益率，甚至可以通过短期的操作实现几倍的收益。

所以我们在进行投资的时候，要明白自己投资的最终对象是一家企业，而不是我们所要购买的投资产品。尽可能地关注自己所投资的产品背后的企业的经营情况和管理情况，不要总是盲目地跟着市场上产品价格的起伏而盲目地做出决策。

第五节　投资追求的是专业化还是商业化

现在，越来越多的人都不会选择自己做投资，利用业余时间自己研究投资的人越来越少，越来越多的人把资金委托给专业投资者进行投资，就好像自己动手制作礼物的人越来越少，越来越多的人花钱去店里买包装好的现成的礼物一样。

一大批基金经理通过帮投资者管理投资组合获得了高薪，当然，也有一些表现比较普通的基金经理，但是却能够给委托者带来丰厚的投资回报。为什么会有这样巨大的差异呢？这就要体现在他们追求的是专业化还是商业化上面了。那么，投资到底是专业化好还是商业化好呢？

所谓的专业化投资就像是投资大师巴菲特所做的那样，通过投资管理实现长期收益的最大化。专业化是成功投资者的鲜为人知且常常被人忽视的秘诀之一。即使是巴菲特和索罗斯这样的投资巨人也只能占据蕴藏数万亿美元的庞大投资市场中很小的部分，如果我们没有数十亿美元的投资资金，那么，我们的领地比投资大师还要小，还要集中。

但是很多人都没有意识到这一点，他们把自己本应该很小的投资领域扩大许多，原本他们只应该关注某个领域的投资情况，但是由于他们放弃了自己进行操作自己的投资，而选择了把自己的投资资金交给一些基金经理代替他们去操作。由于基金经理的职业要求，他们会关注大部分的投资领域，这也就让他们把委托人的资金都投注到了他们所有关注的领域中去，这样，无形之中就让投资者的投资领域放大了许多。而很多投资者由于对某些领域行情的不了解，所以对于基金经理的投资操作，自己也没办法给出太多的意见或者见解。

所以如果想要进行专业化的投资，首先就要确定自己有能力投资的领地范围，这一点不管是对个人还是对基金经理来说都是一样的。像投资大师一样，如果我们采取行动，我们应该知道自己在做什么。这只能在自己的知识范围内才能够做到。如果我们偏离了自己所能够了解的领域，我们就无法掌控自己的投资进程。

那么我们如何能够知道自己的能力范围呢？要做到这一点，其实很简单，我们只需要问自己几个问题就可以了。那么，是哪些问题呢？第一，自己对什么感兴趣；第二，现在自己最了解什么；第三，自己愿意去了解什么，学习什么。这三个问题，能够给出的答案越详尽越好。因为这样我们就能够更加清楚自己能够掌控的投资领域是哪些。

确定了自己的投资领域之后，就不要再轻易受到诱惑而离开自己的投资领域。即使把投资资金交给了基金公司的专业投资者来操作，最好还是控制在自己的投资领域里面，这样自己也可以抽空监督一下这些基金经理。因为现在社会上的基金经理并不会个个都是专业的能手，为了我们的资金安全，我们有必要自己监控一下这些基金经理的操作。

为什么要防着某些基金经理呢？这就要涉及商业化投资了。现在市场上大部分的基金经理都是追求商业化投资的，他们都是重视短期收入，主要是他们的目标都是为基金公司创造收入，以此让基金公司的生意红红火火。这是为了公司的经营上的业务要求。如果一个公司的业务非常好，就能够吸引来更多的投资者的资金和更优秀的基金经理。这是大家惯有的思维模式。但是，如果一味强调公司经营上的成功，并以牺牲投资职业的本性为代价而换取短期的业务成功，就会产生一定的问题。

由于大家极力追求商业化投资，他们会表现出对畅销的积极型共同基金及近期热门表现基金的推崇，从而带来的一个潜在后果就是基金平均业绩表现与投资者实际回报之间的脱节。其根源在于，当投资者疯狂购入近期业绩优异的基金时，不可避免地会导致基金收益回归于市场平均水平。

据有关资料显示，在股票指数从 1983 年到 2003 年期间上涨 13％的同时，基金平均收益率为 10％，而同期的投资者平均收益率却只有 6.3％。从中我们可以看到，追求商业化投资虽然有利于基金公司的经营业务，但是对于独立的投资者来说，这并不是很好的投资回报的结果。

所以，如果我们不是一个基金公司的老板，追求商业化投资对自己没有多大的好处，反而不如追求专业化投资，虽然感觉这种专业化投资的效果很是不明显，但是自己的损失会更小，经过长时间的累积，就有可能在未来的某一天带给我们丰厚的回报。

其实在我们的世界里，大家还是会看到很多投资经理总是能够在市场中游刃有余，表面上看总觉得他们也是在追求自己业务的成绩，但是他们能够那么长久地留在这个市场，更多的原因是因为他们始终把不断提高专业化水平作为自己的工作的出发点。这个道理其实很是明显，但是为什么还会有那么多目光短视的投资经理的存在呢？这是因为投资管理组织在商业经营商的很多业绩压力使得他们在专业化和商业化之间选择了不健康的定位。

第二章　你是在赌博还是在投资

第一节　会有更大的"傻瓜"吗

1720 年，英国股票投机狂潮中有这样一个插曲：一个无名氏创建了一家莫须有的公司——"经营某一获利丰厚行业的公司"。自始至终无人知道这是一家什么公司，但认购时近千名投资者争先恐后把大门挤倒。没有多少人相信它真正获利丰厚，而是预期有更大的笨蛋会出现，价格会上涨，自己能赚钱。饶有意味的是，牛顿参与了这场投机，并且最终成了最大的笨蛋。他因此感叹："我能计算出天体运行，但人们的疯狂实在难以估计。"

在我们的投资生活中，很多人并不是从事真正的投资活动，而是不断地进行赌博的活动，在每一次的投出资金之后，他们不会去关注自己的投资产品的价值，只是关注整个投资市场的行情，期待着有更大的"傻瓜"出现。那么，真的会有更大的"傻瓜"吗？

在哈佛大学的校园里，流传着这样一个故事：两个炒手交易一罐丁香鱼罐头，每次交易，一方都以更高的价钱从对方手中买进这罐丁香鱼，不断交易下来，双方都赚了不少钱。有一天，其中一个炒手决定打开罐头看看，了解一下为什么一罐丁香鱼要卖这么高的价钱。结果他发现这罐丁香鱼是臭的。他以此指责对方卖假货。对方回答说："谁要你打开的？这罐丁香鱼是用来交易的，不是用来吃的！"

　　从这个故事中我们可以推断出，只要不打开这罐丁香鱼，他们的交易仍会继续下去，就会有一个比他们更大的"傻瓜"出现。当然，在这次的交易游戏中，谁最后打开了这罐丁香鱼，谁就是这场游戏中的最大的"傻瓜"。

　　在我们的现实投资市场中，像这样总是期待更大的"傻瓜"出现的人并不少见，我们常常会看到，有些投资产品的价格明明已经高于它本身的价值，但还是有人愿意买。人们之所以完全不管这个东西的真实价值，而愿意花高价购买，是因为他们预期将会有一个更大的笨蛋会花更高的价格，从他们那儿把它买走。比如说，你不知道某单期货的真实价值，或者你知道这单期货的真正价值不值 100 元，但你还是愿意花 100 元去买一单。为什么呢？因为你预期当你抛出这单期货的时候，就会有人花更高的价格来买它。为什么大家都会有这样的意识呢？这就需要"感谢"世界著名的经济学家凯恩斯了。

　　世界著名的经济学家凯恩斯从 1919 年 8 月开始他的赌徒生活，他先是借了几千英镑去做远期外汇这种投机生意。仅仅 4 个月的时间，凯恩斯净赚 1 万多英镑，但 3 个月之后，凯恩斯把赚到的利润和借来的本金输了个精光。7 个月后，凯恩斯又涉足棉花期货交易，又大获成功。凯恩斯把期货品种几乎做了个遍，而且还涉足于股票。到 1937 年他因病而"金盆洗手"的时候，已经积攒起一生享用不完的巨额财富。

　　与一般赌徒不同，作为经济学家的凯恩斯在这场投机的生意中，除了赚取可观的利润之外，最大也是最有益的收获是发现了"笨蛋理论"，也有人将其称为"博傻理论"。

　　博傻理论是指在资本市场中，人们之所以完全不管某个东西的真实价值而愿意花高价购买，是因为他们预期会有一个更大的笨蛋会花更高的价格从他们那儿把它买走。博傻理论告诉人们的最重要的一个道理是：在这个世界上，傻不可怕，可怕的是做最后一个傻子。

所以，出现了近乎于赌博的投机举动，价值投资被无视，特别是在投资者情绪狂热时，理性的价值评估往往失效，这时博傻理论就可以占上风。如果我们在这样的情况下进行投资，那么，投资成功的关键就在于我们能否准确地判断出究竟有没有比自己更大的笨蛋出现。只要我们能断定出自己不是最大的笨蛋，那么，我们需要考虑的就仅仅是赚多赚少的问题了。但如果在这次投资中，我们所预期的那个笨蛋没有出现的话，那么，我们自己就变成了那个打开丁香鱼罐头的最大的笨蛋了。

博傻策略是高价之上还有高价，低价之下还有低价，其游戏规则就像接力棒，只要不是接最后一棒就会有利可图，做多者有利润可赚，做空者减少损失，只有接到最后一棒的人才是最倒霉的那一个。

"博傻理论"所揭示的是投资行为背后的动机，其动机就是判断"有没有比自己更大的笨蛋"，只要自己不是最大的笨蛋，那么就一定是赢家。可以这样说，任何一个投资者信奉的无非是"最大的笨蛋"理论，所以总是期待着能够有最大的"傻瓜"的出现。

但是，在更多的投资活动中，投资者们总是没有能够等到一个比自己更大的"傻瓜"来拯救自己。由于判断失误，很多在投资活动中总是充当那一次投资的最大的"傻瓜"。就连我们最尊崇的投资大师巴菲特也曾经说过这样的话："就像打牌一样，若是你没有办法在 30 分钟内看出谁是傻瓜，那么那个傻瓜很可能就是你！"而人生最大的不幸就在于玩了半天，才发现自己就是这个游戏中最傻的人！

所以，不管我们是在投资还是在赌博，我们都不能充当最大的那个"傻瓜"，为了赢利，我们要想方设法找出一个比自己更大的"傻瓜"。

第二节 为什么大多数人都不能赢得太久

大家都知道，哈佛基金是美国规模最大的校友捐赠基金，而且，哈佛基金管理公司也是美国校友基金中业绩最好的基金管理公司之一，自1992年以来，该公司管理的资产年平均回报率超过15%，轻松地跑赢了标普500指数。但是，根据多家境外媒体披露的消息，由于在对冲基金公司Sowood资产管理公司的投资失败，哈佛基金在2007年7月份损失了大约3.5亿美元。Sowood是一家总部位于波士顿的公司，次级抵押贷款和公司债市场形势的恶化使得该公司旗下资产在7月份缩水了60%。

"当机会来临的时候，便已经做好准备。"这是哈佛大学的一句名言。可是当风险来临的时候，即便是哈佛也可能措手不及。其实，也并不仅仅是哈佛基金，大多数的投资者都不能赢得太久。为什么呢？

这是因为大多数的人都经不起市场的震荡。从我们身边的投资市场的情况就可以清楚地看到这一点，一旦投资市场的行情不明朗，各种市场预测的言论都出现的时候，很多人为了保证自己的资金安全，都会在这个时候撤出投资市场。

当然，如果广大的投资者都选择离开市场的时候，也就说明了这个投资领域的市场已经下跌到了底部。如果没有一定的资金基础的人，在这种时候是很难能够镇定的坚持自己的投资的，出于恐慌的心理，他们都会选择离开这个投资市场，转战更加安全的投资市场或者是采取"现金为王"的方针，完全退出了投资市场以保全自己的财产。

观察我们的投资市场历史，这些年的起起落落，我们不难发现，任何一种投资市场都有一种内在的趋势，在它重新开始上涨之前要把那些经不住震荡的人震出去。谁能够在市场跌到底部的时候还能够坚持，或者是在市场的最低点进行买入的话，谁就是赢得最多的人。但是，这样的人并不多见，所以大多数人都不能赢得太久，因为他们无法战胜市场下跌过程中自己所产生的恐惧心理。

其实，大家都很明白这样的道理，投资市场不是为广大的民众来谋取福利的，它只是为大家提供一个赢取金钱的游戏平台，谁了解得更多，能坚持得更久，谁就能够得到更多赢的机会。这也就是为什么投资市场的行情一转变，大多数人就会被消灭，只留下了那些精明的极少数的投资者的原因。

只有这些极少数的投资者坚持了足够长的时间，足够多的资金作为他们的有力后盾，让他们能够一直留到市场最终出现转机的时候重新爬起来，而且从低谷里爬起来的人一般都是赚得最多的人。

只有有能力的人才能在这种交易中生存下来，并且很显然也只有生存下来的人才能成功。当然，这个成功的人必须是赢的那些人中的一名。因为市场不是为了回报多数人而设计的，还没有看到一个人是从失败的那些多数人中变成令人羡慕的、成功的少数人中的一员。其实，大多数人的任务只是给那些少数的赢家提供利润的，他们只是"博傻"过程中的一个垫脚石而已，所以这些人没法赢得太久，因为他们过早地打开了他们手中的"丁香鱼罐头"，终止了自己寻找下一个傻瓜的机会。

一个优秀的投资者如果想在投资市场上大有作为，那么他必须具有成功把握市场变化的能力，而这种能力不是一朝一夕就能够形成的，它需要有大量的前期准备工作。当一个理论素质过硬、实战能力超强的投资者再次踏入投资市场时，他看到的不只是市场走势的现在时和过去时，还有可以大显身手的将来时，所以，他才能够在市场行情下跌的时候能够稳定心神，心定神闲地回收那些大多数抛出来的投资的机会，为自己在市场回暖的过程中大把赢利埋下伏笔。

大多数人不能赢得太久的原因还在于他们没有把投资赢利当成自己的职业，而是作为自己的业余收获的一种方式。只有那些把投资当成一个永远不会结束的终身的过程的人才能够赢得长久，因为他们会把自己的每一次投资看成是自己一生的投资生涯中的一个小部分，不管这次的投资结果如何，对自己一生的投资来说都是微不足道的，所以，他们能够在市场下跌的时候还能够保持一个清醒的头脑，不断地做出对自己有利的投资决策。

据一篇报道称，从 20 世纪 20 年代起，每年威廉·江恩都会出版市场展望报告，用来预测市场未来一整年的股市走势。这些股市走势可以反映出市场波动的详细逆转时期和价格情况，令人惊奇的是当时著名的《金融杂志》对他的跟踪专访显示，在一个月的 25 天里，他进行了 286 次交易，结果 264 次赢，22 次输，正确率为 92.3%，总回报率高达 1000%。其中一个交易日，在他做的 16 次买卖中，有 8 次是当日市场波动的逆转点。

从这篇报道中我们可以看到，市场的情势是可以分析出来的，所以在市场跌到低谷的时候，如果自己能够拥有足够的知识能够判断出市场的真正的行情，并且了解一些经济发展规律的一些知识，就可以看出自己只要坚持过这段低谷的时间，就能够有大把的赢利的机会。这个也是从另一个角度说明了大多数人都不能长久赢利的原因是大多数人并没有拥有相应的金融知识就盲目地投身到投资的阵营中来了。

所以，为了我们能够赢得更多的利润，能够赢得更久，就需要我们多学习一些关于投资的知识，让自己能够分析市场的行情，在关键的时刻做出正确的决策，有勇气、有耐心地坚持下去。

第三节　问"为什么"是安全的还是危险的

在我们投资的过程中，面对投资市场的行情或者是投资者们的一些行为举措，有些投资者总是喜欢问"为什么"，例如某天的黄金交易行情下跌5％，在这个时候，就会有很多人都在寻找黄金突然下跌的原因："今天为什么会跌成这样？"在这之后，网络、报纸、电视，各路媒体就会有一些专家出来解释当天的黄金交易行情为什么会出现这个样子。那么，问"为什么"是安全的还是危险的呢？

问"为什么"的人肯定是想了解市场出现某种状况的内在原因，所谓"知其然，更要知其所以然。"这是大家固有的思维，总觉得知道了事情的根本因素之后，自己就能够踏实一点。

也许正是因为大家总是锲而不舍地问"为什么"，导致很多市场评论家总是致力于解释市场为什么会是这个样子，而不是给广大的投资者指出一条投资的明道。由于过多地解释"为什么"使得投资市场变得非常复杂，一层套一层的原因解释，令本来就很迷糊的广大投资者更加迷惑。以至于他们总是发出这样的感慨："为什么投资市场总是这样难以把握？"

投资市场的行情真的难以把握吗？这种观点我们不能苟同。纵观各个投资领域的市场行情，即使具体到某一种投资产品的市场行情，我们都会发现，所谓的投资市场的机制其实是非常简单的。这种说法也许一下子没法让大多数人认同，但是，只要大家稍加思考就会站在这一说法的天平的一端，也就会知道各个投资市场的机制的确是非常简单的。

为什么这样说呢？大家想想看，不管哪个投资市场，它的行情不外乎以下三种状态：第一种，上涨；第二种，下跌；第三种，平稳发展。谁还能再找出第四种状态吗？不能。这就是投资市场的所有的行情，上涨、下跌或者是平稳发展，这么简单的事情却被那么多的专家冠以"复杂""令人很迷惑"的说法，实在很难理解。

不过，市场机制的简单，并不意味着大家能够很容易地去把握它。如果大家都能够很容易地去把握投资市场的行情，那么，我们每个人都已经达到了财务独立的状况了，都已经是富翁了。虽然把握投资市场的行情不容易，很难及时地做出准确的投资决策，但是不可否认，投资市场的机制是非常简单的。看一下另一个被大多数人都忽视的，但是也是非常简单的基本的事实：

对于某一种投资产品，当想要买进的人多于想要卖出的人的时候，这种投资产品的市场行情肯定地属于上涨的阶段。

当然，这并不意味着当想要卖出这种投资产品的人多于想要买进的人的时候，它就属于下跌的势头。这是非常简单的事实，当我们在这里说出来之后，大家也都觉得这是一句废话，因为认为我们是在陈述一个很明显的事实。但是很多投资专家还会遇上这样的事情：

在某个交流会场或者是某个投资者协会会场，总会有投资者提出这样的问题："我刚刚卖出了××，但是它现在还在涨，为什么？"专家立刻告诉他上面我们提到的那个很容易被大家忽略的问题："因为现在更多的人都想要买进这个产品，供小于求。""是的，我明白，但是为什么？"……

总是有无数个为什么等着专家去解释，就算在这个时候专家给出了所有的分析又能够解决什么问题呢？所以，当我们面对投资市场的行情的时候，我们不应该问"为什么"，而是要搞清楚我们自己应该干什么。

如果我们总是在找"为什么"而不是寻找"什么"的话，我们就会面临着很大的麻烦了。就像有一家公司在某天的上午发布了一个不好的消息，这个负面的消息对这家公司在市场上的经营活动有一定的影响，但是其在市场中流通的股票的价格一直在上涨。这只能说明一个事实：就是这只股票在投资市场中需求大于供给，该公司发布的负面消息对投资者并没有产生影响。在这种情况下，我们是去是留，都不需要理由，毕竟，损失 5 美元就是损失 5 美元，不管理由是什么，我们都不能改变这个事实。

一个投资产品的市场行情的走势是什么，它正在做什么远比它为什么要这么做重要得多。"为什么"总是反映在投资产品的价格中，市场行情的走势是我们想要的东西。我们也都知道，有无穷多的理由可以解释这个投资产品的价格为什么要上涨或者下跌，但是，对于我们来说，这些理由都不重要，我们只要知道这个产品目前是上涨还是下跌就可以做出投资的决策了。

可以这么说，当一个人在投资的过程中问"为什么"就是表明了他正在陷入一种迷惑甚至是一种无法做出投资决策的瘫痪状态。从这方面来讲，问"为什么"是非常危险的。因为战场不是一个质疑自己投资计划的地方。一开始问"为什么"的时候，就代表了我们已经开始怀疑自己的投资计划了，在这种情况下如果不离场，等待我们的将是我们的投资失败。

第四节　为什么说静止是所有行为中的最高境界

在西方的文化里，总是鼓励大家动手去做，过分强调那些永远行动的个人。其实，在我们的世界中，有些时候过多的行动反而会取得相反的效果，在投资界尤其如此。

有一个交易员，我们暂且叫他里斯吧，在他成为某交易所的内部交易员的第一天，他非常兴奋，准备大干一场。可惜他上班的当天市场行情并不好，标准普尔期货合约在开盘之前就

跌了超过 10 个点，当时正巧有一位很重要的政治家即将要退位
的传闻。不过，这些并没有影响里斯先生的热情。刚开盘，他
就用他的 50000 美元的账户尝试了几笔快速的交易，但是仅仅
30 分钟，他就损失了 850 美元。

这个信号终于使他平静了下来，终于让他发现自己在今天
的投资过程中行动过多了。于是他决定尝试用自己进入交易所
时接受到的培训的交易技术。但是，在大约 3 个小时后，他都
没有发现符合交易所教给他的那些投资机会的标准出现。由于
没有发现符合标准的投资机会的出现，他在这 3 个小时之中一
直都没行动，这让他感到很不安。如果按照他个人的判断的话，
这段时间里他至少都已经完成了 20～30 笔的交易了。而现在眼
看就快到中午 12 点了，他受不了就这么"静静地坐着"了，于
是他决定放弃交易所教给他的条条框框，按照自己的经验去
行动。

几分钟之内，他又做了几笔交易，当然，这些交易是完全
不符合交易所教给他的知识。由于做出的是错误的投资决策，
所以这几笔交易都是亏钱的。但是这并不能阻止他的行动力，
接下来，他又试了试其他的几笔交易，结果仍然是亏钱的。在
交易的最后半个小时中，里斯先生脸上的失望已经被愤怒所取
代了。这一天的交易结束后，里斯先生一共赔了 3000 美元。

我们从里斯先生的经历中，可以很清楚地体会到，"行动"
有时候反而是坏事。就像我们所看到的里斯先生一样，他很积
极，不停地去行动，去交易，却让自己在短短的几个小时之内
就亏损了 3000 美元！

如果里斯能够坚持交易所教给他的标准，一直没有行动，
静待符合标准的投资机会的到来，他肯定不会白白损失了 3000
美元，甚至会多带 3000 美元回家。从中我们更能清楚地明了，
在这种情况下，不行动就是最好的行动。

2004 年 9 月，约翰·邓普顿认为很有吸引力的两只中国股

票是中国人寿和中国移动。截至 2007 年 9 月，上述两只为期三年的投资，分别增长了 9 倍和 6.5 倍。他总结道：如果你想比大众拥有更好的表现，行事就必须有异于大众。尽管这位全球大师非常看好中国经济，并对中国的快速发展钦佩不已，但他对中国公司的原则是：只有发现"低价股时才投资，否则在其他任何情况下都不采取行动"。

从投资大师约翰·邓普顿的行动和话语中，我们也能够清楚地体会到：在某种情况下，不采取行动其实是最好的行动。坐着比站着更合适，看远胜于做。那些做的人，完全忽略了一点，即不行动有时可以代表更明智的行动。

在投资大师索罗斯的所有赚钱方式中，囤积居奇可以说是他的不二法门。囤积是基于对一个行业行情的精准把握，但囤积的目的当然不是仅仅为了居奇而已，索罗斯等待恰当的时机放空换取利润。

卖空是索罗斯量子基金依赖的一个重要方法。不论是 1973～1974 年股市重挫时，还是狙击英格兰银行，抑或亚洲金融危机时，索罗斯无一例外地利用放空方式赚钱。

仅 1992 年 9 月 16 日，索罗斯在这个星期三之前就卖空英镑。而当黑色星期三到来的时候，人们等待的是英镑贬值的末日。索罗斯却坐收渔人之利在卖空后再度买入而稳赚了 10 亿美元。

我们可以看到，投资大师索罗斯买进之后并没有做其他多余的行动，他一直把自己的投资产品囤积起来，静静地等待卖出的好时机。从他的卖空之后在英镑贬值之日又买进而让自己稳赚了 10 亿美元的高利润，我们还要否定"不行动有时可以代表更明智的行动"这一论断吗？

行动是必要的，它是那么重要以至于我们不行动永远不可能完成任何事或在交易中赚到一点儿钱。但是我们不能让自己永远处在行动当中，让自己总是处在交易或者准备交易的状态当中。我们要吸取里斯先生的教训，时刻提醒自己，静止是所有行动中的最高的境界。

保持静止，除了观察投资市场如何发展之外不做任何事情，不做任何投资决策。我们没有控制市场行为的力量。我们必须面对这样的现实：就是有些时候所有的系统都运转，事实上我们看到的所有的事情都在喊着机会；还会有另外一些时候，这些时候市场是那么不合作，低风险的机会很少，陷阱和与市场相关的地雷却处处可见。当我们面对后一种情况的时候，不行动不仅是最好的行动，还经常是唯一的我们能采取的省钱的方法。所以，为了避免产生一些不必要的损失，在适当的时候要学会静止，因为静止是所有行为中的最高境界。

第五节　如何利用你今天所拥有的东西

"活在当下"这种享受生活的号召曾经风靡全球，但是有几个人是真正地活在当下的？每一个人都想拥有比现在更多的东西。这几乎是几十年来美国人推崇的生活方式。可以说，强烈的想要拥有更多的愿望，从一开始就是美国文化中的一部分。每一个角落，我们都能够看到"希望拥有更多"的影子。

在政治领域，清官没多，贪官不少，而且贪的数目越来越大；在经济领域，企业、银行、证券界的犯罪行为越来越多；在社会生活中，明星偷税、小商贩欺骗的行为屡见不鲜。种种现象都是为了一个"钱"字。在投资界，完全是跟"钱"在打交道，很多人都逃不脱"钱"的魔掌。

在投资市场中，个人资产上千万、上亿元甚至几十亿元的不乏其人，百万元的大户满地都是，几十万元资金在很多地方根本就不是大户。由于投资市场这个特定的市场的存在，人们的交流加强了人们对于富裕的认识。所以，十万元的想在短时间内成为百万元户，百万元的想千万，千万元的想上亿元。但是真的能够如愿以偿的并不多见，更多的是把自己原本拥有的都送进了投资市场里，更有甚者反而因为投资欠下了一屁股的巨债。为什么会有这样的情况发生呢？这是因为他们没有珍惜自己今天所拥有的东西，不懂得如何利用好自己今天所拥有的东西。

无论怎样，我们感到，如果我们有更多的钱、更多的时间、更多的知识，那么我们就能够做好生意，就能够做出更大的投资，赢得更多的利润，就能够改变生活本身。"如果"是一个多么麻痹人们心神的一个词啊。是的，如果我们有更多的钱，我们能够做的事会更多，但是我们今天已经拥有的钱呢？我们好好利用了吗？

现在，几乎没有人不知道投资是赚钱最快的途径了，大家都想通过投资让自己快速晋升富人的队伍，但是，也有很多人认为自己每个月辛辛苦苦挣来那么几千块钱，除了交房租，还要穿衣吃饭，人情往来，每个月几乎都不够用，还拿什么来投资。乍一听，似乎觉得这话有理，年轻人刚刚从学校毕业，工资不高而开销不低，这就使得年轻人成了"月光族"，甚至出现了透支好几张信用卡的事。投资似乎离他们很遥远，真的是这样吗？

恰恰相反，越是没钱越是应该投资，越应及早掌握投资的技巧，通过投资去"脱贫"。投资专家也说了："只要你有收入，有现金流，钱再少，只要好好规划，一样可以投资，关键就看你有多强的投资意识。"只要我们能够利用好自己手中的金钱，就能够用它们给自己带来更多的金钱。

且不说金钱了，我们现有的时间和知识，尽管有限，我们该怎么对待呢？我们是否已经把它们完全利用起来了呢？换句话说，在我们开始寻找更多之前，我们是否已经利用好现在已有的东西了呢？

如果我们浪费了现有的空闲时间，我们就没有权利要求更多的时间。如果供应有限的话，额外的金钱只会挑选那些已经聪明地利用了它的人。知识，所有的当中最富有的，只会在那些已经用好了它们已有知识的人那里增加。不要以为知识和时间跟我们的投资没有关系，如果我们管不好自己的时间，不能利用好自己所拥有的知识，我们就可能错过一些很好的投资机会，也就是错过一些赚大钱的时机。

其实想要得到更多并没有什么错，只有不断地要求得到更多，才能够促使自己更加拼搏，才能够使得社会不断地向前迈进，它已经成为所有人类已知的巨大成就的基础。因此，我们没有必要去控制我们想要得到更多的欲望。但是如果我们一心想要抓住更多却没有完全用好我们今天已有的东西，那么我们就是犯了贪婪的罪。

要知道，贪婪是所有投资者的大忌。因为贪婪，我们习惯了追涨杀跌，习惯了不看基本面看技术面，习惯了听消息而不是做功课，习惯了做热点而不是做组合，习惯了坐庄、跟庄而不是做投资。这些习惯，可能会带来一时的快感，但长久下去犹如鸦片，最终会中毒而不知其害，沉溺而不能自拔。在大熊市来临的时候，我们就有可能很快就把牛市的收益彻底断送！

所有的人类秉性，不论是好是坏，都会在我们每天的交易中表现出来。我们的责任是要在寻求更多之前，确信我们已经利用好了今天我们已有的和已知的。就像我们都知道，在投资的过程中，我们要控制好自己的贪婪和恐惧的情绪，要懂得止损和止盈，而且市场上也不乏这样的教材，这就表明了这些东西的重要性，但是，有几个投资者真正做到了这一点呢？我们有几个人好好利用这些知识和技能了呢？

每一个投资者在入市之前都会被灌输入市是多么重要的思想，不要去追涨杀跌，但是有几个人总是坚持这样做了呢？在我们做投资的过程中，我们总是希望自己能够持有更多的能够赢利的投资产品，但是我们管理好自己手中已经持有的投资产品了吗？让我们追求更多之前，先掌握好我们今天所拥有的吧。

第三章　人人成功，是华尔街的最大谎言吗

第一节　为什么芒格的财富数量比巴菲特少

大家都知道，巴菲特有一个非常得力的助手芒格，他们俩是投资界公认的黄金搭档。巴菲特非常赞赏芒格，而且公开承认芒格的投资水平并没有比自己差多少。但是，奇怪的是，芒格的财富数量却比巴菲特少得多。为什么会是这样呢？

其实，早就有人问过这样的问题了，当时有人给出了这样的答案：

1. 巴菲特多少岁时募集了105000美元？那年美国的年均工资水平是多少？

2. 芒格多少岁时遇见巴菲特？是在哪年？巴菲特那时多少岁？

3. 芒格有个大家族，芒格也是一个不吝花钱的人，看看他晚年亲自造的豪华游艇吧，人的习惯不是一天形成的。

4. 巴菲特如何惜金如命，在他捐款前是人所周知的。

从这个人给出的答案中我们可以很清楚地看到，芒格的财富数量与巴菲特之间的差距，并不仅仅是投资的初始资金的数目的不同，其中最主要的因素是投资的年数，也就是"复利"。

爱因斯坦曾经说过，"复利是宇宙中最强大的能量，是人类最伟大的发明"。复利是指在每经过一个计息期后，都要将所生利息

加入本金，以计算下期的利息。这样，在每一个计息期，上一个计息期的利息都将成为生息的本金，即以利生利，也就是俗称的"利滚利"。复利之所以具有那么强大力量，是因为复利并不是以"直线"，而是以"几何"的方式成长的，因此长期下来，即使每一期的获利只差了一点点，最后却会造成很大的差距。

下面显示的是投资 10000 美元，用单利和复利计算（假设年回报率为 10%），在不同的时间，得到的不同的令人吃惊的效果。

时间	单利计算	复利计算
0 年	10000 美元	10000 美元
5 年	15000 美元	16105 美元
10 年	20000 美元	25937 美元
15 年	25000 美元	41772 美元
20 年	30000 美元	67275 美元
25 年	35000 美元	108347 美元
30 年	40000 美元	174494 美元
35 年	45000 美元	281024 美元
40 年	50000 美元	452592 美元
45 年	55000 美元	728904 美元
50 年	60000 美元	1173908 美元

我们可以很明显的看出来，在前五年至前十年的时间里，单利和复利的差别都不太大，可是时间越长，复利就会像滚雪球一样，成几何倍数增加。其计算公式如下：

最后的金额＝本金×（1＋利率)^{年数}

而芒格和巴菲特财富的不同的秘密就隐藏在复利公式当中，他们的最终财富数额是：

最终财富＝［起始财富×（1＋平均投资回报率)]^{年数} －［消费的财富×（1＋平均投资回报率)]^{剩余年数}

在这个公式中，即使芒格的水平高过巴菲特（仅仅假使芒格的平均投资回报率更高），芒格的其他几个要素都大大输于巴菲特！芒格虽然拥有与巴菲特一样水平的投资能力，但是他悟"道"晚，又爱消费，于是乎，钱的绝对数量就远远少过巴菲特。

关于复合利润还有一个古老的印度传说：因为宰相西萨·班·达依尔发明了国际象棋，所以舍罕王打算奖赏他。国王问他想要什么，他对国王说："陛下，请您在这张棋盘的第 1 个小格里，赏给我 1 粒米，在第 2 个小格里给 2 粒，第 3 小格给 4 粒，以后每一小格都比前一小格加一倍。请您把这样摆满棋盘上所有的 64 格的米粒，都赏给您的仆人吧！"

国王笑了，认为宰相小家子气，但等他知道结果后，他就笑不出声了。

那么，宰相要求得到的米粒到底有多少呢？原来放到第 64 个小格子米数就达到了 9223372036854775808 粒，加上先前的粒数，一共有 18446744073709551616 粒米，大约为 4611 亿吨米。由此我们可以看出来复合利润的可怕之处，任何微小的事物在进行为数不多的复利之后都会变成数量庞大的数据。这也就是芒格的财富数量远远不及巴菲特的原因。

未来财富的多寡与消长，完全在于我们以何种方式投资，所以，我们要抓住复利力量在最根本的来源，就是可以利滚利的方式。正因为如此，它也是投资大师们倡导价值投资的重要出发点之一。但对于普通人而言，要实践起来并不容易，因为眼前的"低"收益往往令人失去耐心，就如两个涨停就比每年百分之十几的收益来得有诱惑力。同时，我们还往往低估证券投资的难度，并容易轻视复利的艰难，巴菲特的老搭档芒格就曾说"既要理解复利的重要性，也要理解复利的艰难"。

不过，每年看似小幅的收益积累起来将产生令人惊讶的效果，如微软从刚上市的 5 亿美元的市值到如今的近 3000 亿元，靠的就是过去 20 年近 40% 复利的年收入增长率。作为普通人的我们要让复利发挥实际功效，首先必须要放弃一夜暴富的念头，降低对长期收益率的心理预期，然后就是去选择高成长性的好股票或长期均能取得不错收益的投资品种，让复利充分发挥它的力量，让我们今后的生活不至于那么艰难！

人们似乎都不太重视复利，但实际上，复利所具有的力量完全超越了人们的想象。人们只是因为不了解复利真正的力量，以及不知道正确使用这个力量的方法，故而小看了复利。而现在，你也已经了解到了复利的神奇力量和它的力量来自哪里了，就应该好好利用复利的力量让自己在投资的道路上走得更顺、更远。

第二节　小投资如何带来大收益

大部分人并不是生来就富有，很多人都是从很小的投资开始做起，直到最后自己的投资为自己带来了非常大的收益之后，自己才变得富有的。那么，小投资是如何带了大收益的呢？

哈佛大学商学院的一名学生露西，她从高中就已经半工半读，到大一的时候，每月的收入共计4000美元，2008年首付5万美元买了一套90多平方米的房子，贷款15万美元，20年的还款期，每月还大约1000美元，后来又把这套房子以每年1.5万美元连租三年租出去了，她自己则住在父母家的房子里，这样自己的房子每年除了还贷，还给自己挣3000美元。三年后她又用4.5万美元租金并另外加了5万美元作为首付，买了一套120平方米的房子，而此时原来的房子已经增值涨到了40万美元。这样露西利用5万美元启动资金，几年下来就拥有了两套房子，资产近百万美元。

从露西的经历中，我们可以看到，如果善于投资，只需要5万美元的资金就可以为自己带来近百万美元的收益。为什么会有这样的效果呢？这是因为她运用了财务的杠杆。想必大家都听过这样一句话吧："只要给我一个支点，我就能够撬动整个地球。"的确如此，哈佛学生露西正是利用可以到银行贷款来买房这个杠杆，只利用5万美元就撬动了近百万美元的财产。

那么，什么是杠杆原理呢？杠杆原理亦称"杠杆平衡条件"。在"重心"理论的基础上，阿基米德发现了杠杆原理，即"二重物平衡时，它们离支点的距离与重量成反比。"杠杆原理可以充分应用于投资中，主要是指利用很小的资金获得很大的收益。从某种程度上来说，运用杠杆原理能够增加人的购买力，能够掌握自己潜在的资产。其实杠杆的机制并不像人们想象的那么复杂，例如，如果我们想进行贷款抵押，其实就是在运用杠杆原理来为我们没钱购买的东西进行支付，但是一旦抵押贷款还完之后，我们就能从卖出的资产中得到可观的利润。

就拿投资家具生意来说吧，如果我们自己只有1000美元的资产，是不可能把家具生意做大的，如果总是小打小闹的生意，根本就没法给我们带来大的收益。这个时候，我们到银行贷款。大家都知道，从银行贷款是要给银行利息的。利息就是我们从银行拿钱出来使用的成本。这等于是我们用利息买来银行的钱的使用权，使用后我们还是要还给银行的。如果我们从银行贷款10万美元，使用1个星期，假如利息正好是1000美元。这等于我们用原来自己的本钱1000美元买了银行10万美元的使用权，用这10万美元买了家具，卖出后得到14万美元。我们自己就赚了4万美元。这就是用自己的1000美元撬动了10万美元的力量，用1000美元的力量赚了4万美元的钱。在这场投资中，你用的自己的钱是非常少的，使用杠杆原理要比不用杠杆原理进行投资多赚取很多回报。

此外，我们也可以在股票投资的保证金交易中运用杠杆原理。在投资股票时，可以把自己的钱和从股票经纪人那里借来的钱加在一起购买股票。股票上涨后，投资者可以通过卖出股票获取利润，之后就可以归还借款和借款利息，剩余的钱就是自己的了。

杠杆作用常常用"倍"来表示大小。如果我们有 100 美元,投资 1000 美元的生意,这就是 10 倍的杠杆。如果我们有 100 美元可以投资 10000 美元的生意,这就是 100 倍的杠杆。例如做外汇保证金交易的时候,就是充分地使用了杠杆,这种杠杆从10 倍、50 倍、100 倍、200 倍、400 倍的都有,最大可以使用400 倍的杠杆,等于把我们自己的本钱放大 400 倍来使用。

在投资市场上,人们都有以小博大的欲望,希望用很少的钱赚更多的钱。但是,有所得必有所付出,使用杠杆必然是以巨大的风险为代价,这就需要投资者不要只看到收益,更要看到风险,谨慎使用这一工具。

例如,我们现在手里只有 5000 美元,从朋友那又借了 5000 美元做了一笔 10000 美元的投资,然后出手的时候已经是有5000 美元了,还给朋友 5000 美元之后,我们的赢利就是用5000 美元赚取了 5000 美元,这就意味着我们的投资回报率是100%。倘若投资的钱都是我们自己的,那么就是在投资 10000美元的基础上赢利 5000 美元,也就是说回报率是 50%。

因此,从投资的角度来说,假如资产回报率比融资成本高,我们最好是借银行的钱,利用杠杆挣钱。利用银行的钱能够帮助投资者的自有资金发挥出"四两拨千斤"的作用,使自有资金的回报率大大提升,从而获得远远超越市场平均收益率的回报。

第三节　不可预测市场为什么反而更好

早在 1987 年 9 月,在众多投资者疯狂地投资日本股市的时候,世界投资大师索罗斯却预测日本股市会出现大崩盘。于是他把几十亿美元从东京转移到华尔街,将这些钱用于买入标准普尔期指合约。

但实际情况却并没有朝着索罗斯预期的那样发生，崩溃反而最先从华尔街开始，纽约道·琼斯平均指数暴跌 50832 点，日本股市却在日本政府的支持下挺住了。遭遇两线溃败的索罗斯一天之内损失了 2 亿多美元。后悔不已的他开始怀疑市场预测的作用，从此他在投资中也只是把投资工具的预测作为一个因素加以考虑，而不是过分地迷信它。

从这个故事中，我们可以看到，不管是普通的投资者还是世界级的投资大师，都希望自己能够准确地预测市场的趋势，从而在保证自己资金安全的同时为自己赚取最大的收益。但是，我们通过上面的例子也可以清楚地明白，投资市场的未来是不可以预测得到的。

可以说，我们不能设定规则来控制市场，也就是预测市场的变化和走势。从根本上讲，市场是不可预测的。这不像烧水，我们能够知道在 100℃ 的时候水会变成水蒸气。投资市场变化万端，没有规律可循，在这个市场中永远只有变数，而没有定数。可以这么说，从人们渴望获取暴利的心态来说，如果说我们真的能够准确地预测到投资市场未来的走势，那么，我们就会对投资市场的未来走势进行干涉，预测得越准确，干预得越厉害，其结果也就导致对未来那么预测也就不准确了。

这样的状况貌似对广大的投资者来说是一个噩耗，但是有专家则认为，市场具有不可预测性反而更好。为什么不可预测市场反而更好呢？不可预测市场不是没法准确地捕捉市场的投资时机了吗？

索罗斯曾经在一次访谈节目中这么说："很多针对金融市场的理论往往说没有不确定性，金融市场有一个平衡点。但是这种理论是错误的，因为不确定性是存在的，而且很重要。人们还用一些数学的方法计算出风险，由此设计出一些特殊的金融工具以减少风险，但是他们不知道，有的不确定性没有办法量化。"正是因为没法量化所以所有的人都没法掌控投资市场。这对所有的投资者是一件好事，因为从这个角度来说，所有的投资者面对一个投资市场的时候，大家的赢利机会是均等的。

假设市场是可以准确预测到的话，那么，投资市场里的资金就会向那些能够预测到市场的投资者靠拢。因为他们能够清楚地看到市场的走势，知道市场会在哪个点下跌，会上涨到哪个点，他们只要跟随这个预测的结果轻松地进行买进和卖出，就能够得到一大笔的赢利资金。

但是，人的贪心是不可抑制的，他们总是想要拥有的更多。当他们能够准确地看到市场的未来的时候，他们不会甘心于顺从市场所得到的那些利润，于是他们就会利用自己能够预测市场的优势，去操控市场。但是，我们都知道，市场中有一只无形的手，它能够掌控市场的发展状况，让市场健康地发展。事实上，市场可以自行清除泡沫。那些泡沫来自于市场本身，清除这些泡沫也是市场的本质所在。所以，一旦这些人操控了市场，市场就会自行矫正，反而偏离了原先的发展轨道，这样又会使这些预测者的预测陷入了不准确的境地。

所以，正是因为市场具有不可预测性，人们对投资才会更加的理性，然而在具体的投资过程中，好多人最喜欢做的事却是去预测，或者就是让别人去预测。这是投资者对市场缺乏了解的表现。其实，从来没有人能正确预测出市场具体发展的点数，最多也就是根据当时的走势判断一下趋势如何。市场会以它自己的方式来证明大多数的预测都是错误的。市场短期的亢奋必然不能持久，只有价值的增长才是投资之福。

由次贷危机引起的金融风暴席卷全球，经济增长的高速列车骤然刹车，短期内投资市场环境面临空前的复杂性和不确定性。全球出现罕见的金融动荡，这一点已成共识。这一金融动荡对实体经济会产生多大影响，整体经济衰退的程度有多深，衰退期限有多长，都尚存争议，但在投资市场中，担忧已成普遍现象。与此同时，各国都以罕见的救市力度，推出一揽子提振经济的措施。这些举措到底能发挥出多大的效用，还有待验证。

面对诸多不确定性，众多投资者只能回归到最基本的价值投资逻辑上，在短期的高度不确定性之外，把握投资市场确定的、恒久的投资规律：坚持价值投资。那些著名的投资大师，他们更多的是关注股票本身，以及大的趋势，很少花心思去预测股市的短期变化。例如，有"股神"之称的沃伦·巴菲特和美国最成功的基金经理彼得·林奇就告诫投资者："永远不要预测股市。"因为，没有人能预测股市的短期走势，更不可能预测到具体的点位。即使有一次预测对了，那也是运气，是偶然现象，而不会是常态。

我们既然无法准确地预测股市，那么最好的办法就是不要预测股市。正如巴菲特所说："对于未来一年后的股市走势、利率以及经济动态，我们不做任何预测。我们过去不会，现在不会，将来也不会预测。"投资者应该关注企业的基本面，而不要去枉自预测市场的变化。其实这也是为我们广大的投资提供一个平等赢利的机会，难道不是吗？

第四节　为什么市场总是少数人赚钱多数人赔钱

如果你是一个细心的人的话，你就会发现，在投资市场中，几乎大部分的人都是赔钱的，只有极少数的人能够真正地赚到钱。为什么会这样呢？也许我们能够从二八定律中找到答案。

二八定律也叫巴莱多定律，是 19 世纪末 20 世纪初意大利经济学家巴莱多发现的。他认为，在任何一组东西中，最重要的只占其中一小部分，约 20%，其余 80% 的尽管是多数，却是次要的。可以说，二八定律表现的是一种不平衡的状态。就像在投资市场中的那样，总是少数人赚钱而多数人赔钱。

为什么会这样呢？因为事物本身是存在一定秩序关系的，各种关系内在的力量也是不平衡的，必然会有强势和弱势之分，也势必会造成因果关系的不对等。这样一来，投入和产出也就不会成为正比。就像我们每个人每天都工作八小时一样，并不是每个人的收获都是一样的。这是因为财富在我们的世界中的分配是不一样的，有钱的人开家公司，自己工作 8 个小时就有可能获得 50000 元的报酬；没钱的人只能给这些老板打工，工作 8 个小时下来顶多也就挣得 200 元。

在投资的世界中也是这样的，财富分配不均的情况也影响着投资者的回报差异的情况。资本多的赚得就会更多，资本少的相对来说得到的回报也会少一点儿。在现代的投资市场里，所有的投资产品的行情都是瞬息万变的，要想赚到钱就必须及时掌握最新的消息。那些有钱的人拥有各种不同的消息来源，而那些没有钱的人只能等所有的事情完全公开了才能够了解到真正的情况，而这已经比那些少数的有钱人慢了一步了，这也就是他们总是赚得比较少的原因。换另一句话来说，在投资市场中，只有 20％赚钱的人掌握了市场中 80％正确的有价值信息，而 80％赔钱的人因为各种原因没有用心收集资讯，只是通过股评或电视掌握 20％的信息。

其实在投资市场中，我们可以看到很多适用于二八定律的现象，例如，在股票投资市场上，一轮行情只有 20％的个股能成为黑马，80％个股会随大盘起伏。80％投资者会和黑马失之交臂，仅 20％的投资者与黑马有一面之缘，能够真正骑稳黑马的更是少之又少；有 80％投资利润来自于 20％的投资个股，其余 20％投资利润来自于 80％的投资个股；投资收益有 80％来自于 20％笔交易，其余 80％笔交易只能带来 20％的利润……所以，我们为了我们能够赚到更多的钱，我们需要用 80％的资金和精力关注于其中最关键的 20％的投资个股和 20％的交易。

其实在投资市场中，有80％的投资者只想着怎么赚钱，仅有20％的投资者考虑到赔钱时的应变策略。但结果是只有那20％投资者能长期赢利，而80％投资者却常常赔钱。也就是说，在投资致富的这个过程中，投资的金融品种不必面面俱到，应抓住关键的少数重点突破；其次，对于一个投资产品不仅要看到收益，更要看到收益背后的风险补偿。

这就要求我们在做出任何一项投资决策之前，必须仔细研究分析市场，既要能赶上潮流，更要超前于潮流。因为，人们的需求在不断地变化，市场也在不断地变化，今天畅销的产品，也许明天就无人问津了。把握市场变化就像跳舞一样，快于节奏或慢于节奏都不行。换言之，我们五分之四的努力——也就是大部分付出的努力，几乎是白白浪费的，是无效的。如果不能认识到这一点，我们将会在不必要的方面投入巨大的成本，结果导致失败。

因此，当我们决定要投资致富的时候，眼光一定要独到一点儿。"不要把所有的鸡蛋都放在一个篮子里"，这个曾获诺贝尔奖的著名经济学家詹姆斯·托宾的理论，已经成为了众多投资者日常投资中的"圣经"。但是著名的经济学家凯恩斯曾经提出过一条著名的投资理念，那就是要把鸡蛋集中放在优质的篮子中，这样才可能使有限的资金产生最大化的收益。

这两个理论表面上看起来像是互相冲突的，但是实质上它们的投资原则是一样的，主要是看我们投资的产品，如果我们投资的产品都是同质的，那么，我们所面临的系统风险是一样的。举个例子来说，我们投资了债券，又去买了债券基金，一旦债券市场发生系统风险，我们的两个投资都会发生损失。因此当我们需要投资的时候，首先应该关注的并不是投资产品的收益率，而是应该对这些投资产品进行分析，尽量把80％的"鸡蛋"放在20％牢靠的"篮子"里，而不要选择一些太过于"同质"的投资产品反复投资，这样不仅达不到分散资金的目的，反而可能会加大风险。同时，一旦选定好自己中意的项目，就应该把握"二八原理"，力争使资金收益最大。

总之，"二八定律"是在提醒我们去思索，怎样付出更少，既能获得个人成功，又获得事业成功；怎样做得更少，既能享受幸福生活，又能实现生命价值。要尝试把这种四两拨千斤、事半功倍的想法，应用到我们的投资活动或者日常生活等领域中。

投资需要智慧，需要理性和思考，而不是盲目地辛劳，频繁地交易。那些成功的投资者往往把80％的精力和时间放在研究股票上，而把20％的精力和时间放在交易操作上；而那些失败的投资者往往相反。

第五节　为什么资金总会流向更安全的投资区域

近些年，全球掀起了一股全球范围内非贸易资产投资的热潮。美国这个经济"火车头"马力趋缓导致停留在其国内的资本要寻求新的获利机会，流动性充足的状况下泡沫开始泛滥。

第一个泡沫也是最大的一个泡沫是在商品市场，计价货币——美元的贬值直接导致其价格的提高，这样的背景下投机资金的加入更是放大和制造了这个泡沫。同样的道理存在于房地产市场，全球地产的上涨动力很大程度上也来自于这种资本流动性过剩的冲击。这就使得众多的投资资金离开美国寻找新的投资机会。

在这样的环境背景下，那些新兴的国家就成了投资者堆积的地方。中国也是其中之一备受欢迎的投资市场。

从上面报道的文字中，我们可以看到，随着美元的贬值，美国的经济发生一系列的变化，整个投资市场的环境也不如之前的那样安全之后，广大的投资资金开始从美国流向其他新兴的国家进行投资。因为在这些投资者的眼中，投资这些新兴的国家比在美国本土投资更加安全。为什么资金总会流向更安全的投资区域呢？

这就要从大家的投资心理来说了，每一个进入投资市场的人，都想通过自己在这个市场里打拼，给自己带来更加丰厚的资金回报，让自己的财富变得更多。谁会本着"送钱"的心理进入投资市场呢？可以说，每一个投资者都害怕自己的投资是失败的，他们都希望自己的资金至少是安全的。在安全的基础上，才会进一步地要求赢利。这也就是大家为什么都趋向于那些更加安全的投资区域了。

其实这种现象有一个现成的词来形容——洼地效应。在经济发展过程中，人们把"水往低处流"这种自然现象引申为一个新的经济概念，叫"洼地效应"。从经济学理论上讲，"洼地效应"就是利用比较优势，创造理想的经济和社会人文环境，使之对各类生产要素具有更强的吸引力，从而形成独特竞争优势，吸引外来资源向本地区汇聚、流动，弥补本地区资源结构上的缺陷，促进本地区经济和社会的快速发展。

简单地说，指一个区域与其他区域相比，环境质量更高，对各类生产要素具有更强的吸引力，从而形成独特的竞争优势。资本的趋利性，决定了资金一定会流向更具竞争优势的领域和更具赚钱效应的"洼地"。例如，一些跨国公司跑到中国办公司，就是因为中国的人力成本低，是相对的"洼地"。而且中国经济正在兴起的劲头上，在中国投资相对来说也是非常安全的。

2008年9月，巴菲特通过旗下附属公司以每股8港元的价格认购中国的比亚迪的股份。由于获得股神入股，比亚迪H股股价曾一路狂飙到88.4港元，让这家在中国远称不上顶级的车企受到关注，也令其创始人王传福在2009年时候身家飙升290亿，成为当年中国首富。

巴菲特怎么会看上中国的A股呢？其实，中国A股在熊市中沉寂了较长时间之后作为一个资产品种被看中也完全合情合理。这里有两层原因：第一层是中国Ａ股较长时间的熊市本身就积聚了反抗的动力，和中国经济强劲增长极其不协调的是中国Ａ股根本没有发挥"晴雨表"的功能，曾经在全球股市一片红火的氛围下中国Ａ股还跌破了千点的铁底，这种背离本身就已经蕴含着纠错的力量准备绝地反击；第二层是人民币升值的大背景和中国Ａ股大门的禁闭使得这个市场成为一个众多资本虎视眈眈的"洼地"，外资在地产上追逐的力道其实已经显示出对人民币长期升值趋势的认可。

一边是热钱高涨的冲动，而另一边却又是中国Ａ股大门的有限开启，矛盾夹击下更加突出中国Ａ股市场的这种"洼地"地位，制造泡沫的冲动非常强烈。所以，在中国资本市场的大门渐渐对外开启的时候，全球资本涌向这个"洼地"是非常正常的举动。从长期来看资本过剩带来的泡沫膨胀过程将在中国Ａ股上演，中国Ａ股作为泡沫开始发酵的初期还有膨胀的空间。

"洼地效应"是近两年比较流行的词，在经济学的财经分析中我们常会看到。在投资界对于"洼地效应"最直观的解释是，当房地产围合一个湖泊中心发展之时，便形成了自湖心向四周土地递减的级差地租，大致出现"近贵远贱"的圈层分布，这其实就围合出湖心的价值洼地。一旦因某种特殊原因填湖开发，那么，湖心洼地的地价和房价就会突然井喷，创下区域地产的最大价值，甚至引发周边地产的价值飙升，即产生了洼地效应。当然在房地产实际开发中，所谓的洼地不一定就是湖心区，也可能是市政中心、城市广场或历史建筑区等等对于区域价值有提升作用的区域。

对于投资者来说，"洼地效应"的概念好理解，但如何才能在投资市场上找到真正的"洼地"，如何找到更加安全的投资区域，从中获得投资的巨大收益才是最重要的。

第四章　选择一个有效的理念

第一节　趋势跟踪对每个人都适用吗

在投资界中，每一个投资者都会有自己的投资理念，但是，这个投资理念是否有效，那就是见仁见智的问题了。我们都知道，投资市场的行情有三种情况：上涨、下跌和平衡发展，这三种情况也可以说是投资市场的发展趋势。如果我们能够正确地判断出市场的发展趋势，并且跟踪它，不就可以赚到钱了吗？

为什么这样说呢？其实无论使用什么技术，每一个投资者都需要一个趋势来赚钱。大家想一想，如果在我们买进一个投资产品之后它没有一个上涨或者下跌的趋势的话，我们就没有办法在更高的价位抛出，我们就不能够从这次投资中赚到利润。为了能在更高的价位上抛出获利，这个投资产品的价格必须在我们买进之后有一个上涨的趋势。相反，如果我们先抛出了这个投资产品，那么应该有一个相应的向下的趋势让我们可以在更低的价格买回来。所以说，趋势跟踪应该是投资界最普遍的投资理念。那么，这么普遍的投资理念是不是适用每一个投资者呢？

不一定，虽然市场总是存在某一种趋势，但是"趋势跟踪"的理念重点应该是在"跟踪"上面。只有懂得判定出市场的趋势之后，投资者才能够跟踪它。也就是说投资者想要跟踪市场的趋势的话，就要先等待市场的趋势发生转变，然后再"跟踪"

这个趋势：如果市场处于向下的走势，接着预示了一个向上的反弹，持有趋势跟踪投资理念的投资者就会立即买进。但是，并不是每一个人都能够等到市场发生转变，或者是市场的趋势发生转变的时候被每个人捕捉到。

在一个投资者交流会上，有一个新的投资者询问一个非常成功的资深投资者说："你这次交易的目标是什么?"而他所询问的这位资深的投资者刚好买了一些外汇合约，然后这位资深的投资者很聪明地答道："通往月亮呀。我还从来没有一次交易到达过那里，但有一天会有可能……"

这个回答告诉了我们很多趋势跟踪的哲学，如果市场合作的话，只要市场一经过人们所认为的"趋势"标准，持有趋势跟踪投资理念的投资者就会马上进场交易，并且在其余生一直逗留在那里。这也就是为什么那个资深的投资者给出了那样的一个答案。

对于市场的变化无常，很多投资大师都曾提到过，市场先生是躁狂抑郁症患者，今天可能欣喜若狂，明天就可能消沉沮丧。而索罗斯则大胆地认为："市场总是错的。"

索罗斯认为，我们每个人的世界观都是有缺陷的和扭曲的，因此我们对现实的理解是不完全的。索罗斯将"人对现实的理解不完全"这种认识转化成了一种强大的投资工具。在索罗斯看来，我们不完全的认识是影响投资的一个重要因素，而因为片面认识而影响的事件又反过来影响着我们的认识，他把这称作一种反身性过程。

索罗斯的方法是寻找"市场先生"的认识与基本现实大相径庭的情形。如果索罗斯发现了正控制着市场的反身进程，他就会确信这种趋势还会持续一段时间，而价格将变得比大多数人使用标准分析框架所预测的价格高得多。在其他人跟风之前，索罗斯已经应用这种反身性在行市兴衰中赚了钱。索罗斯的反身性理论是他对"市场先生"无常情绪波动的解释。在索罗斯的手上，它变成了分析市场情绪何时波动的一种方法，让索罗斯拥有了一种"解读市场先生的大脑"的能力。

"市价的变化导致市价的变化"是索罗斯的一个核心的观点。听起来似乎有些荒唐，但这并不荒唐。我们做了一个简单的推断：当股价上涨，投资者们感到自己更富裕了，于是会花更多的钱，结果企业的销售额和利润都上升了。华尔街分析家们会指出这些"改善的基本面"，鼓励投资者们买入。这会让股价进一步上涨，让投资者感到自己更富有，于是他们的支出又会增加。这个过程会持续进行下去。这就是索罗斯所说的"反身性过程"，一个反馈环：股价的变化带来企业的变化，继而带动股价的进一步变化。如此循环往复。

可以说，趋势跟踪对投资者来说可能是最易于理解和使用的技术之一，指标期限越长，总交易成本对利润的影响就会越小。短期模型一般都需要一段比较艰难的阶段来克服更多交易带来的成本。倘若我们有足够的耐心，那么交易做得越少，花在交易上的成本就越少，从而获取利润也就更容易。

然而我们在很多地方也会发现，趋势跟踪这个技术一点儿都不合适。例如转手倒卖股票只获取薄利的场内交易商就不太可能会去使用趋势跟踪理念，套期保值投资者可能会发现使用趋势跟踪指标进行套期保值比通过选择某种形式的无息经济套期保值风险更大。每个投资者都可能发现使用趋势跟踪模型很困难，在进行日常的交易时，由于时间的限制，我们不可能让利润滚动起来。所以说，趋势跟踪也并不是对每个人都是适用的。

第二节　一只股票真的能被低估或者高估吗

作为一种特殊的商品，股票的价格与其他商品一样，也大致围绕投资价值上下波动。然而，与其他商品的价格运动相比，股价波动更具有难以预测的特点。这就有了市场上的一种说法：很多人认为市场上的股票常常被低估或者高估。那么，一只股票真的能被低估或者高估吗？

确实会这样的，低估或者高估当然不是分析师的主观判断，是根据股票价格的计算公式，选取若干历史交易和企业运营数据，并运用资产定价模型计算得出股票的理论价格，也就是股票的真实价格，再与市场价格进行比较，如果市场价格比理论价格低，则为"低估"，如果市场价格比理论价格高，则为"高估"。一般的计算一只股票的理论价格的公式是：

$$P=D/(R-G)$$

其中，P 为股票价格，D 为现金流，R 为预期收益率，G 为可持续增长率。

从这个公式中，我们可以看到，要想看出一只股票是否被低估或者高估，必须要进行基本面的分析。

基本面分析就是以判断股票市场未来走势为目标，对收集的方方面面的资料进行透彻地分析。具体来说，基本面分析就是利用丰富的统计资料，运用多种多样的经济指标，采用比例、动态的分析方法从研究宏观的经济大气候开始，逐步开始中观的行业兴衰分析，进而根据微观的公司经营、赢利的现状和前景，从中对公司所发行的股票做出接近显示现实的、客观地评价，并尽可能预测其未来的变化，作为投资者选购的依据。由于它具有比较系统的理论，受到广大投资者的青睐，是当前股价分析的主要方法。

对于准备做长线交易的投资者以及"业余"投资者来说，基本面分析是最主要也是最重要的分析方法。因为这种分析方法是从分析股票的内在价值入手的，而把对股票市场的大环境的分析结果摆在次位，当看好一只股票时，看中的是它的内在潜力与长期发展的良好前景。所以投资者不必耗费太多的时间与精力去关心股票价格的实时走势，只需采用这种分析法进行预测分析并在适当的时机购入具体的股票即可。

投资大师巴菲特在股市的成功，依仗的就是他对"基本面"的透彻分析，而非对"消息市"的利用。正是因为有巴菲特这样"老实本分"的投资者，正是因为市场对巴菲特理性投资行为的高额回报，使得美国的资本市场成为世界上最稳定、最成熟、最有活力的金融市场；作为经济"晴雨表"的美国资本市场的长期稳定、健康，反过来又对经济产生了良好的反馈作用，成为美国经济长期保持强势的根本保障。

基本面分析是投资者买入任何个股之前必须做的一件事。在基本面分析上，最根本的还要算是公司基本面分析。这里所讲的公司基本面分析主要是对公司的收益、销售、股权回报、利润空间、资产负债和股市，以及公司的产品、管理、产业情况进行分析。基本面分析能通过考察一只股票的质量和吸引力，从而识别这只股票是否具有投资价值。

那么，在公司基本面分析中最重要的是什么呢？是公司的赢利能力。公司的赢利能力是影响股价的最重要因素。也就是说最好只买那些赢利和销售量在不断增加、利润率和净资产收益率都很高的公司的股票。另外，在基本面分析中还有一些其他的因素，例如，公司应当有其独特的新产品或新的服务项目，且其预期前景也令人鼓舞；你应当了解你所投资的公司在做些什么，这个公司应有大机构赏识并持有其股份，大多数情况下这个公司还应属于某个先进的大企业集团；你应当了解有多少优秀的共同基金、银行和其他机构投资者买入这只个股，这也是你个人研究的基础……

具体来说，在通常情况下，华尔街的大多数基本面分析员用下面方法中的一种或几种来估计一个公司的股票价格或价值。

1. 目标股票价格分析法。一个非常普遍的分析技术是构建公司期望业绩模型来预测未来的每股净收入。然后将这一数字和预计的价格——收入比率结合起来，从而得到一个"目标股票价格"。通常，目标股票价格分析都会以这样的方式结束其分析过程："如果 1999 年的每股赢利估计为 3 美元，假定市场的价格收入比率是 25，麦当劳公司的目标股票价格就是 75 美元。如果现在的价格是 65 美元，我们推荐你买进这只股票。"

2. 相对价值分析法。相对价值分析法经常和目标股票价格分析法结合起来使用。相对价值分析法首先要为公司、类似股票和同行竞争对手选择一种价值指标——最常用的是价格——收入比。相对价值分析法在比较具有不同特征的公司的股票价值时，除了价格——净收入比，还可以选择价格——账面价值比、价格——销售额比率或者价格——收入——增长比率作为衡量标准。

3. 贴现现金流分析法。在贴现现金流分析法中，一只股票的价值依赖于分析员对公司的期望现金流的估计，并以合适的贴现率进行贴现。最基本的贴现现金流模型是股息贴现模型。在股息贴现模型中，股票的价值就是投资者期望获得的股息的现值。运用股息贴现模型，分析员首先要估计未来股息增长率和投资者要求的股票回报率，然后对期望股票进行贴现，从而得出股票的价值。贴现现金流的另一个模型是资本自由现金流模型，这种模型要计算支付了营运资本、资本支出、债务本息和优先股股息之后所留下的现金流。然后用公司的资本成本对这一现金流进行贴现，可以得出股票的价值。贴现现金流分析法的最后一个模型涉及公司的自由现金流。使用贴现现金流方法的分析员们倾向于给出如下一个简单的价值表述："在现金流的基础上，我们估计麦当劳股票的合理价格是每股 80 美元。给定现在的价格是 65 美元，我们建议你买进股票。"

投资实践中，很多投资者通常以基本面分析方法作为其长期买卖决策的基础。在运用基本面分析方法的过程中，他们通常所遵循的基本法则是：如果一只股票的价格低于它的内在价值，买进这只股票；如果股票价格高于它的价值，卖出这只股票。

第三节　在市场 15％的涨跌趋势之外你该怎么办

大家都知道，市场有涨有跌我们才能够从中赚取差价，但是，市场不能总是大幅地上升或者下降，也有很大一部分的时候它是保持平稳发展的。那么在这 15％的涨跌趋势之外的平稳发展时期我们应该怎么办呢？把钱拿回家捂着，坐等市场的上涨或者下跌？这是不可能的事情，在这个时候，我们可以进行价值投资。

价值投资理论的创始人是证券分析之父——本杰明·格雷厄姆。从 1928 年开始，格雷厄姆开始在他的母校哥伦比亚大学教授证券分析课，讲授他的价值投资理论。本杰明·格雷厄姆在中国或许并不为很多人所知，其实大名鼎鼎的巴菲特是格雷厄姆的得意门生，巴菲特是以杰出的投资业绩与显赫的财富而立名于世，但在投资理念上几乎全部师承了格雷厄姆的学术精华并没有丝毫的超越。格雷厄姆在其 1934 年的原创性论文《证券分析》中首次提出了价值投资理论，奠定了他的"财务分析之父"的地位。

价值投资理论不是一项技术，而是一种哲学，也是一种生活之道。格雷厄姆晚年曾经在一场演讲中说明他自己的价值投资哲学，他说："我的声誉——不论是现在或最近被提起的，主要都与'价值'的概念相关。事实上，我一直希望能以清楚、令人信服的态度说明这样的投资理念，也就是从获利能力与资产负债表这些基本要素着眼，而不去在乎每季获利的变动，也不去管企业所谓的'主要获利来源'涵盖或不涵盖哪些项目。一言以蔽之，我根本就不想花力气预测未来。"也就是说，价值投资理论的要诀是：价值投资者先评估某一金融资产的基础价值，并将之与市场价格相比较，如果价格低于价值，并能获得足够的安全边际，价值投资者就买入该证券。格雷厄姆把价格和价值之间的差额称为"安全边际"。

价值投资与被称为"现代投资理论"的正统投资学说在理论基础和应用方法上有很大的区别。

例如，价值投资理论并不赞同"市场有效性"假说，并不认为"风险与收益成正比"，而价值投资者的投资实践也证明了他们对这些假说的质疑并非毫无道理。

再如，定价是大多数投资理论的核心，它是估计公司实际价值或内在价值的一项技术。大多数投资者希望购买那些真实价值还没有体现在现行市场价格上的股票。人们一般认为公司的价值是公司为投资者创造的现金流量的现值之和。但是在很多情况下，这种方法要求投资者预测公司未来的现金流，这远远超出了投资者的能力。自格雷厄姆以来的价值投资者更偏好于"已经到手的东西"——银行里的现金及等价物。因此，价值投资者并不相信那些需要对遥远未来的事件和条件进行假设的技术，他们更喜欢通过首先评估公司的资产价值，然后评估公司的赢利能力价值来计算公司的内在价值。只有在个别情况下他们才把成长性作为定价的一个因素。因此，价值投资理论是与证券投资学课程并列的课程，是证券投资分析的另一种理论。

价值投资理论的基本假设是：尽管金融资产价格波动很大，但其基础价值稳定且可测量。价值投资的核心是在市场价格明显低于内在价值的时候买入证券。高额安全边际能够提高收益，同时降低损失的风险。价值投资的投资步骤非常简单：

1. 选择要评估的证券；
2. 估计证券的基础价值；
3. 计算每一证券所要求的合理的安全边际；
4. 确定每一种证券的购买数量，包括证券组合的构造和投资者对多元化程度的选择；

5. 确定何时出售证券。

在这一过程中最重要的就是对所选的证券进行估值，那么在具体对于一种产品进行投资的时候，我们应该如何能进行有效的价值评估呢？

首先，选择正确的估值模型。

其次，选择正确的现金流量定义和贴现率标准。

再次，选择正确的公司未来长期现金流量预测方法。准确进行价值评估的最大困难和挑战是第三个选择，这是因为内在价值主要取决于公司未来的长期现金流，而未来的现金流又取决于公司未来的业务情况，而未来是动态的、不确定的，预测时期越长，越难准确地进行预测。因此说："价值评估，既是科学，又是艺术。"

以价值为基础的投资方法的迷人之处就在于：在低于公司真实价值的价位买进股票，不论利率高低、经济盛衰、货币强弱如何，不为一时市场震荡所动摇，坚持自己的信念，那么必定会有惊人的回报。

当然，利用价值投资理论进行投资也是具有风险，那么，那些价值投资者是如何控制风险的呢？

1. 价值投资者只在自己胜任的范围内进行操作。

2. 对安全边际的要求为价值投资者提供了一个与分散投资不同的风险降低机制。

3. 利用整体股票市场与事件导向型投资组合之间的弱相关关系来进行分散投资。

4. 寻求一些可靠的确认方法。如信息灵通人士的购买行为、其他知名的投资者也持有相同的头寸、经常检查自己的投资策略和定价步骤是否存在错误。

5. 头寸限制。

6. 价值投资者回避卖空这种风险管理方法。

7. 市场没有投资机会时的持有现金策略，即默认策略、持有指数基金策略。

一个价值投资者要想成功，就应该对投资保持一种正确的态度，尤其是要对投机眦目欲裂。格雷厄姆坚称投机并不是投资，进入投机领域，我们很容易就会被伶牙俐齿的投资专家忽悠，他们想让我们相信：夸夸其谈的收益记录、玄乎其玄的数学公式、闻所未闻的高级概念，这些就是我们把钱交给他们去操作的理由。有时我们甚至会主动陷入自欺欺人的境地中。我们会败给人"好赌"的天性，正如格雷厄姆和多德说的："即使购买证券的潜在动机纯粹只是投机式的贪婪，但人性使然，总是要用一些看似冠冕堂皇的逻辑与理由，把丑陋的冲动给掩盖起来。"

每一个投资者都应该在财务上与心理上为短期内糟糕的表现做好准备。举例来说，1973 年到 1974 年之间股市下滑，投资者在账面上多有损失，但如果他坚持下去，1975 年到 1976 年市场就开始反弹，在这 5 年期间里，他的平均回报率就是 15％。所以说，利用价值投资理论进行投资，除了要正确估值之外，还要有耐心，能够一直等待下去。

总之，价值投资无论是从理论的角度还是从实践的角度，都是一种非常好的方法。从长期来看，价值投资法所创造的投资收益比重点选择法和整体市场法更高。

第四节　为什么说价差交易是万能的

在任意给定时间，买入报价和卖出报价之间的差称为买卖价差。买卖价差是即时买入并卖出证券所需的成本。买卖价差越大，一次证券交易的收益就要越高，这样才能覆盖价差以及其他交易成本。大多数低频价格变动都足够大，买卖价差与之相比完全可以忽略。但对于分笔数据而言，价格变化与买卖价差相当，甚至还要更小。价差交易适合各种领域的交易，所以说，价差交易是万能的。

例如，期货市场交易，在期货市场中，价差可以用来建立一些头寸，它的行为就像是做多头或空头头寸。这些合成的头寸是很值得考虑的，相对于直接交易来说，它有更多的优势：看起来很低的风险和更低的利润需求。

例如，在欧洲美元市场中，可以做近期期货合约的多头以及一年后的远期合约空头，并且由于期货价差的利润率，这种合成头寸就有其空头头寸的特点。这种类型的期货价差被称为"期货合约间价差"，而且它可用于有流动性远期合约的市场中。

价差交易在场内交易商中也是一种很流行的理念，因为他们所做的头寸比直接的期货头寸看起来风险更低些并且有更多的潜在获利机会，一旦持有了一个期货价差头寸，就可以把它当作是你持有的任何一个其他头寸、走势跟踪和头寸调整模型就可以被应用了。

经过长期的发展，价差交易已形成多种投资策略，下面我们将分别对其进行简要介绍。

1. 考虑现货市场对价差的影响。一般而言，在股市上涨过程中，投资者的高涨情绪会导致股指期货远月合约上涨的幅度要大于近月合约上涨的幅度，这使得价差在股市上涨过程中增大；而在股市下跌过程中，投资者的消极情绪会导致股指期货远月合约下跌的幅度要大于近月合约下跌的幅度，这使得价差在股市下跌过程中减小。因此，投资者可在股市上涨过程中买入价差，等价差增加到一定幅度时再赢利平仓；同样的，也可在股市下跌过程中卖出价差，等价差减小到一定幅度后再赢利平仓。某些投资者可能会问一个问题，我既然能够预期股市上涨或下跌，为何不直接交易价格，反而交易价差呢？这是由于我们对于市场的预测都不可能百分之百准确，在我们预测错误的时候，价差交易的损失也远远小于价格交易的损失，适合风险承受能力较小的投资者。

2. 利用期货的理论定价进行价差交易。根据无套利理论或其他期货定价理论，我们可以对不同月份的期货合约进行理论定价，进而通过不同月份的期货理论价得到期货的理论价差。除两个月份的期货合约同时被高估或低估相同幅度时无价差交易机会以外，其他情形下（远月高估和近月低估，或远月低估和近月高估等）均存在根据期货理论价差的交易机会。以远月高估和近月低估情形下为例，此时实际价差大于理论价差，此时做空价差，待实际价差位于理论价差附近时平仓，赚取远月高估和近月低估两方面的利润。

3. 利用价差的历史稳定关系进行价差交易。在股指期货上市交易一段时间之后，我们会获得价差变化的历史数据，投资者可利用这部分数据来挖掘一些价差的变化规律，并将其应用于实际的价差交易之中。比如，通过历史统计发现，过去三年股指期货3～4月合约价差都在［-50，150］的区间内波动，那么我们可以在实际价差接近-50时买入价差，或在接近150时卖出价差，从而把握价差的区间振荡收益。该策略的主要问题是需要大量的历史数据，不适合目前股指期货推出初期的价差交易。

4. 利用价差的均值回复特征进行价差交易。从国外成熟期货市场的经验来看，价差的波动体现出很强的均值回复性，即价差会在一个区间内窄幅波动。如果沪深300指数期货的价差也表现出相同的规律，那么投资者就可计算价差的近期均值和近期波动区间，当实际价差在区间上轨时卖出价差，待其回归至均值附近时平仓，或当实际价差在区间下轨时买入价差，待其回归至均值附近时平仓。

5. 利用振荡指标进行价差交易。由于价差存在很显著的均值回复特征，在K线形态上就表现为我们常说的"盘整行情"，对此我们可以参考诸如KDJ、MACD和RSI等常见的振荡指标进行价差交易，也可自行构建适应性更强的振荡指标进行价差交易。

6. 期现价差的交易。在期现价差交易中，我们过多地关注期现价差在期货合约到期为零的交易机会，实际中，对于普通中小投资者，我们很难接受如此长期的交易策略，我们更愿意在基差变为零的过程中进行多次波段交易。如果进行基差的波段交易，那么我们所进行的就不是传统意义上的套利交易，而是价差交易，这样的话，上面提到的五种策略对于期现价差交易也同样适用。

第五节　为什么说投资没有孤立的市场

我们在进行市场知识介绍的时候，总是分门别类地一一进行介绍，例如股票市场、外汇市场、期货市场等等，其实投资是没有孤立的市场的。为什么这样说呢？

因为没有一个市场是在真空中运作的，尤其是在今天全球的、24小时运转的电子化交易市场上。在这样的市场上，一个市场会很快受到其他相关市场上所发生的事情的影响。虽然很多投资者回顾一个市场的历史价格，以判断该市场过去的表现将可能如何预示其将来的最终走向，但是他们同样需要横向关注其他市场，判断其他市场上的价格变动对其正在交易的市场上的价格会有什么样的影响。

就拿汇市来说，汇市就是反映各国资产市场的形势的地方。一般来说，哪一个国家的资产相对安全，相对的回报率高，国际热钱就向那个国家的资产市场进军。该国的资产市场水涨船高，汇价因而得到支撑，进入上升轨道。基金，大公司的中长线的资金的流向是决定各国资产市场、商品市场和汇市的中长线趋势的主力军。短线炒客无论多大都成不了大器，只能造成市场的短线波动。

商品市场价格的原动力来自需求和美元的趋势。假如美元跌了，商品价格回升，因为商品价格是美元标价的。再加上对商品的需求增加了，商品价格只能上去。

自从 2001 年的商品市场的上升趋势就说明这些关系。

商品价格的上升对世界经济带来通胀的压力，对世界经济不好，对美元最不好，因为美元是世界货币。通货膨胀高对美元的实际利率有负面影响，对美国的经济也有负面影响。所以看了商品价格的上升就知道美元会跌下去，看了商品价格的跌，就知道美元得到支持。

就是这样的相互关系。近两年黄金对美元升了很多，不过，对日元和欧元没升多少，这也说明商品的趋势和美元的趋势的相互关系。即美国的实际利率跌，美元跌；美元跌，商品价格升。

最近原油市场对世界经济和对汇市的影响力也更实际地说明了这一点。

美国债券市场的原动力也来自需求和供应。长债利息自从 2001 年 5 月中以来一直跌，美联储局的加息行动以来跌得更快。这就发出两个信息：第一，市场不看好美国的经济，也不看好美联储局有能耐加息下去。第二，负实际利率的日子还要走一段路。

这对美元是个很大的打击。

一般来说，长债的利息升，对美元有利，长债的利息跌，对美元不利。

美国的股市对汇市的影响也很深。美元从 1995 年到 2001 年大升，就是靠纳斯达克的泡沫的上升趋势。自从泡沫爆破了以后，纳斯达克的暴跌替美元的暴跌铺路。

一般来说，外资进入美股，对美元有很大的支持，美元上升。没有外资的支持，即使美股升，美元也得不到支持。所以看美国的股市和美元关系的时候，升的话，再看外资的投入程度。

只是国内的资金靠美联储局的大量的印钞让股市升的话，对美元不利，因为这只是美元的供应量增加的结果。美国股市跌的话，不管谁抛售都是对美元不利的消息。

一些投资者喜欢对两个相关的市场做相关的分析，以度量一个市场的价格变动与另一个市场价格变动的相关程度。如果第二个市场的价格变化能够由第一个市场的价格变化准确地预测出来，那么这两个市场就被认为是完全相关的。如果两个市场的变化方向相反，它们就是完全负相关的。这种分析方法有其局限性，因为它只把一个市场上的价格与另一个市场上的价格进行比较，而没有将其他市场对目标市场的影响考虑进去。

所以，我们在进行市场分析的时候，要对整个市场进行分析。对有规模的央行、基金、公司来说，分析整体的金融市场，即资产市场，商品市场和汇市在某阶段里的形式的分析是他们作投资的决定以前的第一步。

他们是左右金融市场的动向的主力军，所以我们也要认真研究他们对市场的研究模式和方法。第一步，就是对整个金融市场的状态和个别资产市场和商品市场的研究。第二步，就是那些市场对汇市的影响。第三步，就是受了那些影响以后的汇市内部的研究。汇市以外的宏观研究可以说是对金融市场的大气候研究，对汇市本身的研究可以说是大气候下的小气候研究。

单一市场分析工具是无法弄清市场之间相互关系的。所有认真对待交易的人，都需要从一开始就确保获得正确的工具。当然，无论我们付出了什么或使用了什么工具，都没有100%正确的。即使最好的工具也只能给我们数学意义上的概率，而不是确定性，但是仅仅为了获得交易的优势，我们的工具无须达到完美的地步。

如果分析工具可以帮助我们发现各单个市场之内和全球相互关联的市场之间反复出现的模式，我们就拥有了比其他交易商胜出一筹所必需的一切。对以后几个交易日价格动向的洞察为我们坚持交易策略增强了信心和约束，并使我们在恰当的时候毫不怀疑、毫不犹豫地开始行动。

第五章　为什么巴菲特的行动
仅仅是聪明人的参考消息

第一节　交易你看到的东西，而不是你认为的东西

在我们进行投资的时候，总会有对整个市场或者是对所投资的产品拥有自己的一个看法、一个理解。有些人总是根据自己的理解，认为市场即将下降就赶紧把东西卖出，自己认为市场即将上升就增加资本投入。而他的这种"认为"仅仅是主观的认为而已，并没有什么具体的事情发生。这也就是大多数的投资总是赔钱的原因，因为他们并不是根据事实来投资，而总是凭着感觉来做出投资的决策，要知道，没有人能够准确地预测出市场的发展。所以，我们要交易自己看到的东西，而不是我们认为的东西。

索罗斯在 2008 年年底接受《华盛顿邮报》记者采访时说，几十年来，他本人包括所有华尔街的任何一个投资大师，没有谁可以预测股市的走势。就像 1987 年的股灾，也没有一个人可以准确地预见。

从中我们就可以清楚地看到，想要准确地预见投资市场的发展趋势是非常困难的。因为投资市场是没有规律可循的，它永远是千变万化的。所以，我们自己也不要妄图去猜测市场，时刻提醒自己：交易我们看到的东西，而不是我们认为的东西。所以，如果有人夸耀自己能够预测出投资市场的走势，那么，他一定是个骗子。如果他真的能够预测市场的话，他早就成为一个超级富

翁了，还会在那里为我们做市场分析、市场预测的事情？

可是，为什么在投资界存在那么多的经典理论呢？我们也看到，确实在投资活动出现的这么多年的时间里，产生了多如牛毛的理论，但是，由于条件的限制和投资市场运行的多变性而使得理论的指向性很不明确，甚至有些理论本身就是互相对立的。可是相互对立的理论之间又不能完全推翻对方的理论。这样，就出现每个理论都有道理的现象，而针对每一个投资者却不具备全面应用的价值。

所以，我们在利用这些理论作为自己分析投资市场工具的时候，也要留个心眼，不要总是埋头在这些理论知识的运用中去，还要关注社会中发生的各种事件。当然，任何运用在投资市场上的分析工具，只是我们当作参考的一个重要因素，但绝不是不可更改的规律。一般来说，掌握分析工具并不困难，只要在投资市场做过几年的人都能够很快学会计算和分析。然而，这些都是一个投资者所应该具有的基本知识，仅仅靠这些还远远不能够适应错综复杂的市场变化需要。

不可否认，也有人曾经准确地预测到某一个阶段的某个行业或者某个投资产品的走势，但他不可能完全预测出一个月之后、一年之后的投资市场的趋势。即使在过去的某些时间段里，他曾经准确地预测出一定时期的情况，可是随着时间的推移、市场的不断变化，投资情况的更加复杂化，他所依据的信息、技术和条件此时已经不复存在，因此，在预测的基本条件发生了改变的时候，预测的准确性和合理性也就没有了最起码的存在基础。所以，我们不要总是根据自己的主观意念去做出自己的投资决策，而一定要根据真实的信息来做出投资的判断。

索罗斯在中国香港市场惨败后，他总结道：金融市场是在不均衡的状态中运作的，而且参与者的认知和实际事件间总有一些差距存在。如果差距微不足道，就不值得担心害怕，因为那不会改变参与者的认知。如果差距很大，这样的差距就必须纳入考虑，因为它会改变那些参与者的认知。

从他的事件中我们更要明白，在投资中只能交易自己真正看到的东西，绝不要根据自己的认知就去盲目投资。

第二节　注重概率，而不是某一次交易的结果

在投资的时候，有些人会觉得自己做得不好，总是满仓爆仓；也有些人认为市场永远不缺机会，缺的就是自己手中没有足够的资金；更有些人会觉得自己投资的方向总是不对……总之，他们总是觉得自己的投资都是错误的，就没有正确的时候。其实，实情并不是像他们所想的那样，只是因为他们太注重某一次交易的结果才造成的一种错觉。

在实际投资市场中，满仓爆仓，有投资的机会出现但是手头没有足够的资金，错买错卖……种种迹象大家都不会觉得陌生，这是投资市场每天都在上演的悲喜剧。当然，并不是所有的悲剧都集中在某个人身上，也不是某些人总是接到喜剧的剧本，在整个投资生涯中，每个人都经历过悲剧和喜剧。但是，每次自己回想自己的投资生活的时候，总是觉得自己的错误比较多，而且会经常犯同样的错误。事实上大部分的投资者都犯过同样的错误。为什么会这样呢？可以说，投资者之所以会出现类似的错误，是因为没有理解交易的本质。从某种意义上来讲，投资是一种概率游戏，但是，他们却过分注重了某一次的交易结果。所以他们总是会犯那些类似的错误。

为什么说投资是一种概率游戏呢？这是因为我们的每一次的投资活动，都会有成功或者失败的可能，就跟我们抛掷硬币是一个道理，我们从手中抛出一个硬币，落到地面的结果不是正面就是反面。我们做出的投资行动也是一样，每一次都会有一个结果，赢利或者亏本，不存在百分之百赢利的投资，也不存在百分之百

亏损的投资。所以说，我们的投资是一种概率的游戏。

所以，我们在投资的过程中，不要过分注重某一次的交易结果，不要因为某一次的交易失败就否决掉自己的整个投资计划，也不要因为某一次的交易成功而忘乎所以。我们要注重概率而不是某一次交易的结果。换句话来说，我们所能够追求的，只能是基于总体意义上的成功，而不是要求任何一次交易都成功。

既然单次的交易并不存在百分之百赢利的可能，那么，就不应该过于重视单次交易的成败，而是应该培养一种总体性的眼光。只要我们赢利的总数大于亏损，那么交易的总和就是赢利。这样，虽然我们也有失败的投资经历，但是，最终的结果我们还是取得了一个比较满意的投资赢利的状态。

就像那些经常在投资的时候多次爆仓的人，其投资失败的最直接的原因是满仓，而之所以会满仓入场，则是因为将"单次的机会"当成了"唯一的、全部的机会"，就想着能够在这一次交易中赢到自己想要的东西，把所有的宝都押在这一次上面。他们会出现这样的错误是因为他们没有意识到投资其实是一种概率的游戏，没有从概率的层面来理解交易的表现。

事实上市场永远不缺机会，但是机会与风险同在。我们的重点只是如何在这无数次的机会中，把握我们可以把握的那一部分。这如同在滔滔不绝而又暗礁遍布的江中取水，重点是在安全。我们可以一次，两次，无限次地取，一点儿一点儿地积累起来，就是很好的结果。我们的目的并不是要把所有的江水都纳入怀中。即使我们每一次取得的水很少，或者有没取到水的时候，但是只要我们是安全的，我们就有机会去继续取水。但是如果我们贪图一次就能够取足自己一生所需要的水，把自己装水的装备都运过来装水，如果运气不好，正好碰上了暗礁，让自己都沉入了江底，那就再没有机会再去取水了。所以，我们在投资的时候，风险永远是第一位的，不急于一时，绝不孤注一掷，要提醒自己投资的机会以后还是会有的。

至于那些总是觉得自己的投资方向不对的人，那是因为他们没有衡量清楚行情判断与交易策略的分量。他们总是完全依赖于自己对于行情的预测来交易。要知道，从基本面或者技术面来对未来走势做一个分析与判断，有助于提高交易的胜算概率。不过，这也只是提高胜算概率而已，并不代表着可以消除亏损的可能。行情预测的正确与否是个概数，可能对，也可能不对。就算有80％的正确率，也一样避免不了20％亏损的机会，而如果处理不好这20％的不利情况，交易的总和也可能是亏损。所以说，进行分析也是很难达到百分之百的准确。我们也不能因为自己对自己的分析感到自信就把自己的赌注全部赌上，这样，如果那不利的20％的因素起了作用，自己就有可能全军覆没。

所以我们在投资的时候，要培养自己一种全局性的眼光，注重概率，而不是某一次交易的结果。对于资金的分配，以及对于止损的规划应该基于概率的层面来考虑，做好自己的投资规划，不要打一枪换一个地方。

第三节　不要去抓正在下落的刀子

美国华尔街曾经有一句名言："不要试图接住下落的刀子。"这句话劝告投资者，不要急于在市场急剧动荡或下跌时入市。因为在市场大势难以准确把握的情况下，具备经验的操盘手尚且难以准确拿捏分寸，新手入场更难免被"下落的刀子"所伤，成为最后承受风险损失的替罪羔羊。

想要抄底买入一只正在下跌的股票，就仿佛是抓住一只正在快速下落的匕首，我们很容易被刀刃割破手。当然，确认市场的底部区域不是那么轻松的，盲目抄底同样极具杀伤力。真正稳妥的办法是等刀子掉在地板上后再去捡。而且捡的时候，还需要有一个更加充分的理由，而不是仅仅对自己说："这只股票已经跌了那么多,该不会再跌了吧,应该有反弹了吧。"我们必须有一个价格因素以外的理由。贪婪就像一个魔鬼,它会鼓动我们伸手抓取正在坠落的利刃。

没有人能够做到总是在波谷买入,在波峰卖出。聪明的投资者,如巴菲特,追求的是在合理的价格区间买入合适的股票。很可能在他买入某只股票后,这只股票还会继续下跌一段时间;在他卖出一只股票后,这只股票还会继续上涨一段时间,但这些都没有人能够掌控。

美国金融风暴愈演愈烈,影响全球。中国资本是否应该出击"抄底",参与美国华尔街收购兼并活动?有机构或个人认为,这意味着巨大的发展机会,应该及时把握"抄底"时机。当全球经济处于动荡不安的状态时,通过收购兼并实现资源配置优化,是企业或投资者规律性的经营选择。但此时要注意"共赢"而不要"接刀"。

理论上来说,投资市场中的交易关系常常表现为"零和博弈"——即伴随着一方获益的是另一方的损失。而在实际的投资活动中,我们看到更多的是"双赢或多赢"。对于有人呼吁"中国资本应该抓住机会进场抄底"。既然"下落的刀子"不好接,我们还是不接为好;而且,从理性的角度判断,"共赢"胜于"接刀"。所以,我们不要总是一听到媒体报道哪里哪里有"抄底"的机会,就轻易地跟着大众媒体的鼓吹去承接正在下落的刀子,而让自己陷入难以翻身的境地。

美国经济的放缓给中国的出口带来了严峻的挑战,通胀以及由其引发的调控预期不断加强,低于预期的经济数据加重了投资者对于企业赢利增长的忧虑;与此同时,非流通股解禁的累积效应开始显现,估值过高引发的再融资冲动明显加强,而增量资金缺乏。正是多种因素交织导致了市场深幅的调整,由于对经济的悲观,很多基金经理在跌后匆忙减仓。

次级债危机的进一步深入及高油价等因素影响下的成本增加,

不仅使美国经济前景深陷阴霾，更开始殃及更多的经济体。到2008年3月份，欧元区的经济信心指数已经持续十个月下滑，日本经济对美国的出口占其总出口额的20％，受累明显。关于次级债危机的后续演变，国际清算银行行长马尔科姆·耐特忧心忡忡地评价其为，可能是发达国家自二战以来最严重的金融动荡。

温和通胀推动企业业绩的增长，但通胀恶化就会导致经济出现拐点。1988年和1993年的通胀结果告诉我们：通胀上行的第二年，企业的业绩就会受到显著的影响，而之后由于紧缩政策导致的经济趋冷和通胀会更大幅度挤压企业利润。

从中，我们可以看到，在我们参与投资的大环境中，还有很多可以影响我们投资结果的因素，可以说，一切都充满着不确定，除了政府已经铁定不会进行指数调控。那把快速下落的刀仍在半空中，谁会去伸手冒险？

聪明的投资者只要能够做到"粗略的正确"就可以了，就很不简单了。记住，投资不是为了获取暴利，也不是为了打败其他投资者获取冠军，更不是为了打败市场以证明自己的智商或财商，投资是为了我们自己有一个美好的未来，有一个高质量的生活。所谓一项成功的投资活动，应该是实现了预定投资目标的投资活动，而不是靠好运气的光顾，靠赌博，靠冒险发了横财。

投资大师伯纳德·巴鲁克有句名言："我卖得太早，这让我赚了钱。"通常情况下，一只股票在暴跌以后，总会有一个以"年"为计量单位的整理期。所以，即使是一家非常优质的公司，我们也不必过于着急地抄底买入。

第四节 对自己的投资承担100％的责任

不管做什么事，只有负得起责任的人才能够取得成功。对于投资来说也是这样，我们对自己的投资应当承担100％的责任。很多人在投资失败的时候，总是怨天尤人，有的人甚至去找投资经纪人闹事。其实我们应该明白这样的一个道理：只有我们自己的才是必须对我们所做出的每一个决策、每一次操作负责任的人。

其实，在我们的身边，总是有很多这样的投资者，一旦他们投资失败，他们就会把过错归到别人身上。他们会抱怨经济环境，会怪罪证券市场制度残缺，会归罪政策恶意圈钱，会归罪评论家有意误导，会认为上市公司在财务上作弊。但是，他们下一次还是会根据社会上的那些分析师给出的投资建议去进行投资，还是继续失败，然后又是一轮没完没了的抱怨……正是因为他们没有对自己的投资负全责，一有失误就把事情推到别人身上，所以他们总是找不到解决问题的方法，自己总是循环反复地陷入这个怪圈中。

上个世纪20年代末30年代初，美国深陷于有史以来最严重的经济大萧条的泥潭，无数家庭破产。1931年，当时在耶鲁大学读大二的坦普顿从他的父亲那里得到了一个极坏的消息：家里连一美元都拿不出来为他付学费了。这个消息对坦普顿来说不啻于厄运临头。他完全有理由去抱怨那场经济危机，但是，坦普顿拒绝抱怨。他为了获得奖学金勤奋学习，同时还兼打几份工。他不仅成功读完大学，还因为学业优异获得了著名的罗兹奖学金去英国牛津大学深造。从牛津学成回来后，他选择了去华尔街工作。

面对自己的生活困境，坦普顿没有怨天尤人，他承担了100％的责任，在自己努力学习争取奖学金的同时，兼职几份工来赚取生活费和学费，为他成功完成大学教育提供了条件。正是因为拥有这份对自己的事情负有100％的责任的特质，让他成了一位青史留名的投资大师。坦普顿说："健康的态度是投资者巨大的内在财富，而拒绝抱怨则是健康的人生态度的重要特征。"

所以我们总是看不到成功的投资者怨天尤人的现象出现，

因为当他们发现自己的操作出现失误后，首先会问的第一句话是："我有没有遵守自己的操作原则？"如果答案是肯定的，那么他们会开始观察自己的操作原则，看看是否有需要改进的地方，以避免下一次的错误发生。而对于大多数的交易者来说，这个问题的答案很可能就是"没有遵守原则""把原则给忘了"，等等。

当他们确定了自己并没有遵循自己的投资原则来做出投资决策的时候，他们会追究自己为什么没有遵循自己的投资原则，并找到一个解决的方法来确保自己在今后的操作中严格遵守自己的投资原则。他们从不会过多地寻找外部因素作为自己投资失败的借口。

当然，我们并不是说，一个成功的投资者就没有接受别人的信息或者投资建议去进行他的投资操作的时候，他们也有采取别人的投资建议的时候，但是，如果一开始他就接受了其他人的信息或建议，并关门"闭关修炼"，那么他这么做的行为就已经等同于他保证了会对此负责。因此，一旦出现失误，他应该做的事情是承担起这个责任，记录下来，仔细分析错误原因，并发誓绝不犯同类错误；而不是到处寻找理由和借口推卸责任。

我们知道，很多人都希望由别人来告诉自己下一步应当怎么做，而不是自己做出决定。这种事情不仅仅发生在交易上，即便是我们日常生活中，这样的例子也数不胜数。而正是这个原因，导致了为什么有那么多的人都在交易中以失败收场。如果一位投资者把自己的投资失败完全归咎于外在的环境，哪怕理由极其充足，他也已经是一个失败的投资者，而且不准备把注意力放在从自己的失败中吸取教训上。不负责任的态度是错误的态度，不论对从事什么行业的人来说，都不能带来正确的结果。

不负责任是输家的招牌，投资失败的隐秘原因是推卸责任的心态。所以，想要成功，就必须找回自己的力量，摆脱推卸责任的心态与情绪。

事实上，如果我们已经确定要坚持自己的操作原则来进行交易，却往往克制不住地想寻求其他人的看法和建议的时候，有如下方法可以一试：

1. 先暂时回避交易；

2. 回顾自己的投资计划和交易原则；

3. 想一想，你为什么对自己的计划缺乏负责任的勇气；

4. 当自己重新树立起信心后，再开始交易。

针对上述的第三点，也许有人会问，我们究竟应当怎么做才能学会负全责呢？简单来说，负全责就是，首先我们必须做好犯错的心理准备，其次就要制订一套适合自己的操作系统，再次，如果发生失误，应当及时分析总结失误的原因，并避免再次犯错。其中，"制订一套适合自己的操作系统"，这一点恐怕是最为关键的一点。因为只有适合自己的操作系统，才能帮助我们减少出错的概率，逐步树立起应有的自信心，慢慢地，我们也就摆脱了渴望别人来指导的心理。

总之，想要成为一名成功的投资者，我们就要对自己的投资承担 100% 的责任。尊重自己的思考结果，遵守自己制订的行之有效的操作原则，坦然面对失误，找出自身的原因，改正之，逐步完善操作系统。

第五节　永远不要追逐损失的资本

无论是在扑克牌游戏还是在赌场中，那些输了钱还不停地赌下去，希望能把本钱赢回来的人，等待他们的无疑将是一场噩梦。这对于投资市场来说也是一样的。在投资市场中，如果我们因为操作或者判断失误，造成了一些损失，那么我们就把它当作一个过去式，记住，永远不要追逐损失的资本。

因为这些已经是属于沉没成本。什么是沉没成本呢？沉没成本是指由于过去的决策已经发生了的，而不能由现在或将来的任何决策改变的成本。人们在决定是否去做一件事情的时候，不仅是看这件事对自己有没有好处，而且也看过去是不是已经在这件事情上有过投入。我们把这些已经发生不可收回的支出，如时间、金钱、精力等称为"沉没成本"。在经济学和商业决策制订过程中会用到"沉没成本"的概念，代指已经付出且不可收回的成本。

沉没成本是一种历史成本，对现有决策而言是不可控成本，不会影响当前行为或未来决策。从这个意义上说，在投资决策时应排除沉没成本的干扰。例如在我们的投资过程中，我们的投资组合中有一只股票或者是一只基金在股市的暴跌中让我们损失惨重，在这种时刻，我们应该怎样惩罚这只股票或者基金呢？我们是立刻卖掉它还是无视这些情况，继续持有呢，或者是增仓来补回自己的损失呢？其实在这种时刻，那些损失已经是成为"泼出去的水了"，可谓覆水难收，这就代表着不管我们做出怎样的决策，这些已经损失的资本也都不会再回来了。

但是，在我们的现实投资生活中，我们总是经常看到这样的情况：许多投资者坚持要等到自己手中的某只股票上涨到原先买入时的价格再卖掉它，是不明智的。这也许是因为人性中有一种掩盖错误的本能。

假设现在我们已经花 7 美元买了电影票，而买下来之后，我们对这场电影是否值 7 美元表示怀疑。看了半小时后，我们的最坏的怀疑应验了：这电影简直是场灾难。我们应该离开电影院吗？在做这一决策时，我们应该忽视这 7 美元。这 7 美元是沉没成本，不管是去是留，这钱我们都已经花了。但是很多人对"浪费"资源很担忧害怕，被称为"损失憎恶"。比如说很多人会强迫自己看一场根本不想看的电影，因为他们怕浪费了买票的钱。这有时被叫作"沉没成本谬误"。经济学家们会称这些人的行为"不理智"，因为类似行为低效，基于毫不相关的信息做出决定错误的分配了资源。

这些思考可能反映了对衡量效用尺度的不统一，因为这种衡量对消费者来说是主观且独特的。如果我们真的预订了一张电影票还发现电影确实不对我们的胃口，我们可能会等到散场再走，我们觉得自己保存了脸面，这也是一种满足。如果我们中途退场，陌生人会发现我们的判断失误，这可能是我们想避免的。我们可能从给电影找碴儿中得到些娱乐，并对自己的鉴赏结果感到自豪。或者我们觉得有足够资格在其他人面前批评电影。

就像在投资中，大多数投资者总是不愿意看到亏损确定无疑地出现在账面上，因为对于同样数量的亏损和赢利，亏损给投资者带来的痛苦要远大于相同数量的赢利给他带来的快感。所以，不聪明的投资者总喜欢像鸵鸟一样，在错误的投资面前把头埋进沙子，而完全不考虑将这些剩余的资金及时转移到某家合适的公司，以便获得更大的收益。

做这类决策的时候，我们只需考虑在做决策的这个时刻，哪只股票的性价比最高，哪只股票的价格最合理，哪只股票最符合物美价廉的标准，哪只股票的价格偏离其内在价值最多，而不论这只股票是否在过去"犯过错误"——让你因为它而赔过钱。"沉没成本先生"都要求我们"既往不咎"。

当然，也有很多人会把这样的情况当成自己花钱去学经验了。其实用"拿钱买教训""交学费"的观点来看待沉没成本是片面的。事实上，除了投资决策失误造成沉没成本这一极端的情况外，很多时候沉没成本是一种必不可少的支出。

衡量投资项目成本，只能包含因进行或选择该行动方案而发生的相关成本。相关成本指与特定决策、行动有关的，在分析评价时必须加以考虑的成本，包括差额成本、未来成本、重置成本、机会成本等。非相关成本则指在决策之前就已发生或不管采取什么方案都要发生的成本，它与特定决策无关，因而在分析评价和最优决策过程中不应纳入决策成本的范畴。

第六章　金融知识真的能使投资变得简单吗

第一节　人们为何不能控制自己的财务状况

在我们的身边，总会有这样的人，他们为了赚更多的钱，每天都很努力地工作。但是，他们并没有变得更加富有，甚至是有很多人赚到的钱越多，他在债务的泥潭中就陷得越深。就像英国的那个中奖的医院杂工。

麦吉尼斯一开始是英国的一名医院的杂工，周薪只有 147 英镑，在父母家打地铺。但是，在 1997 年 1 月份的时候，他赢得了 1000 万英镑的彩票。有了这么多钱，他觉得自己的生活即将好转，于是很豪爽地给了家人约 152 万英镑，给自己的前妻约 76 万，剩下的钱就归自己挥霍。

由于他已经是一名千万富翁了，所以，他一口气花了 14 万买入一辆法拉利，随后再添置多辆豪华座驾，一度同时拥有 6 辆名车，包括法拉利、宾利、平治、积架和宝马等。后来他又在西班牙花了 50 万英镑购入一间海边豪宅，并环游世界。2003 年他又花了 20 万英镑举行了一场豪华婚礼。

后来为了过过帮主瘾，他入股了苏格兰足球队，尽管他在 2004 年帮助球会打入苏格兰超级联赛及赢得 2004 年的联赛杯，但球场上的成功并没有为球会带来太多财政得益，球会管理还一直出现问题。其后，麦吉尼斯需要使用他的私人财产去帮球会还债。他总共投资了 400 万英镑，最后都石沉大海。44 岁的麦吉尼斯到 2008 年已欠下约 200 万英镑的债务，房子亦将被银行收回。

后来，为了还债，麦吉尼斯的豪华房车、别墅以及名贵珠宝，包括一只劳力士手表都被迫割价卖掉。他和妻子也不得不重新找工作，并且去申请公共的房子来住。

麦克尼斯中了彩票，一夜成了千万富翁，但是仅仅 11 年，他又贫穷如故，甚至比没中彩票之前生活更加悲惨，因为那个时候他没负债，而 11 年之后，他已经欠下了 200 万英镑的巨额债务。为什么会有这样悲惨的境遇出现呢？这是因为麦克尼斯没有把自己的财务管理好。

其实，在我们的生活中，没有管理好自己的财务，不能控制自己的财务状况的人很多。就像我们经常会听到某某的房子被没收的故事，他们的房产不仅没有让他们变得更富有、更有经济保障，反而使他们流离失所，住进了救济院。更不要说那些在投资市场投资失利的人，这样的人，多如牛毛。大部分人的一生都在为金钱所苦，不管他们赚了多少钱，钱总是不够用。很多人都想解决这个问题，但是也都无能为力，所做的尝试总是没什么成效。为什么会有这么多的人不能控制自己的财务状况呢？

这是因为我们在上学阶段，重视学习文化知识，却忽视了学习财务知识。这就造成了很多人即使大学毕业，仍然不知道如何平衡自己的收支，甚至分不清哪些是资产，哪些是负债，更不要说编制一份财务报表了。我们从来就没有学习过如何控制自己的财务状况。金钱教练罗伯特·清崎曾经说过这样的话："仅仅拥有高收入的工作、豪宅和漂亮的汽车不能说明他们能够很好地控制自己的财务。"也就是说，如果我们现在拥有很多的金钱，也不能说我们能够控制自己的财务。就像麦克尼斯一样，虽然是一个千万富翁，但是没过几年，就变成了百万"负"

翁了。

如果一个人连自己的财务状况都不能控制的话，就更不能控制好自己的投资活动了，这样的人进行投资，很容易会陷入盲目投资的状态，让自己的投资资金全部付之东流。罗伯特·清崎的富爸爸是这样说的："最冒险的投资者是那些对自己的财务报表没有控制的人，是那些自认为拥有资产其实却是负债的人，是取得收入时支出更多的人，以及经济来源主要靠劳力的人。说他们冒险是因为他们通常是不顾后果、孤注一掷的投资者。"所以，要想让自己的投资成功率高一点儿，更加科学地进行投资，就要学会控制自己的财务状况。那么，该如何控制自己的财务状况呢？

想要控制自己的财务状况，就要确保自己的资产总是比负债多，需要懂得许多财务知识，懂得一份财务报表是如何发挥作用的，懂得现金是怎样流动的。这些貌似很简单的东西却常常被我们所忽略，就像有些人忘了开出支票的时候，就是在减少自己的资产的时候；忘了使用信用卡的时候就是增加自己的负债的时候。在很多人的眼里，信用卡是让自己更好地周转自己的资产，而实际情况却是：信用卡是使我们更容易地深陷债务里。所以，财务知识是解决这个问题的关键。

也就是说，如果我们想要学会控制自己的财务状况，就要控制一下自己，让自己学习更多的财务知识，学会制作自己的财务报表，并懂得去控制这张报表，让自己更轻松自如地去投资。

第二节　你真的在为自己工作吗

很多人都认为，只要自己努力工作，然后把自己的工作所得都存起来，就能够赚到足够的钱，让自己走上财务自由的道路。果真如此吗？真的只要我们努力工作，积极储蓄就可以致富吗？

其实要想靠工作致富很难，因为我们并不是在为自己工作，我们实际上都是在为政府工作。在我们的现实生活中，当人们取得收入时、储蓄时、消费时，甚至死亡的时候，政府都要对我们征税。当我们存入 1000 美元时，政府已经征过税了。所以，要储蓄 1000 美元，我们或许需要挣 1300 美元或者更多的钱才能够实现我们这个储蓄的愿望。然后，那 1000 美元还会被通货膨胀所蚕食，价值逐年降低。我们的那点存款所得的微薄的利息也会被通货膨胀和税收吞噬。所以，假设银行付给我们 5％的利息，通货膨胀率为 6％，一年后 1000 美元的实际收益是 －10 美元。我们最后的结果就是损失惨重。这笔账算下来，你还会认为我们的工作是在为自己在工作吗？那么我们所遇到的税收都会有哪些呢？

1. 所得税

所得税是指国家对法人、自然人和其他经济组织在一定时期内的各种所得征收的一类税收。各地政府在不同时期对个人应纳税收入的定义和征收的百分比也不尽相同，有时还分稿费收入、工资收入以及偶然所得（例如彩票中奖）等等情况分别纳税。

如果我们把商品课税和所得税进行比较就能发现，商品课税虽然有效率，但收入再分配能力有限；虽然所得课税在效率方面有欠缺，但是却能够较好促进公平。经济学家认为付出一定的征收成本，以改善社会公平状况是非常必要的。从这个宏观意义来说，所得税对于社会和谐的发展都有着至关重要的作用，具体表现如下：

（1）所得税与公平

所得课税具有税基广泛，税率累进的税制特征，加上对国家制定的政策对各种基宽与容、税基范围的免除与扣除项目的设置，可以有效地促进横向公平与纵向公平。由于所得课税的税基广泛，所得税仅次于商品劳务税的征收，极大促进了国家经济的飞跃。

（2）所得课税与效率

通过所得课税实现经济的有效性及提高资源配置效率与效率损失。所得税可以最有效地合理配置经济资源，给社会带来的负担最小化和利益最大化。而且所得税还可以使税收的征纳成本减到最小税度，给国家带来的实际收入最大，给纳税人带来的额外负担最小。

（3）所得税对经济的影响

经济世界中有一句名言："经济决定税收，税收影响经济。"所得税极大地促进了经济的稳定，对于一些经济波动较大的国家，都是需要靠所得税将社会和经济的矛盾"烫"平，使社会继续稳步向前发展。在经济增长过程中，消费、投资是对经济增长影响最直接的因素。个人所得税直接影响消费需求，间接影响投资需求。

2. 财产税

财产税是以纳税人所有或属其支配的财产为课税对象的一类税收。它以财产为交税对象，向财产的所有者征收。财产包括一切积累的劳动产品、自然资源和各种科学技术、发明创作的特许权等。财产税属于对社会财富的存量课税。它的价值通常不是当年创造的价值，而是来自以前创造价值的各种积累形式。其具体形式如下：

（1）房产税

房产税是以城市中的房屋为课税对象，按照房价、租价向产权所有人征收的税。房产税的计税标准分为从价和从租计征两种，由于房产的实际价格难以查考，可按照评定的标准房价或租金据以计税，并分别适用不同的税率。房产税一般实行按年计征，征收期限规定为一年或半年征收一次。

（2）契税

契税是对房产在买卖、典当、赠予和交换而订立契约，向产权承受人征收的一种税。契税的征收对象是房屋产权的转移行为，包括房产的买卖、典当、赠与和交换活动，相应的契税可分为买契税、典契税和赠与契税三种。

（3）遗产税

遗产税即对死者留下的遗产征税。遗产税有助于加强对遗产和赠予财产的调节，防止贫富过分悬殊。大致可分为总遗产税制、分遗产税制和混合遗产税制三类。开征遗产税可以平均社会财富，减少社会浪费，提倡劳动所得，增加国库收入，补充所得税的不足。

（4）土地使用税

土地使用税是国家对拥有土地使用权的单位和个人，就其使用土地的面积按规定税额征收的一种税。土地使用税由拥有土地使用权的单位和个人缴纳，如果拥有土地使用权的纳税人暂时不在土地所在地，则由代管人或实际使用人缴纳；土地使用权未确定或权属纠纷未解决的，由实际使用人纳税；土地使用权为共有的，则由共有各方分别纳税。

（5）土地增值税

土地增值税是对有偿转让国有土地使用权、地面建筑物及其附着物取得收入而就其增值的部分征收的一种税。凡有偿转让房地产并取得收入的单位和个人，为土地增值税的纳税人。土地增值税采用四级超额累进税率，分别为 30％、40％、50％和 60％。

3. 印花税

印花税是一种很古老的税种，公元 1624 年，荷兰政府发生经济危机，当时的统治者摩里斯提出要用增加税收的办法来解决支出困难，但又遭到人民的反对，就采用公开招标的办法，用重赏来寻求新税设计方案。印花税的传奇色彩就在于它是从千万个应征者设计的方案中精选出来的"杰作"。印花税的设计者观察到人们在日常生活中使用契约、借贷凭证之类的单据很多，所以税源将很大；并且人们认为凭证单据上由政府盖个印，就会变成合法凭证，在诉讼时可以有法律保障，所以对交纳印花税也非常乐于接受。正是这样，印花税被资产阶级经济学家誉为税负少、税源广、容易办、成本低的"良税"。自从1624年世界上第一次在荷兰出现印花税后，欧美各国竞相效法。它在不长的时间内，就成为世界上普遍采用的一个税种，盛行全球。

第三节　经济指标告诉你什么

在投资的过程中，我们也应该懂点经济指标的知识，因为通过经济指标，我们也可以大概掌握当前的经济状况。不过大部分经济指标都是告诉我们经济中已经发生的故事，只有少数几个指标为我们提供未来可能发生什么的线索。那么，都有哪些经济指标会对我们的投资产生影响呢？

1. 利率

利率就表现形式来说，是指一定时期内利息额和借贷资本总额的比率，简单来说就是表明了利息的多少。利率通常由国家的中央银行控制，是现在所有国家进行宏观经济调控的重要工具之一。每当经济过热、通货膨胀上升时，政府就会提高利率、收紧信贷；而当过热的经济和通货膨胀得到控制时，就会把利率适当地调低。由此我们可以看出，利率是经济生活中的一个重要的金融变量，几乎所有的金融现象、金融资产都与利率有着或多或少的联系。

利率如果高于同期物价的上涨率，那么就可以保证存款人的实际利息收益超过物价水平的增长，这时存款放在银行就会更加划算；相反，如果利率低于物价上涨率，存款人的实际利息收益就会变成负值，这时存款就等于损失财产。因此，投资者看利率水平的高低更重要的要看是正利率还是负利率，才能判断将资金放在银行是否有升值空间。

2. 贴现率

在现代经济社会中，投资所需的金额规模具有不稳定性，在这样的情况下，有时投资者就需要用手上已有的汇票向银行借贷，在这种情况下就出现了一个专有名词来说明这种现象——贴现率，所以，每一个投资者都应该知道贴现率这个经济指标。

贴现率就是指银行承诺兑换汇票的持票人在汇票到期日前，遇到了紧急情况，急需用钱，为了取得资金，持票人贴付一定利息将票据权利转让给银行的票据行为，简单来说就是持票人向银行换取资金的一种方式。票据贴现在分为贴现和再贴现两种类型，商业银行对工商企业的票据贴现业务称贴现，中央银行对商业银行已经贴现的还没有到期的工商企业票据再次贴现，被称再贴现或重贴现。

3. 存款准备金率

作为投资者应该对存款准备金率提高保持一定的敏感度，要深入地学习和发掘其中包含的经济原理和内涵，为更有效的经济投资指明方向。

所谓存款准备金是指金融机构根据规定将其有关存款和负债按照一定比例缴存到中央银行的部分。存款准备金最初用来保证商业银行对客户的提款进行支付，之后逐渐发展出具备清算资金的功能，现在又发展成为货币政策工具。近二十多年来，在英国、加拿大等国家，出现了存款准备金率为零、存款准备金制度弱化的现象；但是在美国、日本、欧元区国家和众多发展中国家，存款准备金制度依然是一项基本的货币政策制度，发挥着控制货币信贷数量、调节货币市场流动性和利率、促进金融机构的稳健经营、限制货币替代和资本流出入等重要作用。

4. GDP

GDP，是指国内生产总值，指在一定时期内（一个季度或一年），一个国家或地区的经济中所生产出的全部最终产品和劳务的价值。一般而言，国内生产总值由四个不同的部分组成，包括消费、私人投资、政府支出和净出口额。

GDP 被世界公认为衡量一个国家经济状况的最佳指标，它更是一个国家经济表现的一面镜子。一个国家或地区的经济究竟处于增长还是衰退阶段，从这个 GDP 的发展变化中就可以观察到。一般 GDP 公布的形式只有两种，一种是以总额为计算单位，另一种是以百分比率为计算单位。当 GDP 的增长数字处于正数时，表示该地区经济处于扩张阶段；相反如果处于负数，那就表示该地区的经济正在进入衰退时期。但是如果 GDP 在一定时期内突然出现了缩减指数大幅度地增加，就会对经济产生负面影响，同时也是货币供给紧缩、利率上升，进而外汇汇率上升的先兆，这时投资者就应该在脑中敲响警钟，谨慎投资。

5. CPI

CPI 是消费者物价指数的英文缩写，反映的是与居民生活相关的商品和劳务价格统计出来的物价变动指标，通常可以作为观察通货膨胀水平的重要指标。CPI 是一个对固定的消费品价格的衡量，主要反映消费者支付商品的价格变化和劳务所得的价格变化情况，并以百分比变化为表达形式。一般说来当 CPI＞3％的增幅时可称为通货膨胀；而当 CPI＞5％的增幅时就是严重的通货膨胀。

CPI 物价指数指标非常重要且具有启示性，因此投资者必须慎重把握，因为有时公布了该指标上升，货币汇率就会往好的方向发展，有时则会刚好相反。因为消费物价指数水平表明消费者的购买能力，同时也反映经济的景气状况。如果 CPI 指数下跌，反映经济衰退，对货币汇率走势必然是不利的。但如果 CPI 指数上升，那么是否说明汇率一定有利好呢？答案是不一定的，必须应该结合消费物价指数"升幅"如何进行总体判断。倘若该指数升幅温和，那么就表示经济稳定向上，当然对该国货币有利，但如果该指数升幅过大就会造成巨大的不良影响，因为物价指数与购买能力成反比，物价越贵，货币的购买能力越低，所以对该国货币不利。如果考虑对利率的影响，那么 CPI 指标对外汇汇率的影响作用就变得更加复杂了。当一国的消费物价指数上升时，表明该国的通货膨胀率上升，就是该国货币的购买力减弱，该国的货币应走弱。相反，当一国的消费物价指数下降时，表明该国的通货膨胀率下降，即是货币的购买力上升，该国的货币应走强。

可以说，CPI 直接关系到货币的购买力，也影响到国家的货币政策和财政政策等宏观经济调控的方向，进而影响到金融市场的走势，所以，CPI 也是每个投资者都要懂得的经济指标。

第四节　高增长就是高回报吗

在很多人的眼里，只要投资那些有着很好的发展前景，拥有高增长的企业，就会很高的回报。是这个道理吗？真的是拥有高增长就是高回报吗？其实，并不如此。

纵览美国 10 个主要的产业部门，金融部门的市场价值占据了标准普尔 500 指数的最大份额——从 1957 年的不到 1％增长到 2003 年的 20％，与此同时，能源部门的份额却从超过 21％缩减到不足 6％。如果我们要追逐增长最快的产业，那么很明显，我们应该买入金融类股票，同时卖掉手头的石油股。

不过如果我们真的这么做了，我们就会掉进了增长率陷阱。自 1957 年以来，金融类股票的收益率事实上落后于标准普尔 500 指数的总体水平，而能源类股票的表现则领先于市场。对于长期投资者而言，寻找快速增长的产业部门是错误的投资策略。

金融和信息技术是扩张幅度最大的两个部门，而它们提供给投资者的回报都很平庸。而新公司的落后表现不是仅局限于某一个产业部门，而是对整个市场都适用。换句话说，市场中每个部门的新公司都被投资者高估了。

某些部门的市场份额经历了巨大变动。材料和能源在1957年是最大的两个部门，到2003年却排在了最后两位，加起来尚不到指数总体规模的10％。另一方面，1957年最小的三个部门——金融、卫生保健和信息技术却迅速扩张，现在这三个部门拥有的市场价值之和已经超过了指数总体市值的一半。

其实，市场权重的起伏与投资收益的高低是两回事，尤其在长期中更是如此。尽管金融和科技部门在过去半个世纪经历了市场价值的显著上升，但是它们给投资者带来的回报并不比平均水平更高。

例如，石油和科技部门。这两个部门都经历了市场价值的骤然上升和迅速回落。二者经历的泡沫极其相似，并且时间正好相隔了20年。石油部门的泡沫源于20世纪70年代末的恐慌，当时人们认为世界的石油储备将很快耗尽。随着恐慌的蔓延，石油类股票的价格迅速上升。在科技部门，针对千年虫的大量资本支出以及互联网引发的投资狂热使得科技类股票的价格在90年代末达到了惊人的高度。这两个部门在各自巅峰时期的市场价值都超过了标准普尔500指数总市值的30％。

能源和科技部门的行为似乎在告诉投资者，当某个部门膨胀到如此程度时应该出售该部门的股票。不过事情不能一概而论。某些部门的市场比重在长期中逐渐上升，比如金融和卫生保健；而另外一些部门，比如能源和科技，则是在很短的时间内迅速蹿升到很高的水平。这两种扩张方式有很大的不同，真正需要投资者警觉的是后者。尽管这两个部门都经历了严重的泡沫，但在过去半个世纪中，它们各自的市场份额却朝着相反的方向发展——科技部门上升，能源部门下降。

不过投资者也许宁愿自己当初选择的是能源部门的股票。正如新泽西标准石油的投资收益超过 IBM 一样,在为投资者提供回报方面,为经济增长做出巨大贡献的科技部门被那些步履缓慢的石油公司远远抛在了后面。

扩张的产业金融和卫生保健部门的扩张速度令人瞠目。在1957 年,这两个当时最小的部门仅占股票总市值的 1.9%,而到 2003 年年底,它们已经占据了标准普尔 500 指数 34% 的市场价值。然而这两个部门提供的投资收益却大相径庭。卫生保健部门拥有指数 10 个部门中最高的年收益率 14.19%,比指数的总体水平高出 3%;而金融部门虽然扩张幅度最大,但在投资收益方面的表现却落后于市场。

总体看来,各部门市场比重的变化与收益率之间仅仅呈现微弱的正相关关系。统计回归表明,某个部门的收益率仅有不到 1/3 与该部门的市场比重变化有关,另外 2/3 则主要受定价、股利再投资、新公司进入等其他因素的影响。统计回归的结果说明了许多投资者掉进增长率陷阱的原因,他们没有认识到是新公司的进入造成了部门的扩张,而这种进入常常会带来较低的投资收益。

对各部门历史数据的研究得出下面的重要结论:快速的部门增长并不意味着高额的投资收益。过去 50 年中大幅扩张的金融和科技部门带来的收益率平庸甚至低下。能源部门尽管严重萎缩却能击败标准普尔 500 指数。

在长期中,某个部门的收益率高低只有不到 1/3 与该部门的扩张或者萎缩相关,超过 2/3 的成分受到其他因素,比如新公司和股利的影响。

相隔 20 年,能源和科技部门经历了几乎相同的泡沫,两个泡沫都在各自部门在标准普尔 500 指数中的权重达到 30% 的时候破灭。部门权重的快速上升是危险的信号,警告投资者减少在该部门的资产分配。

　　泡沫经济都是发生在国家对银根放得比较松、经济发展速度比较快的阶段，社会经济表面上呈现一片繁荣，给泡沫经济提供了炒作的资金来源。商品经济具有周期性增长特点，每当经过一轮经济萧条之后，政府为启动经济增长，常降低利息，放松银根，刺激投资和消费需求。一些手中获有资金的企业和个人首先想到的是把这些资金投到有保值增值潜力的资源上，这就是泡沫经济成长的社会基础。

　　从历次泡沫经济的发展过程看，社会对泡沫经济的形成和发展过程缺乏一个有效的约束机制。对泡沫经济的形成和发展进行约束，关键是对促进经济泡沫成长的各种投机活动进行监督和控制，但目前社会还缺乏这种监控的手段。这种投机活动发生在投机当事人之间，是两两交易活动，没有一个中介机构能去监控它。

　　泡沫经济与经济泡沫既有区别，又有一定联系。经济泡沫是市场中普遍存在的一种经济现象。所谓经济泡沫是指经济成长过程中出现的一些非实体经济因素，如金融证券、债券、地价和金融投机交易等，只要控制在适度的范围中，就会对活跃市场经济有利。只有当经济泡沫过多，过度膨胀，严重脱离实体资本和实业发展需要的时候，才会演变成虚假繁荣的泡沫经济。可见，泡沫经济是个贬义词，而经济泡沫则是个中性范畴。所以，不能把经济泡沫与泡沫经济简单地画等号，既要承认经济泡沫存在的客观必然性，又要防止经济泡沫过度膨胀演变成泡沫经济。

第五节　利率回落与利率下调的效果大不同

　　我们都知道，利率在我们的投资活动中占有一定的地位，西方经济学家普遍认为，市场利率与社会总储蓄和总投资有着密切的联系。可以说，利率影响着现期的投资活动，又通过调节储蓄而影响未来的投资规模。在投资收益不变的情况下，因利率上升导致的投资成本增加，必然使投资收益比较低的投资退出投资领域，从而减少投资需求。同步表现为利率上升，投资需求和消费减少，储蓄增加；利率下降，投资需求上升，消费增加，储蓄减少。

虽然说，利率下降，可以刺激投资，但是，不同的下降会有不同的效果，就像由于经济状况好转，市场流动性增加所产生的自然的"利率回落"与政策当局人为的"利率下调"对市场所产生的影响效果就是不一样的。

"利率回落"一般是因为政府为了刺激经济复苏执行低利率政策，在这种情况下，如果出口增加，上市公司的经营环境改善，外国人投资股票的资金增加等因素使市场的流动性增加，利率在市场机制的作用下会回落。利率回落后，资金会迅速流入收益率更高的股票市场或房地产市场，造成股票和房地产价格上涨。在这样的时期，政策当局即使"提高利率"，股价也会持续上涨。

据媒体报道，2011 年 12 月份，由于银行间市场资金面的好转，中国票据市场利率呈现持续回落态势。当年 12 月份的时候，无论是直贴还是转贴利率，均已回到同年 6 月中旬时的水平。

当时有分析人士表示，票据利率的回落，一方面源于银行间市场流动性充裕，另一方面也反映出银行信贷环境出现一定好转。而直贴利率的大幅下行，更显示出当时实体经济获得了更多的信贷支持。

从中我们可以看到，利率回落是经济状态良好的反馈，不仅投资市场有很大的可为空间，实体经济为了更多信贷的支持，也有了更大的发展空间，从另一个角度来说明了利率回落对投资者的来说是一个福音。因为企业的经营状态良好的话，其股票价值必定增长，这就为投资者增加的"福利"。

　　但是，如果是人为下调利率，市场就会产生不同的反应。一般情况下，利率被人为下调，总是因为当时的经济已经不再向前发展，政府为了减缓衰退速度，促进经济复苏，会人为降低利率。我们都知道，利率下降一般都会刺激投资，所以，一旦政府公布下调利率，股价指数就会出现"一时的反弹"。

　　为什么说是一时的反弹呢？这是因为政府下调基准利率是经济确实停滞的标志，消费和投资并不会增加，股价指数却会下降。所以，在短暂的反弹期过后，股价指数就会重新下降。但是也不一定全都是这样的反应效果。

　　2007 年 9 月美国的基准利率从 5.25％下调到 4.75％，道·琼斯指数为 13000－14000 点，经济停滞使美联储把基准利率在一年的时间里持续下调了十余次，2008 年 12 月的基准利率为 0.25％。因为在美国的国内生产总值中，消费所占的比重约为 70％，所以只有消费增加才能刺激投资增加。但是，与预期相反，消费并没有增加，资本没有流入消费或股票市场，而是流入了原材料市场，造成了原材料价格的上涨和实际收入的下降。

　　从中我们可以看到，2007 年 9 月下调利率后，经济增长率下降了，这意味着采取了下调利率的措施导致消费和投资却都减少了。所以说，利率人为利率下调所引发的效果是不同的。具体会有什么样的效果，一般都要经过很长的一段时间才能够显示出来。这就是它跟利率回落的效果不一样的另一个地方。

　　由于两者的效果是不一样的，那么面对两种不同的情况，我们就要采取不一样的投资措施。因为利率回落是由于市场机制的自然作用，其结果必然会引起市场上货币供应量的增加而引起股票和证券投资规模扩大，市场大势必定是上升的。所以，我们在这样的情况进行投资，就不应该再考虑短线投资了，而应该果断地进行中长期的投资。

　　但是，如果面对的是人为的利率下调，由于这种情况会有不同的市场反应，我们应该谨慎一点儿，不要贸然进军股市。但是，我们可以充分考察一下汇率是否还有上升的余地，然后根据具体的情况进行外汇储蓄。

如果下调利率的效果不明显，政府就会继续下调利率，这一时期股价指数也会下降，与最高值相比，股价指数大幅下降30％～50％时，探底的可能性非常大。因为股价已经大幅下降，所以可能会出现股价回升的情况。同时，政府下调利率的政策也可能逐渐见成效，此时，经过慎重考虑后，是可以投资股市的。

不过这就需要我们具有一定的金融知识，能够辨别出我们看到的利率下降是市场的自然作用下的利率回落还是人为的利率下调。只有正确识别，我们才能够采取适合的投资策略，为自己的资本保驾护航。

第七章　玩弄风险还是被风险玩弄

第一节　为什么投资本身没有风险

在大多数人的眼里，投资就是一种冒险，而世界投资大师索罗斯却这样说："投资本身没有风险，失控的投资才有风险。"为什么投资本身是没有风险的呢？

投资是指货币转化为资本的过程，是指投资者当期投入一定数额的资金而期望在未来获得回报，所得回报应该能补偿。这个过程本身是没有风险的，把钱投进去，等到赢利的时候再把它取出来。理论上这是绝对可以做到的，但是，为什么那么多的人都觉得投资就是一种冒险呢？

产生这种念头主要有三种原因：第一个原因，是他们没有接受过"如何成为投资者"的训练，根本就不知道何为投资的情形下就进入了投资的圈子；第二，很多人进行投资的时候，很缺乏甚至是根本没有控制力，简直就是靠运气在赌博，这就像我们开车一样。一个熟练而又负责的人开车是没有风险的，但是那些为了耍酷，在开车时手离开方向盘的情况才是真正的危险。如果我们在投资的时候没有控制力，就跟开车的时候手离开方向盘是一样的。第三个原因是因为大多数人都是凭直觉去投资，是根据市场外部的信息做出自己的投资决策，而不是去了解投资产品的内部情况。

正是因为这几个原因让广大的民众把投资形容得极其恐怖，

其实投资本身是没有风险的，当我们在安全和舒适的投资水平上进行投资的时候，外部投资发挥着完美的作用。这就是我们很多人把钱交给一位专业人士的原因，我们都希望他比我们更接近内部。但如果我们想致富，我们就必须比那些受人之托的投资专家们更加接近内部。当我们掌握了投资市场的内部的真实情况之后，加上我们对投资的控制，我们就可以体会到投资本身就没有风险的真实意思了。那么，我们在投资的时候都要做哪些控制呢？

1. 自我控制

自我控制能力其实是一个人的一种"控制情绪"和"意志力"，自我控制是人内心深处的一种理性与冲动交织而组成的，当冲动战胜理性的时候，人表现出来的是"自控能力差"，做出冲动型的决策，当理性战胜冲动的时候表现出来的是"有较好的自控能力"。运用到投资理财活动上来讲，所谓理性是根据当前短期的市场情景结合长期的预期以及事物发展规律做出的一种判断，这着重考察一个人的洞察力和认知力的全面性，由此而形成的叫"远见"和"预期"，在现代理论界也称为"前瞻性"。而冲动是洞察力和认知力存在片面性和短视角，在行为意识上过度放大片面性和短视角，自己的思维意识快速做出反应且辅以行动。

为了能够更好地控制自己，我们可以制订一个不同于常规的致富计划。一般人致富都是通过努力工作和储蓄这两种方式来进行的，但是，通过这两种途径并不能真正实现致富的目标。如果想要致富，就不仅需要努力工作和储蓄，还需要更多的理财知识。而且坚信努力工作和储蓄的人一般都认为投资就是一种冒险，他们看不到硬币的另外一面。这就需要我们制订一个不同于常规的致富计划，督促自己走上通过投资致富的道路。

2. 收入/支出比和资产/负债比控制

如果我们是中产阶级，我们不应该急于买房子享受，虽然我们是有足够多的收入，完全可以通过贷款并在以后的日子里还债付清即可，但这绝不是一条致富的路，因为我们要考虑我们所处在的社会，要考虑社会经济，要考虑工作是否长期稳定等等。要想致富，就应该用收入得来的财富进行投资。例如投资基金，股票或房地产，让钱生钱，当然我们要具备足够的知识去投资，还要充分考虑社会。如果我们是这样做的话，那么很快我们就会发觉我们的财富不断增加，因为我们的收入本来够高，加上投资所获的财富，足以让我们买房子作为奖励安慰自己。

尽力买入带来收入的资产，这是走上致富之路最好的方法。同时还要注意降低支出和负债。时刻保持资产大于负债，然后不用工作那就足以养自己一辈子了。

3. 买卖时机控制

当我们买进一项投资时，我们应当也知道卖出的时机，在更复杂的投资类型里面，我们的退出战略往往比进入战略更重要。当进入这类投资时，我们应当知道，如果投资进展顺利，会有什么样的事情发生；如果投资失败，又会有什么样的事情发生。

4. E—T—C 控制

E 代表对实体的控制，即对企业治理结构的选择。如果我们仅仅是一个雇员，那么这是我们无法控制的。T 指的是时机。因为最终我们都需要缴税，所以纳税时机非常重要。纳税是生活在文明社会的一种支出。富人不但控制纳税数额，而且控制纳税时机。了解法律有助于控制纳税时机。C 指的是收入特性。投资者有控制力，而其余的人在赌博。富人致富，是因为与穷人和中产阶级相比，他们对钱有更大的控制力。一旦理解了金钱游戏就是控制游戏，我们就能把眼光集中于一条重要的生活法则，不是挣更多的钱而是获得更多的财务控制力。

能够做好以上几种控制的话的，我们就可以体会到投资本身是没有风险的道理，只要我们能够掌控住自己，我们总能够规避市场的起伏带给自己的投资冲击。

第二节 为什么小鸡没有孵出之前不能算数

大家现在都已经明白了，房子对于一个人来说，有时候是资产，有时候又是一种负债。面对这个问题，有人总是喜欢问这样一个问题："如果将来我把这所房子高价出售，它是否会成为资产？"确实，这种情况也可能会出现，但只会发生在将来的某个时候。其实不像人们普遍认为的那样，房价偶尔也会下跌。如果不幸在我们买入房产的时候，房价就一直处于下跌的趋势，那么我们的投资可就亏大了。也就是说在小鸡还没有孵出之前是不能算数的。

为什么我们要说小鸡没有孵出之前是不能算数的呢？因为母鸡即使没有配种它也能在体内形成鸡蛋，但是由于没有受精，这些鸡蛋是不能形成小鸡的。所以，母鸡下了十个鸡蛋不一定就能够孵出十只小鸡。这句话的意思就是我们在投资的时候不能凭空想象，想当然地认为自己的投资就能够获得多少多少的回报，毕竟投资市场随时都有事情可能发生，只有拿到手的才是真正的投资收益。

从前有一只海马，有一天它做了一个梦，梦见自己有了七座金山。从美梦中醒过来的海马，突然觉得这个梦是一个神秘的启示：它现在全部的财富是七个金币，这七个金币是不是会变成七座金山呢？

于是，海马毅然决定离开自己的家，带着这七个金币去寻找梦中的七座金山，虽然它并不知道七座金山到底在哪里。海马是竖着身子游动的，因此游动的速度非常缓慢。它在大海艰难地游动着，心里一直在想：也许那七座金山会突然出现在眼前。然而，金山并没有出现，出现在眼前的是一条鳗鱼。

鳗鱼问："海马兄弟，看你匆匆忙忙的，你要干什么去呀？"海马骄傲地说："我去寻找属于我自己的七座金山。只是，我游得太慢了。""是吗，那你碰上我真是太幸运了，对于如何让你提高游动的速度，我恰好有一套完整的解决方案。"鳗鱼继续说："不过，你需要支付四个金币，我就给你，有了这个方案，你游动的速度会快很多。"

海马答应了，支付了四个金币，获得了鳗鱼提供给它的方案，果然，游动速度提高了一倍。海马欢快地游动着，心里想，也许金山马上就出现在眼前了。

然而，金山并没有出现，这时一个水母出现在了海马的眼前。水母看着海马匆匆忙忙地游动着，连忙问："海马兄弟，看你匆匆忙忙的样子，打算到哪里去呀？"海马又是骄傲地回答道："我去寻找属于我自己的七座金山。只是我游动的速度太慢了。"水母连忙说："要想提高速度不难，你真幸运，碰巧我现在有一套可以提高你游动速度的方案。"

海马连忙问："什么方案呀？"水母说："你看，我这里有一个喷气式滑行艇，如果你带上它游动，你的速度至少比原来要提高五倍。"海马高兴地说："那快点儿给我吧，需要多少钱呢？"水母慢慢地说："不急，看在兄弟份上，你就支付给我三个金币它就属于你的了。"海马连忙支付了三个金币，获得了喷气式滑行艇，带上它果然速度比原来提高了五倍。

海马这时想，按照这样的速度游动，估计我的金山很快就会出现在我的眼前了，便越游越起劲。然而，游啊游，金山就是不出现，这时前面出现了一条大鲨鱼在海马的眼前。大鲨鱼对海马说："海马兄弟你这是要去哪里呀？"海马说："去找属于我的七座金山，不过我游动的速度太慢了。"

大鲨鱼笑笑地说："呵呵，想要提高速度很简单，我可以帮助你，我本身就是大海里飞快行驶的大船，你搭乘我这只大船，你会节省大量的时间来寻找你的七座金山。"大鲨鱼说完，连忙张开大嘴对海马说："兄弟进来吧，一起前行。"海马心想："如果能再提高速度，那太好了。"连忙说："谢谢，那太好了。"海马一边说一边游进了大鲨鱼的口里。向着大鲨鱼的肚子深处欢快地游去。

看完上面这个故事，我们该怎样去看待这个可怜的海马呢？如果它不是那么盲目地去贪求虚无的金山，也不至于被骗，最后落得个葬身鱼腹的下场。

我们生活中很多人都像海马一样，因为梦境中的虚幻和自己的无知而送掉自己已有的财富。因此大家不要像海马一样才行，要记得拿到手里的东西才是你自己的。

其实我们很容易在投资市场中看到海马的影子。普通投机者能够从经纪公司的账户上取钱很难得，要么是他没有任何敞口头寸，要么是他有额外资产净值。当市场朝着不利于他的方向变化时，他不会支取资金，因为他需要这些资本充当保证金。当他了结一笔成功的交易之后，他也不会支取资金，因为他对自己说："下一次我将挣到双倍的利润。"

因此，绝大多数投机者都很少见到钱。对他们来说，这些钱从来不是真实的，不是看得见摸得着。放在经纪人账户里的钱或者放在银行账户里的钱，和我们手中的钱是不一样的，手里的钱我们的手指可以时常感觉到，感觉到了后就有了某种意义。这里含有某种占有感，稍稍减轻了我们做出任性投机决策的冲动，而任性的投机决策导致了赢利流失。因此，一定要时常看一看我们真正的钱财，特别是在我们这次交易和下次交易之间。

当一个投机者将原来的资本金翻一番后，他应该立即把利润的一半提出来，放在一旁作为储备。这项策略在很多场合对我们都大有裨益。在某些地方，它本来会帮助我们走得更平稳一些的。

第三节　常胜靠的是能力还是运气

我们在学习投资的学问的时候，会接触到很多著名的投资大师，他们比别人取得了更多赢取利润的机会。那么，他们的常胜靠的是能力还是运气呢？

这个问题有点儿像篮球比赛中的热手效应。我们把在比赛中连续多次投篮命中的选手称为"热手"，这就是说，他在下一次投篮中得分的概率要超过正常的命中率。研究表明，大多数球迷乃至运动员自己都相信热手现象的客观性。那么这些人能够成为篮球比赛场上的热手，是因为他们真的具有这种能力还是因为他们的运气比较好呢？

科研人员对费城76人队在整个赛季中的投篮统计数据以及波士顿凯尔特人队的三分球数据进行了研究，他们没有找到任何可以证明存在热手现象的证据。尽管运动员在比赛中确实存在连续命中现象，但是从总体上看，他们的命中率完全符合概率分布。连续命中或是连续不中均与概率分布保持一致。

那么，这个现象说明了什么呢？热手出现只是因为他很幸运的占到了那个概率？连续的投篮命中更有可能出现在那些能力更强的运动员身上，因为他们本身就有着超过一般选手的成功率。

围绕这一话题，我们可以进一步看看实际情况，著名的NBA球星、费城76人队的威尔特·张伯伦曾经在1967年2月24日连续18次投篮命中，这也是比赛中出现连续投篮命中的最高纪录。在整个运动生涯中，张伯伦的投篮命中率达到了54%，这也让他进入NBA历史上投篮命中率的前20名。

棒球比赛中的连续击出本垒打则是另一个说明连胜与能力之间关联性的例子。

在大联盟棒球赛的历史上，曾经出现过 39 位在 30 场或 30 场以上比赛中连续出现本垒打成功的情况。这些选手在整个运动生涯中的平均本垒打成功率也达到了 0.311。从这个角度看，0.311 的本垒打成功率也是以让他们进入大联盟历史的前 100 名。

此外，有 5 名球员曾经在连续 20 场比赛中击出本垒打，这也是最高的本垒打连续击球成功纪录，他们分别是彼得·罗斯、泰·柯布、海尼·曼努什、查克·克莱恩和乔·迪马乔。在他们的全部职业生涯中，平均本垒打击中率达到 0.333。在棒球历史中，所有球员的平均本垒打击中率在 0.260 左右。

大多数金融专业人士把基金经理的连胜归结于运气。例如，金融学教师总习惯于绘声绘色地用抛硬币来说明市场的有效性。事实上，只要我们选取足够数量的基金经理作为统计样本：概率分布就会告诉你：总有人能连续取得超过市场基准收益率的投资回报率。比如说，我们首先选取 1000 只基金，并假定各基金投资回报率超过市场基准收益率的概率为 50%，最后，我们将得到 30 只左右的基金，其投资回报率连续 5 年超过市场基准收益率，也就是说，出现此类情况的概率为 (0.5)5×100%。

尽管这样的逻辑没有任何错误，但问题却在于，并非所有基金经理都具有相同的投资技巧。因此，简单地把基金投资的连续性成功归结为概率，必将会忽略这样一个事实：有能力的投资者更有可能连续实现一流的业绩。

毫无疑问，在共同基金领域，最令人称叹的连胜纪录来自雷格梅森价值基金公司的比尔·米勒，截至 2005 年，他所管理的价值信托基金已连续 15 年超过标准普尔 500 指数。在过去 40 年的历史中，还没有任何一名基金经理能在如此之长的时间里超过市场平均回报率。

那么，这样的机会到底有多大呢？把米勒的成功记到运气和机遇名下，已经让有些权威学者感到心满意足了。例如，格雷戈里·贝尔和加里·金斯勒就曾经写道:"尽管雷格梅森基金及其管理者比尔·米勒所取得的成就让我们振奋不已,但我们依然认为这个结果基本符合随机性的概率分布,同时,这也是积极型管理的一个重要指标。"而著名债券管理人比尔·格罗斯的评论则更有说服力。2003年,在连续取得12年的成功业绩之时,格罗斯"大声咆哮":比尔·米勒的业绩相当于用两个骰子连续掷出12次7点。有人引用过格罗斯的话:用两个骰子连续掷出12次7点的概率是二十二亿分之一,我们真希望引用者误解了这位业绩辉煌,同时又深谙赌博之道的投资家。

其中我们可以看到,仅靠运气是不可能得到常胜的成绩的,也必须要有能力让那个连续命中的概率能够更经常地出现。

第四节　做好防范就会万无一失吗

在开始进行投资之前,每一个投资者都会被告诫要做好安全防范,以免自己的投资资金遭到损失。更有好心人总结出了一整套的安全防范工作的内容:

一是妥善保管好投资者身份证、股东卡、资金账户卡、交易密码和资金密码等个人资料,防止相关信息泄露。投资者开立证券账户后要尽快重新设置交易密码和资金密码;交易密码和资金密码要分开设置,并定期更换;不要随意向他人透露自己的证券交易密码和资金密码,在输入密码时要采取遮盖措施防止他人偷窥;不要轻信股友,委托他人代为下单,导致密码扩散。

二是提高网络安全意识,确保网上证券交易安全。不要访问陌生网站、打开可疑邮件,及时升级杀毒软件并开启病毒实时监测,定期修改密码。同时,可向开户证券营业部咨询了解网上交易安全的知识,下载网上交易校验程序。

三是打消"一夜暴富"的心理，避免落入非法证券活动陷阱。从目前查处的各类非法证券活动来看，所有案件均是不法分子利用投资者"一夜暴富"的心理实施诈骗活动的。"天上掉馅饼"的事是没有的，打消暴富的心理是投资者自我保护、防止诈骗的最重要的手段。

四是掌握必要的证券法律知识，依据公司《招股说明书》和股票发行公告等公开发行证券必备文件进行证券投资。

五是在接受有关机构提供的证券投资咨询服务之前，应查看该机构是否属于已取得中国证监会颁发的证券投资咨询业务资格的证书的合法证券服务机构，必要时可通过证券监管部门网站查询公布的合法机构名单，或向证券监管部门核实，谨防上当受骗。投资者应当自觉抵制不当利益的诱惑，对有关投资咨询机构"推荐黑马""提供内幕信息""保证赢利"等虚假宣传信息保持高度警惕，并拒绝推销荐股服务的陌生电话，更不应将投资资金打入他人或非法机构的账户。

看着这位好心人已经考虑得非常详细了，可谓面面俱到了。那么，做好安全防范就会万无一失了吗？恐怕不见得吧。

想必大家都已经听说过"黑天鹅理论"吧。黑天鹅理论，最早由华尔街传奇交易员纳西姆·尼古拉斯·塔勒布提出。"在发现澳大利亚黑天鹅之前，所有欧洲人都确信天鹅全部是白色的。这是一个牢不可破的信念，因为它似乎在人们的经验中得到了完全的证实。"

这个隐喻似乎揭示了一种事实——有时候，那些过去没有任何能确定其发生的事发生了，这件事对我们产生了极端影响，出于人类本性，我们又乐于在事后去让它变得可以预测，这些事包括——希特勒上台后的战争，东欧剧变，美国1987年大崩盘。2008年全球金融危机后，也爆发了"黑天鹅"事件——美国国际集团、贝尔斯登、雷曼兄弟等金融巨头破产。

令投资家非常不安的是，全球化与网络化的趋势，会创造毁灭性的"黑天鹅"事件。因为全球化并不是只带来了好处，它还导致全球在互相牵制状态下的脆弱性。在工业革命加剧、正在变得越来越复杂的世界面前，经济生活的复杂性早就自行构成了一种杠杆形式，有效率，但也形成了更危险的周期。

"黑天鹅"事件的发生，总是让我们损失惨重，想想 2008 年 A 股大盘指数 70% 的跌幅就非常痛心。它的存在让我们的投资总陷在危险之中，即使我们能够彻底做到上面提到的所有的安全防范的内容，但是，因为"黑天鹅"事件的存在，总会让我们措手不及、产生防不胜防的感觉。

就像 2011 年，根本不可能预测到中东和北非会发生这种多米诺骨牌一般的动乱，随之而来的油价高涨，以及联合国通过对利比亚的军事干预决议，日本 9.0 地震、海啸及核危机尽管并非难以想象，却不太可能出现在人们对第一季的预期当中。

从中我们可以看出，在我们的生活当中，存在着多少"黑天鹅"！而这些"黑天鹅"事件总是会对我们的投资产生一些重大的影响。由于我们根本没有办法预测到这类事件的存在，所以我们根本没法对它们提前做好防范的工作。

这也就给我们的防范工作带来了一定的难度，怎么防范都是存在疏漏的地方。这样一说，有些人也许会较真，这么说我们就不需要做防范工作了吗？这个说法是不正确的，防范工作是必须要做的，只是不要认为做好了安全防范之后就会万无一失了。

在投资的时候，我们除了要做好一般的安全防范工作，还要注意防范一些类似"黑天鹅"之类的事件发生对自己的投资会产生的影响。这就要求我们不要借钱投资，即使是再好的牛市行情，也不要孤注一掷，不要把自己的全部家当都赌在投资市场中。在进行投资的过程当中，不要贪婪，懂得止盈，更要懂得止损，坚持现金为王的投资原则，让自己的资产总是大于自己的负债，这样，自己才能够不被风险玩弄，实现自己的财富自由的梦想。

第五节　为什么好的状况不会永远存在

每一个投资者在进场之后都希望自己所在的投资市场一直保持良好的状况，但是，现实生活就是残酷，从来都不满足大家的愿望。就拿中国的股市行情举个例子吧。

1990 年 12 月 19 日—1992 年 5 月 26 日这段时间，对中国的股票市场来说，是处于好的状况，上交所正式开业以后，历时两年半的持续上扬，终于在取消涨跌停板的刺激下，一举达到 1429 点高位。但是，紧接着的 1992 年 5 月 26 日—1992 年 11 月 17 日这段时间，冲动过后，市场开始价值回归，不成熟的股市波动极大，仅半年时间，股指就从 1429 点下跌到 386 点。

快速下跌爽，快速上涨更爽，半年的跌幅，3 个月就全部涨回来。386 点到 1558 点，只用了 3 个月的时间。但是紧接着，上海老八股宣布扩容，伴随着新股的不断发行，股指回到 325 点。

为了挽救市场，相关部门出台三大利好救市：1. 年内暂停新股发行与上市；2. 严格控制上市公司配股规模；3. 采取措施扩大入市资金范围，一个半月时间，股指涨幅达 200%，最高达 1052 点。随着股价的炒高，总有无形的手将股市打低，在 1995 年 5 月 17 日，股指已经回到 577 点，跌幅接近 50%。

到 1995 年 5 月 18 日—1995 年 5 月 22 日之间，又经历了一次牛市，这次牛市只有三个交易日。受到管理层关闭国债期货消息的影响，3 天时间股指就从 582 点上涨到 926 点。

短暂的牛市过后，股指达到阶段低点 512 点，绩优股股价普遍超跌，新一轮行情条件具备。

崇尚绩优股开始成为市场主流投资理念，在深发展等股票的带领下，股指重新回到 1510 点。从 1996 年 4 月 1 日算起，至

12 月 12 日，上证综指涨幅达 124％，深成指涨幅达 346％，涨幅达 5 倍以上的股票超过百种。两只领头羊深发展从 6 元到 20.50 元，四川长虹从 7 元至 27.45 元。这轮大调整也是因为过度投机，在绩优股得到了充分炒作之后，股指已经跌至 1047 点。最知名的当属《人民日报》发表《正确认识当前股票市场》的特约评论员文章，指出对于证券市场的严重过度投机和可能造成的风险，要予以高度警惕。文章发表当天，配合涨跌停板制度的出台，市场暴跌。

从以上的资料，我们不难看出，在投资市场的历史长河中，好的状况总是会紧跟着一个极其不好的市场状况出现。要是那种好的状况一直保持下去该多好啊！那样每个人都可以多赚到一点儿钱。但是它总是这样地悭吝，总是匆匆地来，又匆匆地走了。为什么好的状况不会永远存在呢？

2007 年 5 月，早在次级信贷危机显露前，巴菲特就指出："美国的公司正处在世界上最好的市场环境中。而历史经验告诉我们，那些好的状况不会永远存在。"他警告说，全球金融稳定可能会遭受到某个外部事件的威胁。这被一些分析人士诠释成对恐怖袭击和其他地缘政治危险的担忧，但实际上，巴菲特反复强调的是广泛使用杠杆和金融衍生品所蕴藏的风险，认为交易资产的行为简直是"蠢人的游戏"。基于这种判断，在此后的数月中，巴菲特不停地出售持有的金融衍生品。尽管这些衍生品包含一些投资机会，但是在巴菲特眼中，这些是"金融大规模杀伤性武器"，滥用必将招致巨额损失。

预感到美国金融市场的风险，巴菲特开始尽可能地分散投资风险，不断加大对医药领域的投入，持有强生集团的股份增长了一倍多，在世界第三大制药厂股份也显著增加。

假设我们指望自己在 21 世纪的股市年收益率达到 10％，而自己的收益中，2％ 来自分红，8％ 来自股价上涨，那么我们就是在假设道·琼斯指数在 2100 年达到 24000000 点。有点儿常识的人都会明白，这个结果是不可能的，道·琼斯指数在 20 世纪 100 年里，不过从 100 点左右上涨到了 10000 点，21 世纪不可能达到前面计算的那个天文数字。因此，美国股市每年连续保持两位数的上涨时不可能的。所以我们不要总是白日做梦，总是期望自己所投资市场的好状况能够永久存在。

面对金融市场的动荡，巴菲特进而更多地关注到实体产业。2007 年底以 45 亿美元购买普利兹克家族掌管的工业集团 Marmon 60％的股份。选择这家公司令外界十分震惊，因为他们此前纷纷猜测巴菲特下一步会选择在哀鸿遍野的金融领域抄底。然而对巴菲特来说，市场越是这样，就越要谨慎。"符合我们要求的公司基本业务质量一定要好……至于检验的标准，绝不是今天或者明天的股市行情，而是十年后的样子……这是对美国长期的赌注。"

这也是为什么巴菲特 2007 年 3 月初撤回对陷入困境的三家美国债券保险商承保的 8000 亿美元市政债券提供再担保的提议，一些评论认为这位公认最精通抄底艺术的大师觉得"价格还不够便宜"。

1993 年，巴菲特买下了德克斯特鞋业公司，最后这家公司让他损失了 35 亿美元。最糟的是那种需要大量资本投入，但却回报很少的情况。1989 年，巴菲特买入美国航空，接下来这家公司就变成了一个黑洞。幸运的是他 1998 年售出了这家公司，成功脱身。之后十年内，美国航空就破产了，而且是两次。

我们从巴菲特的投资经历和他致广大股东们的信中，可以看到，即使是国际级投资大师，即使是世界公认的"股神"，他的一生当中也没有一直持续好的状态。在投资的历史中，他也有几个败笔。所以在我们投资进行得很顺利的时候，不要奢望自己这种好的状态会一直存在下去而放松了警惕。

第八章　掌握市场为何对多数人来说如此之难

第一节　究竟需不需要内部消息

内部消息对每一个投资者来说，都是一个非常具有诱惑力的词语，在大多数人的眼里，拥有了内部消息就等于稳赚不赔。而有些专家总是不厌其烦地提醒广大的投资者：投资不要轻信那些所谓的内部消息，往往这些小道消息都是子虚乌有，或者是些另有所图的人发出的烟幕弹。果真是这样的吗？究竟我们投资需不需要内部消息呢？

如今的时代是一个信息爆炸的时代，各种数以万计的信息向我们迎面扑来，信息化的今天让我们告别了以往信息闭塞的年代，我们可以轻松地通过传统媒体、网络来获取我们所需要的信息。投资同样也需要一个信息畅通的环境，但是对于我们大多数人来说分辨信息的真伪变得异常艰难，每个投资人士不可避免的面对各种各样打着内部权威人士发布的"内部消息"。究竟这些消息可不可靠，能不能被我们所利用呢？

据有关资料显示，在跟踪研究了 30 余名世界级投资大师的经历之后发现：听信他人是投资的开始，也是投资巨亏的第一大因素。

美国第一位通过炒股成为百万富翁的人名叫伯纳德·巴鲁克，在他年轻的时候就已经是一名证券分析员了，他明白一个道理并多次对炒股新手强调：买股票前，要对公司进行详尽的研究，做足必要的前期准备。

有一次，他瞄准了一家炼糖公司，并对这家公司进行了彻底的研究，在对各类事实和资料做了精心分析之后，他对这家公司将来会有什么变化有了自己的判断。终于，一次机会来临了，他赚到了 6 万美元，这是他赚到的第一笔钱。正当他试图凭借所得的 6 万美元利润大展宏图的时候，他得到了一则内部消息：一家烈酒酿造公司的股票值得买进，因为该公司的老板私下表达过这样的观点。这个消息是从一个比他自己更接近老板的人那里得到的。那个人告诉他自己曾经亲耳听到老板这样说过。他相信了这则消息。这家公司是全国规模最大的烈性酒制造商和销售商，而且这家公司与其他三大烈性酒酿造企业合并的消息甚嚣尘上，他便把所有的钱都投了进去。最后，他赔光了家底，用他的话说："这是我一生中最大的损失。"

可以看出，在辨别信息真假的能力上，就连投资大师早年也会在此栽跟头，更不要说我们这些普通的小投资者。大多数的中小投资者与专业的投资机构相比在获取信息的渠道上和分辨信息真伪的能力上会有不一致的"待遇"。大多数中小投资者有着天然的信息弱势。多数投资者摄取投资信息的主要方式是通过网站、报刊、广播及电视等正规和公开渠道。而机构投资者除了通过电话、传真等先进的通信技术猎取第一手资料外，还往往能通过各种关系获得大量的内幕消息。有些机构投资者本来就是投资交易的关联者，他们本身就是信息的源头。

斯坦哈特被人称为"世界级短线杀手"，他所感兴趣的不是华尔街的深度研究报告，如果我们走进斯坦哈特的办公室，就会发现这里几乎看不到一张纸。斯坦哈特每年付给华尔街经纪人的交易佣金高达 3500 万美元，他花那么多钱不是为了得到一些内幕消息，因为他介绍说，自己在"出货"时也曾故意制造过类似的"预言"。他花这笔钱是为了在第一时间知道信息，在每笔巨额交易上都能较之别的投资者保持一点点优势。

华尔街的一些公司影响力非常大，他们的看法往往会在一定程度上左右市场走势。由于付了如此高额的佣金，他会不断接到从华尔街打过来的电话，向他提供一些可能有利可图的交易的消息。

"我们将调低对通用电气下个季度的赢利预期！"

"花旗将调高巴西的信用等级！"

当这些公司的主要分析师有新的想法时，斯坦哈特希望自己能接到"第一个电话"。即便是花巨资购买消息，斯坦哈特也不会轻易认同这些分析师的观点，但是斯坦哈特希望：只要那些在他之后接到这些分析师电话的人认为是对的就足够了，他就有了操作行情的时间和空间。

斯塔哈特在投资领域中能够获得如此的成功，与他独特的投资理念和获取真实准确的信息有着密不可分的关系。对于一位专业的投资者，我们应该设法规避那些"内部消息"对我们投资行为的影响，吉姆·罗杰斯在哥伦比亚商学院的证券分析课堂上告诉学生们："听信总裁的消息，就代表你已经亏损了一半。"在哈佛商学院的讲堂上导师也一再警告那些马上要征战投资领域的学生们：听信内部消息就是等于听信了撒旦的诱惑。

那么，在投资过程中我们要怎样处理各种投资信息呢？这就需要我们在投资初期，就建立起属于自己的信息系统，依据信息做出正确的决策，最终培养出自己的投资策略。

投资领域的变化莫测，让很多投资者无法掌握，即便像巴鲁克这样身经百战的投资者，也犯过重大错误。虽然巴鲁克很快就从那次听信小道消息而导致的亏损中翻了身，基于对事实的清晰思考和准确判断，此后赚到了第一桶金70万美元。但是，在此之后巴鲁克又因轻信好友而参与巴西咖啡交易，再次吃了听信他人消息的苦头。

无知者无畏，在投资领域亦如此。很多投资者在投资之前，往往对所投资的产品知之甚少，甚至根本一无所知，他们或者用心聆听所谓"股神""专家"的"谆谆教导"，或者深信亲朋好友的"金玉良言"，盲目地买入和卖出，以赌徒的心理期待奇迹的出现。结果只能是少数人看到了微弱的阳光，而大多数人葬身于茫茫海底。

世界上最伟大的基金经理彼得·林奇曾说：个股飙升或暴跌背后总有某种理由，那种信息是可以清晰明显地找出来的，而且也经常是充足的。在现今这种信息资源丰富的环境下，投资者可以获取那些从前只为华尔街资深分析师提供的数据资料。必须找到一种最适合自己的投资模式和投资风格，并将其坚持到底，这是我们投资伊始必须形成的观念。

总之，投资需勤奋，需打造属于自己个性的投资策略。莫听"内部消息"，如果内部消息能给我们带来丰厚利润，也许人人都是百万富翁了。

第二节　真相在华尔街为什么不起作用

对于一个普通的投资者来说，没有比获得真相更能够让人欢欣鼓舞的了。但是，在投资领域中，真相其实并不重要，重要的是人们对真相的认识。很多人试图通过真相来抓住市场的尾巴，但是结果往往让人感到沮丧。

一位资深的私募基金经理人 S 先生在叙述自己面对市场中的层层迷雾也感会到茫然和不知所措，他曾经跟别人分享过他的那种恐惧心理：

有一次，S 先生决定去攀登华盛顿山，于是叫上了好友 H，虽然 H 在清晨已经参加了一项马拉松长跑活动，跑了 8 公里，但是经不住 S 先生的一再劝说，同意和 S 先生一块"走走"。

他们一起驱车来到山脚下，选择好了一条幽静的登山路径，他们就开始向着山的顶峰攀爬了，H 还穿着早晨跑步时的运动衫，而 S 先生则穿着一件印有 Linkin park（美国的一支摇滚乐队）的 T 恤。山脚下的风景是这么的迷人，山路平坦，景色宜人，不觉已到半山腰。这时前面路上竖立了一个牌子说道：这里天气变化异常，环境恶劣，请游客速速返回，以免发生前人伤亡的悲痛事故。S 先生和 H 望了望碧蓝的天空对视一笑，这是在吓唬胆小鬼。所以根本没有理会警示牌，继续向更高的方向攀登。

随着攀爬高度的上升，气温也逐渐寒冷起来，周围的风景也由山脚下的植物变成了石头，而且不知何时他们头顶上出现了一小片乌云，视线也开始变得模糊起来。当大约又向上爬了 100 多米，周围的环境已经被雾气所笼罩了，前方的道路也看不清了，他们顿时失去了方向感，陷入了迷茫和恐惧之中，仿佛进入了一个走不出的迷宫，何况他们此时已经是饥寒交迫了。H 提议看看有没有什么路标，搜寻了一会儿，果然发现有一堆人为堆砌的石头上面放着一块大石头，上面涂着黄色指示标记。他们确定这应该就是标记了，顺着标记的方向搜寻下一个黄色石头。就这样他们终于来到了山顶上。顾不上欣赏山顶上的风光，S 先生和 H 就一头扎进山顶的小餐馆里。在攒动的人群中吃完两个油腻腻的汉堡，买了一大堆华盛顿山纪念 T 恤来结束这段狼狈的旅程。

S 先生说自己从开始进入投资理财行业到最终成为管理着 15 亿美元的私募基金经理的过程中，曾有许多次都经历了看不到市场的真相而迷茫不知所措的狼狈局面，并且也真诚地道出了自己的众多预测中仅仅有两次成为现实。可以看出，不仅仅大多数的个人投资者，连那些实力雄厚的机构投资者都希望市场对信息做出合理的反应，从而能够快速做出对策。然而事实却是在 1987 年 10 月 19 号的星期一美国股市的骤跌引发全球股市的下泻，却没有一个人能够清楚地告诉我们事情的真相是什么。

如果我们作为一个投资者相信市场会对真正的事情做出反应，那么我们就大错特错了。或者，如果我们是基于这种错误的观点来参与市场的话，那么市场将会让我们付出持有此观点应有的代价。真实的情况是投资市场行情的上涨是基于人们对事实的观点，而不是事实本身。

我们在这里所要说的就是真相"无关紧要"。它从来不起作用，也永远不会。就像我们前面提到的国际短线杀手斯坦哈特，他对于真相的理解就是："我在第一时间获取信息就足够了，更重要的是要让分析师和其他的投资者认为这是对的，这样我才有进一步操作行情的时间和空间。"

对于短线的投资者来说，我们通过电脑交易系统下单买入我们的投资产品，难道买入的是公司的股权，公司将来的销售业绩吗？当然不是，我们买的是他们确信获益的观点。当我们作为交易者使我们的钱处于危险中的时候，我们赌的是人们——其他的投资者，将会在一天左右的时间里喜欢它，并持有它。这就像博弈论里面介绍的，我们和其他的投资者在相互博弈，看谁是最后一个持有资产的那个人。市场是具有惯性的，这是因为人去推动它朝一个方向，或另一个方向发展，而不是事实。一个事实永远不曾推动市场。

有多少次市场大量抛售是因为害怕美联储将会提高利率？美联储甚至没有暗示要提高利率。根本没有。起作用的是交易者和投资者认为利率可能上调。这就足够造成混乱。就像巴菲特建议中所说的那样，在别人贪婪的时候要恐惧，在别人恐惧的时候要贪婪。

作为市场中最基本的构成单位，每一个投资者的心态无不左右市场的起伏。投资者必须完全理解的是市场在性质上是先行的，它对市场将会发生什么做出反应，而不是已经发生的事做出反应。事实是过去的残余，它们不能告诉我们明天将发生什么。这就是为什么真正的专业人士买入流言（看法），卖出新闻（事实）。因此不要被迷惑住，在市场上不是事实赢，而是对事实的态度赢。

所以抛弃我们的那些观点，不要再为努力获得真相而孜孜不倦，那些现实的真相并不能给我们带来收益，相反它会使我们亏的倾家荡产。

第三节　我们说"市场是有效的"时，究竟指什么

正如巴菲特所说："如果股票市场总是有效的，我只能沿街乞讨了。"对于大多数投资者而言，往往期盼着市场是有效的，因为这样就可以真正地能够预测投资市场未来的走势。而在美国有 6 万名经济学家，他们中的很多人被高薪聘请从事预测投资市场走势的专职工作，如果他们能够有两次连续预测成功的话，那他们早就能够成为百万富翁，从而辞掉工作去马尔代夫或者去夏威夷的黄金海岸边喝着小酒，钓着金枪鱼了。现实是他们还须为着那丰厚的薪资而拼命工作。所以，期望"市场在任何时候都是有效的"，那只能是痴人说梦的事情了。

对市场是有效的还是无效的理解，直接影响到我们的投资策略，如果我们相信市场是有效的，那就会认为，价格总是反映了所有相关的信息，我们的操作手法即使追涨杀跌，我们也无须了解投资的基本面，因为基本面反映在价格上，我们只要进行技术分析就可以了。如果我们认为市场是无效的，那我们就可以不理会大盘的涨跌，抛开技术分析，只要投资的价值和市场价格相一致，就是我们极佳的买入点，决定买进还是卖出的不是市场价格的波动，而是企业经营业绩的好坏。

对待投资市场的态度将影响着我们的投资策略，我们要正确地理解信息对于市场走势的影响。市场中人们对于信息的筛

选与梳理的能力不同，对于投资对象价值的理解也不一样，而这些都会反映在市场的价格上，也许人们会认为投资市场会大涨50%，但是恰恰相反市场价格是跌的。这也就是为什么有些没有任何价值的公司，其股票的价格能够有着50多倍的市盈率。

巴菲特的老师格雷厄姆很久以前就提出了对待市场有效性的正确态度，我们相信这种态度是最容易带来投资成功的。他说："你应该把市场想象成一个名叫'市场先生'的非常随和的家伙，他与你是一家私人企业的合伙人。市场先生每天都会出现，提出一个价格，在这个价格上，他要么会把你的股份买去，要么会把他的股份卖给你。"

用格雷厄姆的话来说，市场先生的报价是极不稳定的。有时候，他情绪高涨，只能看到利好的积极因素。在这种情况下，他会报出很高的价格，因为他担心我们会把他的股份买走，夺取他的巨大收益。而在他沮丧的时候，他眼中又只能看到悲观与失望等消极因素。在这种情况下，他提出来的价格非常低，因为他很害怕我们会把我们的股份甩给他。

其实"市场先生"之所以这样左右无常，最根本原因是由我们——投资者所决定的，当尤金·法玛提出有效市场假说时，记住这里说的是"假说"，是有三个前提条件。

第一，在市场上的每个人都是理性的投资人，他们每天都在进行基本分析，以公司未来的获利性来评价公司的现有的价值，把未来价值折算成今天的现值，并谨慎地在风险与收益之间进行权衡取舍。

第二，投资的价格反映了这些理性人的供求的平衡，想买的人正好等于想卖的人，即，认为价格被高估的人与认为价格被低估的人正好相等，假如有人发现这两者不等，即存在套利的可能性的话，他们立即会用买进或卖出的办法使价格迅速变动到能够使二者相等为止。

第三，价格也能充分反映该资产的所有可获得的信息，即"信息有效"，当信息变动时，投资产品的价格就一定会随之变动。一个利好消息或利空消息刚刚传出时，价格就开始浮动，当它已经路人皆知时，价格也已经涨或跌到适当的价位了。

"有效市场假说"实际上意味着"天下没有免费的午餐""世上没有唾手可得之物"。在一个正常且有效率的市场上，每个人都别指望发意外之财，所以我们花时间去看路上是否有钱好拣是不明智的，我们费心去分析投资的价值也是无益的，它白费我们的心思。

当市场真正有效的时候，那也意味着我们的投机希望破灭了，投资收益率可能和把钱放在银行的收益率相当，投资也就不存在任何的风险，就连傻子也懂得怎样在投资中买进和卖出，这也许不是大多数投资者所期望的吧。这就是一个平衡的关系，投资者都想在投资中获益，从而变成了投机，就更进一步使市场高涨骤跌，市场有效性也就无从谈起，这样人们才更有可能在市场中获取丰厚利润，当然也会输得一塌糊涂。

市场既然不总是有效的，那我们无须理会投资产品价格的涨跌，对待其价格波动的正确态度，是所有成功的投资者的试金石。而我们要做的只是两门功课，一门是如何评估企业的价值，另一门是如何思考市场价格。其他的信息就不是我们所要关心的了。

第四节　谁虚构了庞氏骗局

如果现在有人告诉我们有一个投资理财项目，年收益率为12％，而且几乎没有任何投资风险，每个月都能拿到1％的收益。我们应不应该动心呢？可以肯定，面对这样的情景，很多人一定会迫不及待地询问"究竟是什么投资项目""准入门槛是多少"等具体事宜了。但是历史证明，当我们处于这种情景，就有可能正在步入一个精心设计的陷阱了。

2008 年美国纽约南区联邦法院做出裁决，前纳斯达克主席麦道夫因涉嫌诈骗被判入狱 150 年监禁。这位有史以来金融界最大的"庞氏骗局"的主谋终于得到了应有的下场。自从上世纪 20 年代一位名叫查尔斯·庞兹的意大利人在美国犯下了涉及金额 1500 万美元，被骗者多达 4 万之众的金融诈骗案以后，世界各地像"庞氏"这样的诈骗案层出不穷。

究竟是什么魅力，让已入土几十年的"庞氏"还有如此众多的受众呢？其实，"庞氏骗局"的骗术很简单，就是利用人们的贪婪的本性，许下高额的回报率，用投资行业各种繁琐难懂的术语进行包装，让人们相信自己的资金没有任何风险，并能按期收到回报。但骗子只是将得来的资金做少量投资或根本没有进行任何投资，而是用后期投资者交付的资金支付前期投资者，充作高额投资回报。往往到了最后，由于资金链的断裂从而导致骗局败露，从而导致大多数投资人血本无归。

其实，是投资者贪婪的本性使"庞氏骗局"得以周而复始的不断轮番上演。正如"庞氏骗局"的主谋查尔斯·庞兹在事发后对遭受欺骗的波士顿投资者那句狡黠的嘲讽："在没有恶意预谋的情况下，我为他们表演了自朝圣者登陆以来在他们的地盘上出现的最好节目，看我表演足足值 1500 万美元。"麦道夫在事发后也说过这样的一句话："其实那些受害人早就应该知道这是个骗局。"毫无疑问，他这话说得没错。多年来麦道夫次次都宣称，其回报高于平均水平而风险却低于平均水平。这本身就是个明显的警示信号，对于纽约一棕榈滩一洛杉矶范围内那些据称是精明投资者的人而言更是应该如此。但正是因为贪婪才使人们放松了警惕，或者说因为贪婪使得人们相互欺骗。

曾经有媒体报道过房地产经纪人道格拉斯·沃恩一案。当时，他经营已久的公司遭到美证交会的调查和民事起诉，最终被联邦和州政府关停，沃恩本人不得不申请破产，事情才逐渐浮出水面。自 1993 年以来，沃恩成功从 600 名投资者手中筹集到了 8600 万美元。如今，这笔资金已损失殆尽。

这起发生在美国最贫困州之一的欺诈案，用新投资者的资金而不是用投资收益来偿付早期投资者。一起典型的庞氏骗局，居然在长达 17 年的时间里都未曾被人察觉。在沃恩主要出售三年期本票（后来又出售合伙权益）中，固定回报率平均为 17.5%，远远高于麦道夫和阿伦·斯坦福提供的投资回报率。法院档案显示，沃恩有时会提供高达 25% 的回报率，而有位投资者曾向调查人员表示，沃恩向他提供的回报率高达 40%。这些收益水平是低风险投资现行回报率的许多倍，因此在高额回报率的诱惑下，就不乏投资人铤而走险。

沃恩宣称的回报是如此之高，很难想象他有任何现实的可能去偿付所有的投资者。同时我们不难看出，沃恩的投资者就跟麦道夫的投资者一样贪婪，只是投资规模较小而已。

"庞氏骗局"无疑是投资者的终极杀手，包括那些专业的投资者也没能逃脱"庞氏骗局"那高利润低风险的杀手锏。而恰恰正是"高利润，低风险"违背了经济学原理，这也正是"庞氏骗局"致命弱点。但是对于此时已被利润冲昏头脑的投资者来说，已经失去辨别真假的能力。就像"姜太公钓鱼——愿者上钩"一样，那些贪婪的骗子值得人们唾弃，但是如果那些受害人没有贪婪的本性，不想有天上掉馅饼的好事，想必那些骗子最终也会自讨没趣。追求合理利润这无可厚非，要是被贪婪蒙蔽了眼睛，无疑是作茧自缚。

在这个金融衍生品泛滥的社会中，对于怎样更好地保护我们投资人的利益提出了一个更高的要求，除了在监管体制上要求政府监管部门加强对金融业的监管外，我们作为一个投资者，也要提高自己的专业水准和道德修养，切记不要因为贪婪而迷失了自己。

在面对一个投资项目时，要先做好前期的调查，不要因一时的头脑发热而导致自己蒙受重大的财产损失。投资者在投资过程中往往过于重视投资收益而轻视了投资风险，对于那些成熟的投资大师来说，怎样保全本金变得尤其的重要，没有比避免损失到手的钱更好的。我们相信"庞氏骗局"不是始于查尔斯·庞兹，也不会止于查尔斯·庞兹，一个理性的投资者才能在形形色色的骗局面前立于不败之地。

第五节　市场永远都会复苏吗

对于投资者来说，市场复苏是一个不错的话题。就像经历了漫长而寒冷的冬天，一起谈论阳光明媚的春天一样，给人带来清爽的感觉。但是下面的内容或许让人高兴不起来。

国际著名学者伊曼纽尔·沃勒斯坦发表了一篇文章，原题为：《资本主义世界经济不会复苏》。他在文章中阐述说："一切体制都有寿命。我们现行的体制已经越来越偏离平衡，以至于发生结构性危机。"并且他在文章中进一步分析说："各种生产的基本成本都大幅增加，结果就是利润越挤越少，最后到得不偿失的地步。"最后他断定："我们最近经历的困难只是世界体系自1970年前后开始经历的繁荣与衰退周期的倒数第二个泡沫。最后一个泡沫将是国家债务，包括那些所谓新兴经济体的国家债务，最终导致破产。而解决这一问题的根本所在是找到一种新的经济体制。"究竟他说的对不对呢？

同时根据商业咨询公司AlixPartners最新的一项调查显示，越来越多的美国人对美国经济的移动方向产生了质疑。并且现在有近61％的受访者预期美国经济在2014年春天之前仍不可能恢复到危机前水平。最后调查结果中反映出来更糟糕的是，有整整10％的受访者认为美国经济将永远无法复苏。

也许以上资料的分析让投资者们忐忑不安，但是我们都知道，事物的发展规律是渐进性与曲折性的统一，事物的发展方向并不是直线向上的，更像是螺旋向上的。由此我们可以认为任何看空市场的观点都是不对的，市场的发展过程是一个循序渐进的过程也就是说在某段时间会显著增长，而有时候就会停滞不前甚至会发生倒退，但这些都不能改变市场始终沿着向上发展的方向。

许多投资者由于介入市场的时机不对导致损失惨重，决心要彻底远离投资领域，这种因噎废食的行为着实有点儿过头。因为事物是发展的，不能因为市场行情暂时不好就放弃了对市场的信心。巴菲特就不相信这一套，他的每次大的投资都是在股市大跌之后，他才进场。

1987年股灾之前，是个大牛市，1984年到1986年，美国股市持续大涨，累计涨幅2.46倍，巴菲特1985年就大幅度减持股票。在牛市的全盛期，巴菲特只保留了三只永久持有的股票，把其余所有的股票都卖了。他的助手说："命令很明确：把一切都卖掉。"

1987年10月19日星期一，恐慌抛售终于发展成了大崩溃，这成了历史上第一个黑色星期一，道·琼斯跌了508点，或者说达到22.6％，而巴菲特在此次交易中却收益颇丰。

这次大跌之后，1988年他开始买入可口可乐，1989年又继续增仓，一共买了10亿美元。同时他又买了6亿美元的吉列可转换优先股。

第一次股灾的时候，巴菲特全部撤出了市场。第二次，他大部分都撤了，也只留了三只股票。但这两次他都是在股灾前一两年就提早离场了，所以说逃顶是不可能的。当他看到泡沫比较大的时候，他就撤出来了，全身而退，而不是幻想泡沫涨到最大即将破灭之前时才逃离。

　　第三次大跌是网络股泡沫。1999年，是巴菲特最难熬的日子，只赚了0.5％，大大落后于大盘21％的涨幅。当大家纷纷指责巴菲特的投资策略落伍时过时了，网络科技股的时代来了第三次的网络科技股泡沫开始破裂。三年大盘跌了一半，巴菲特不但没亏，还赚了10％，大家不得不承认，长期来看还是股神厉害。

　　第四次大跌是这次次贷危机。年报显示，巴菲特再次大跌大买，在2007年买入了160多亿美元的股票，增幅近70％以上。

　　巴菲特应对大跌的方法很简单，一是前面大涨过于高估时要反贪，及早退出。二是后面大跌后过于低估时要反恐，趁机抄底，大跌大买，大买大赚。巴菲特的经验告诉我们世间没有什么东西是绝对静止的，只要了解其变化的规律，肯付出耐心，等待并寻找时机，事情总有一天会按照我们想要的方向发展。我们投资亦如此，要随着投资品的内在规律和市场变化不断调整和修正投资策略。

　　很多普通投资者因为对市场的不了解，在某些投资品上因为介入时机不对而发生了很大损失，就想当然地判断这类投资品任何时候都不能投资，再也不能碰了。我们不应只看事物的表象，而要分析其背后的规律。更不能因市场一时的成败而影响我们的投资情绪和投资策略。市场永远不会强劲增长也不会一直徘徊不前。漫长的黑夜总会迎来凌晨的曙光，风雨过后总会见到彩虹。

　　2008年股票大熊市美国遭遇了金融危机，引发了全球投资市场的动荡。很多投资理财产品面临腰斩，是因为集全球金融危机、企业大面积倒闭、经济衰退、市场本身估值过高、政府采取紧缩货币政策和行政干预股市等多种负面因素共振导致的必然结果，股票和基金投资者在2007年底介入股市遭遇巨大亏损是难以避免的，大多数投资人在被折磨了一年后终于忍痛断臂退出，并决心远离这个伤心之地。但是，每一次危险的背后也存在着巨大的机遇，很多大型投资基金、国际投行，却把目光放在了那些濒临破产但依然有着良好资产的公司身上，他们是在期盼着抄底的最佳时机。

他们的勇气从何而来？正是看破了市场的发展规律，却没有意识到可能对于他们来说，他们确信市场的好机会已经来临。随着时间的推移，投资市场的各类负面因素一个个地消散，正面因素不断在汇聚，比如市场估值在较低区域，政府采取了宽松货币政策，将利率降到了很低水平，市场资金充裕，企业赢利回升，经济复苏迹象显现，市场将会复苏，股市已重归牛途。

所以对于市场复苏我们要始终保持乐观的心态，拿出勾践卧薪尝胆的毅力，静待时机，赢得最后的胜利。

第九章 资金管理是成功之钥：
持有现金还是股票

第一节 为什么说大多数投资者都是误打误撞

世界投资大师威廉·欧奈尔说过：不要懵懵懂懂地随意买股票，要在投资前扎实地做一些功课，才能成功！投资大师巴菲特也曾经建议：不熟不做，投资者成功与否，是与他真正了解这项投资的程度成正比的。但是对于大多数投资者来说他们使用的投资方法都是误打误撞。

大多数投资者在决定进行投资前显然还没有做好充足的准备。有资料显示，近几十年的美国股市其平均收益率在 10%，机构投资者的收益率在 7%，而个人投资者的收益率仅为 3%。个人投资者与机构投资者相比不仅在资金实力上处于劣势，而且在投资方法上也显示出不足。很多投资者对所谓的一些"权威专家"顶礼膜拜，听信小道消息，投资也没有任何章法，更有甚者对于所投资的对象不知为何物。

在北极生活着一种形态可爱的啮齿目动物——旅鼠。它们具有一种奇怪的生活习性，在一般年份，旅鼠只进行少量繁殖，但是到了丰年，气候适宜和食物充足时，就会大量繁殖，使其数量急剧增加，一旦达到一定密度，奇怪的现象就发生了：这个时候几乎所有旅鼠突然都变得焦躁不安起来，它们东跑西颠，吵吵嚷嚷且永无休止，它们停止进食，似乎是大难临头，世界末日就要来临，随着它们的数量越聚越多，开始朝向同一个方向前进，途中不断有被天敌吃掉损失的旅鼠，同时又会有更多的旅鼠加入，就这样它们前赴后继，日夜兼程，最终大海就是它们的最终归宿。

哈佛商学院在教学课程当中往往会把投资者在投资过程中的从众心理形象地比喻为旅鼠的集体自杀行为，巴菲特也一语道出其中的关键："你并非成为一个火箭专家，投资并非智力游戏，一个智商为 160 的人未必能够击败一个智商只有 130 的人。"理性才是投资过程中的关键，在投资行为中盲目随大流无疑是集体自杀，大多数的投资者缺少的不是硬件上的智力，缺少的是实实在在的专业知识，独立思索的能力，独具一格的投资方法等这些软件。

在哈佛大学校园里的咖啡厅里一度流传着这样一则小故事：说的是美国著名经济学家麻省理工学院教授萨缪尔森和同事一起来到咖啡厅喝咖啡，这时萨缪尔森提出要打一个小赌，抛硬币，如果是他要的那一面，则同事输给他 100 美元，如果是同事要的那面则他输给同事 200 美元，这么听起来这个打赌很利于萨缪尔森的同事，因为如果同事拿出 100 美元的话，就有一半的可能性能够赢得 200 美元的利润，不过也有一半的机会输掉这 100 美元，但是其真实的预期收益却是 50 美元 [$200 \times 50\% + (-100) \times 50\%$]。不过这位同事断然拒绝了："我不会跟你打这个赌，因为我认为 100 美元的损失远远要比 200 美元的收益更重要。可是，要是扔 100 次的话我会欣然接受。"

对于这位萨缪尔森的同事来说，抛硬币是一项风险投资，不确定性很大，无疑是一次赌博。对于任何一个理性的投资人都会拒绝。在投资过程中，每个人都要像萨缪尔森的这位同事一样稳扎稳打，切不可有赌徒心理做出任何不切实际的冒险行为。

　　对于一位投资者来说，各种心理与欲望也会使投资者做出非理性的行为，如贪婪与恐惧就是高悬在投资者头顶上的达摩克利斯之剑。大多数投资者都会感叹，自己在利好显现时没有见好就收，而在抄底的时机来临之际却缩手缩脚。"在别人恐慌时贪婪，在别人贪婪时恐慌。"巴菲特阐述的是一个基本的市场规律：价格是由供需关系决定。当需求大于供给时，价格上升；当需求小于供给时，价格下降。

　　1972 年，美国股市是一个大牛市，股价大幅上涨。当时几乎所有投资基金都集中投资到一批市值规模大的、企业声名显赫的成长股上，如施乐、柯达、宝丽来、雅芳和得克萨斯仪器等等，它们被称为"漂亮 50 股"。市场上投资者普遍认为这些股票是"安全的"，而且是在任何价位都是安全的，1972 年这50 只股票的平均市盈率上涨到天文数字般的 80 倍。由于股价太高，巴菲特为此非常苦恼："我觉得我就像一个过度好色的小伙子来到了一个荒凉的岛上，找不到可以购买的股票。"

　　1974 年，美国股市已经处于很低的价位，几乎每个公司的市盈率都是个位数，这是华尔街少有的时期：美国企业正在被抛弃，没有人想再继续持有股票，每个人都在抛售股票。当年10 月，道·琼斯指数从 1000 点狂跌到 580 点。在市场一片悲观声中，巴菲特却高声欢呼，他在接受《福布斯》的记者访问时说："我觉得我就像一个非常好色的小伙子来到了女儿国。投资的时候到了。"他在 1973 年至 1974 年美国股市大萧条时期疯狂地买入股票。结果，几年后市场回升，巴菲特因此获得了巨大的投资利润。

　　在股票投资中，当市场士气低落，人们纷纷抛售股票时，而巴菲特低价买进。在市场人气高涨时，人们纷纷买进股票时，巴菲特高价卖出。巴菲特正是利用大多数投资人的追涨杀跌盲目从众的投机心理。凯恩斯的更大笨蛋理论也说明了这一点，投资行为一定要建立在对大众心理的猜测之上才有可能成功。

比如说，我们不知道某个投资产品的真实价值，但为什么会花钱去买呢？因为我们认为肯定有人会花更高的价钱从我们这里把它买走。之所以完全不管某个投资产品的真实价值，即使它一文不值也花高价买下，是因为认定有一个更大的笨蛋，会花更高的价格把它买走。如果再也找不到愿意出更高价格把它从我们这儿买走的更大笨蛋，那恶魔就是最大的笨蛋。

在投资领域中大多数投资者的方法可谓乱象百出，如果把投资比喻为汹涌澎湃的大海，那么系统的专业的投资知识就是暴风雨中的启明星，它将为暴风雨中前行的船舶指明方向。投资学是一门科学，更是一门艺术。投资者只有不断地学习，定期更新自己的知识库，善于总结成败经验，最终形成自己的投资风格，才有可能在投资中获得可观的收益。

第二节　为什么头寸规模决定着投资目标的实现

大多数投资者往往关注市场的上扬和下跌，当市场上扬时就会表现得欣喜若狂，而当市场下跌的时候又垂头丧气、心灰意冷。关注市场的动态无可厚非，但是有时候具有把握动态方向的勇气与魄力也是成功的关键之一。

头寸的规模能够决定投资目标的实现，投资者的投资行为无非就是一种套利行为，利用手中闲置的资金来为其赚取可观的利润。当然，本金越大，为投资者带来的利润也就越大。与其说是投资者的聪智为其赚取利润，不如说是因本金为其赢得源源不断的财富。所以头寸在这里就起到了至关重要的作用。

在一个成熟的投资市场中，政府会制定一些有效的规章制度来规范市场秩序，保护大多数投资者的合法权益，但是在一些新兴的投资市场中，投资市场的机制不健全往往会带来一些弊端，而头寸规模的多少也起到了至关重要的作用。

　　投资大师索罗斯能够在投资市场中获得丰厚利润除了得益于他本人独特的投资理论以外，还在于他超出他人的胆识和气魄。索罗斯认为一个投资者所能犯的最大错误并不是过于大胆鲁莽，而是过于小心翼翼。虽然有一些投资者也能准确地预期市场走向，但由于他们总是担心一旦行情发生逆转，将遭受损失，所以在机会面前总是投鼠忌器，不敢建立大的头寸，从而错过了赚钱的良机。

　　索罗斯跟他们正好相反，一旦根据有关信息对市场做出了预测，就对自己的预测非常自信，当他确信他的投资决策无可指责，那么建立再大的头寸都在所不惜。当然，要建立巨额的头寸，需要有超人的胆略和勇气，否则，他将无法承受由此带来的巨大压力。也许索罗斯在 1992 年成功的阻击英镑能够让我们一窥头寸规模对于投资目标的影响。

　　自冷战结束以来，英国经济就日益衰退，英国政府需要贬值英镑，刺激出口，但英国政府却受到欧洲汇率体系的限制，必须勉力维持英镑对马克的汇价在 1：2.95 左右。索罗斯却深信英国不能保住这一汇率水平，做空英镑成为了索罗斯大胆的构想。由此一场浩大金融战争就此拉开序幕，1992 年 9 月，投机者开始进攻欧洲汇率体系中那些疲软的货币，包括英镑、意大利里拉等。索罗斯及一些长期进行套汇经营的共同基金和跨国公司在市场上抛售疲软的欧洲货币，使得这些国家的中央银行不得不斥巨资来支持各自的货币价值。

　　英国政府计划从国际银行组织借入万亿英镑，用来阻止英镑继续贬值，但这犹如杯水车薪。仅索罗斯一人在这场与英国政府的较量中就动用了 100 亿美元。索罗斯在这场天量级的豪赌中抛售了 70 亿美元的英镑，购入 60 亿美元坚挺的货币——马克，所以在众多实力雄厚的投机者面前英国政府显得衰弱不堪，由此注定了英国的失败。

　　到了 1992 年 9 月中旬，危机终于爆发。市场上到处流传着意大利里拉即将贬值的谣言，里拉的抛盘大量涌出。1992 年 9 月 15 日，索罗斯决定大量放空英镑。英镑对马克的比价一路下跌至 2.80。到傍晚收市时，英镑对马克的比价差不多已跌至欧洲汇率体系规定的下限。此时就连英国财政大臣也设法采取各种措施来应付这场危机。但英国最终还是遭受惨败，被迫退出欧洲汇率体系。英国人把 1992 年 9 月 15 日——退出欧洲汇率体系的日子称作黑色星期三。

作为与英国政府较量的另一方——索罗斯却是这场袭击英镑行动中最大的赢家，曾被《经济学家》杂志称为"打垮了英格兰银行的人"。最终在黑色星期三之后的两周时间里，索罗斯从英镑空头交易中获利已接近 10 亿美元，在英国、法国和德国的利率期货上的多头和意大利里拉上的空头交易使他的总利润高达 20 亿美元，其中索罗斯个人收入为 1/3。在这一年，索罗斯的基金增长了 67.5%。他个人也因此净赚 6.5 亿美元。

索罗斯犹如华尔街上的一头金钱豹，行动极其敏捷，善于捕捉投资良机。一旦时机成熟，他将有备而战，反应神速。1992 年，索罗斯抓住时机，成功地狙击英镑。这一石破天惊之举，使得惯于隐于幕后的他突然聚焦于世界公众面前，成为世界闻名的投资大师。

从理论上来看，头寸规模在投资理财中发挥着无与伦比的重要性，能够决定着我们投资目标的实现与否。但是，我们是否具有索罗斯那样的实力能够在投资市场中驰骋风云呢？所以对头寸进行科学的管理才是最终走向成功的王道。头寸管理是构建期货投资核心部分，在实际交易中，投资者是无法获得具有百分之百胜算率的交易模式的，如果没有合理的头寸管理方式，一两次亏损的交易可能产生致命的损失，而科学的头寸管理则能够降低错误判断所带来的亏损，减少账户交易的毁灭率。

"承担风险无可指责，但永远不能做孤注一掷的冒险。"这是索罗斯的投资原则。在机会到来时，我们需要拥有一定的勇气与胆略，不能因为害怕失败而畏首畏尾，从而在失去了机会之后后悔抱怨，成功从来不会降临在那些循规蹈矩的人头上。

第三节 亏损怎么就成为了资产

沃伦·巴菲特说过："第一，永远也不要亏损；第二，永远不要忘记第一条。"虽然每位投资者都在竭力避免亏损，但是亏损就像投资的孪生兄弟一样时刻伴随着每一位投资者，但是亏损在不同人的眼中，涵义也是不同的。

在弱者眼中，亏损就像一颗定时颗炸弹，无时无刻不在担心这颗定时炸弹究竟在何时会给他带来致命一击；而在强者眼中，亏损乃是向胜利冲锋的号角，是黎明来临前的第一道曙光。对待亏损我们要用一个客观的眼光来看待它，智者千虑必有一失，在投资的战场上是没有常胜将军的，就连那些享誉世界的投资大师，也曾有失足的时候。

著名的投资大师乔治·索罗斯在 1987 年就遭遇了他的"滑铁卢"。在 1984 年，《普拉扎协议》公布后的第一天，美元对日元从 239 降到 222.5，即下降了 4.3%，根据索罗斯自己独特的"盛衰理论"，繁荣期过后必存在一个衰退期，提前做多日元。这一天的美元贬值，使索罗斯一夜之间赚了 4000 万美元。到了 1986 年 9 月，美元更是跌至 1 美元兑换 153 日元。索罗斯在这场大手笔的金融行动中前后总计赚了大约 1.5 亿美元。这使得量子基金在华尔街名声大噪。然而也是根据索罗斯金融市场的"盛衰理论"，索罗斯通过有关渠道得知，在日本证券市场上很多银行和保险公司，大量购买其他日本公司的股票。日本股票在出售时市盈率已高达 48.5 倍，而投资者的狂热还在不断地升温。因此，索罗斯认为日本证券市场即将走向崩溃，而索罗斯看好美国证券市场。

于是，1987 年 9 月，索罗斯把几十亿美元的投资从东京转移到了华尔街。但是，首先出现大崩溃的不是日本证券市场，而恰恰是美国的华尔街。1987 年 10 月 19 日，美国纽约道·琼斯平均指数狂跌 508.5 点，创当时历史记录。伴随着索罗斯决定抛售手中的股票份额，其他的交易商也捕捉到了有关信息，借机猛向下砸被抛售的股票，使期货的现金折扣降了 20％。最终索罗斯在一天之内损失了 2 亿多美元。索罗斯在这场华尔街大崩溃中，据报载，损失了大约 6.5 亿到 8 亿美元。这场大崩溃使量子基金净资产跌落 26.2％，远大于 17％的美国股市的跌幅，索罗斯成了这场灾难的最大失败者。

索罗斯虽然痛恨赔钱，但他却能够忍受痛苦。对于其他人而言，亏损是耻辱的来源；而对于他来说，认识到亏损的原因则是一件可以引以为自豪的事情。在他看来，对于事物的认识缺陷是人类与生俱来的伴侣，他不会因为错误百出而倍感伤心丢脸，他随时准备去纠正自己的错误，以免在曾经跌倒过的地方再度绊倒。

正如索罗斯经常所说的："如果你的表现不尽如人意，首先要采取的行动是以退为进，而不要铤而走险。而且当你重新开始时，不妨从小处做起。"所以，当我们决策失误，造成巨大损失时，自责是毫无意义的，重要的是勇于承认自己的错误，及时从市场中撤出，尽可能减少损失。只有保存了竞争的实力，我们才能够卷土重来。

每一位投资大师都具有比别人能更敏锐地意识到错误的才能。当发现预期设想与事件的实际运作有出入时，他们不会待在原地坐以待毙，也不会对于那些错误的数据视而不见，他们会进行一次歇斯底里地盘查以期发现错误所在。一旦他发现错误，他会修正自己的看法以图东山再起。一个投资者之所以被称为"伟大的投资者"，关键不在于他是否永远是市场中的大赢家，而在于他是否有承认失败的勇气，能否从每一次的失败中站起来，并且变得更加强大。

在交易生涯中，亏损几乎伴随着我们的整个投资历程，它不仅让人们感到可恨，有时还会让人们感到可怕。所以保持一个正确的态度对待亏损就显得尤为重要。正因为从某种角度来讲亏损有时是不可避免的，它的出现告诉我们，什么地方又出了问题。所以我们不应该仇视亏损，而应该正确对待，尽管讨论亏损不是一个令人愉快的话题。

我们的资金在流失，更可怕的是我们的理论体系出现了漏洞。亏损之后的恼怒和随之而来的痛苦确实让人难以承受，但是正因为如此，我们更应该在亏损中找出原因，并且提出改正的方案，并且在今后的实践中努力避免再次出现这一错误。

偶然的亏损并不意味着我们很愚蠢。亏损是交易过程中必然会出现的，也是投机的一部分，就像学走路时难免会摔倒一样，因而不应被遮掩，而应该认真分析错误的根源，然后逐步改善。我们必须要有绝对自信，相信自己能够最终胜利。但不能有荒谬的自大，认为自己绝不会出错。我们只需找到错误的根源，然后重新振作起来，准备下一次投资。面对亏损，我们必须冷若冰霜、宠辱不惊。永远不要指望自己可以百战百胜。想要成功，就要保持理性。

在失败中总结经验，在亏损中找出问题。荣耀显著的将军身上也会有战争带来的疤痕，让亏损成为一种资产。

第四节　贪婪是投资的大忌

在华尔街曾经有这样一句俗语："无论做多头还是做空头都会有钱赚，唯有贪心者例外。""投资有风险，入市需谨慎"，当这句话在投资者口中念叨时，又有多少投资者认识到市场的风险，前赴后继的奔往市场，而后在市场中马失前蹄？

投资是一个充满挑战的行业，在很容易让人迷失的投资市场中，大多数人无法保持清醒的头脑，总是做出错误的决策，一次一次地失败，直至输得倾家荡产。投资者的行为更像赌徒的行为，眼中只有利润，却全然不顾投资中隐藏的一个又一个的陷阱。期望一夜暴富的大有人在，使得投资市场人声鼎沸，躁动不安。

入市不想赚钱的人就是笨人，而入市想赚全世界的人是痴人。每个投资者进入投资领域，无非都是为了赚钱，但是，干什么都需要一个循序渐进的过程，不能整天想着一口吃成一个胖子。投资不同于赌博，投资不仅需要专业的知识，严谨细致的投资策略，更需要的是毅力和耐心。所以在投资过程当中，用赌徒的心理进行投资，那无疑用自己的钱来打水漂。

贪婪是人性的弱点，也是投资的大忌。贪婪会让投资者失去理性，情绪狂热而难以自控。所以说克服贪婪是身为投资者必须学会的基本技能。巴菲特投资股票有一个特点，那就是始终能坚持反"贪"。巴菲特曾建议说："当贪婪占据投资者的整个胸腔的时候，他离损失本金就不远了。但是每当股指一路飘红的时候，投资者就会因为贪婪而失去理性。"

20世纪60年代，越南战争将美国的股市推到了前所未有的高潮，道·琼斯工业指数首次突破了1000点大关。到了1968年，股票交易更好似达到了疯狂，月平均成交量达到1300万股。这时候的人们已经疯狂地将股市看成一个只赚不赔的金矿，失去任何理智地抢购股票。而此时的巴菲特却减少了在股票市场中的投资，将一部分资金投入到了股权市场。他不去预测股市，也不按照人们的观点去买卖股票，他只是独立地去分析上市公司的前景。

结果，1969年一场股灾果然来袭。牛市逐渐显得底气不足，很多企业的泡沫破灭了，很多基金也一落千丈。这时，牛市正断断续续发出死亡前的呻吟。到了1969年5月份，道·琼斯指数在1000点附近盘旋。6月份，它下降到900点以下。那些曾被炒上天的股票，如同熟透的果实一样，开始一个接着一个坠落。市场跌入了令人目眩的深渊之中，那些贪婪的人在股市中赔得倾家荡产。此时巴菲特却全身而退，丝毫没有受到任何损失。

从中我们可以看出，贪婪是投资的致命弱点，巴菲特正是因为不贪，才得到了一个全身而退的好结果。巴菲特常说："拥有一只股票，期待它下一个早晨就上涨是十分愚蠢的。

平心而论，克服贪婪的确是一件非常困难的事情。但无数事实都证实了，要想在投资上能让自己处于常胜不败之地，就必须下定决心排除万难，去与自己的贪欲做毫不妥协的斗争。

投资者如果看不到投资中隐藏的风险，一心只想发财，无法克服自己本身的贪婪，那和赌徒无异。赌徒，只看见收益，完全漠视风险。或者说，赌徒并没有认知风险的程度和风险的危害的能力。这也就是为什么聪明人开赌场来赚其他人的钱，散户永远也别想从庄家那里赢钱的原因。

美国电影《21点》所演绎的散户斗庄家的情形也只会出现在好莱坞的荧幕中，成为茶余饭后的笑谈。所以投资者如果不想沦落为赌徒，那么至少应该了解"风险"二字背后的真正含义。不能够对于一件事一无所知就奋勇向前，其结果只能是碰一鼻子灰，赔了夫人又折兵。

很多所谓的投资，本身性质也是零和或者负和，那么本身这种"投资"其实就是赌博。因为这不过是一个击鼓传花的游戏罢了。世界上都不乏一些金融诈骗，像"庞氏骗局""传销"等，都顶着耀眼的光环，向世人谎称高达10%、20%，甚至50%的利润，这些都是将后加入的投资者的本金作为利息支付给先前加入者，本身就是一个没有任何现金流的陷阱，却依然吸引着庞大的受骗者，这都是因为利欲熏心最终成为了财富的牺牲品。所以没有一个不能产生现金流的投资能够给投资人带来实际的收益。

巴菲特的公司伯克希尔·哈撒韦在创立之初其股票价值才

卖到 8 美元一股，而如今 60 年过去了，现在的股票价值却是 13 万美元一股，正是由于巴菲特独特的投资策略和每年可观的投资收益最终使公司的市值在 60 年内增长千倍。所以巴菲特说，投资最重的，是永不亏损。

我们真的记住这句话了么？如果我们真的记住了，为何我们在投资前满脑子都是赚钱发横财，满怀都是壮志，满心都是勇气，满眼都是贪婪呢？如果我们总是想充满勇气的搏一搏，那么即使我们获得财富，财富最终也会在风险中流走。赌的越大，我们就会赔得越多。

第五节　适时加仓，抑或"割肉"

卡尼曼·特沃斯基说过："一个人如果不能平静地面对损失，就很可能参与他本来不会接受的赌博。"亏损是每一位投资者所要面临的问题，当面临亏损能否有一个平静的心态将是挽回损失的关键所在，我们不要因为亏损而心生"破罐子破摔"的心态而让亏损进一步扩大。

亏损的投资者如果准备了投资计划，明确了投资周期、投资目标、准备承担的亏损和投资额占资产的比例是否合理等问题，只需要从中寻找当前的亏损是否依然在合理的范围之内，投资时的依据是否发生变化，就能决定应该如何调整。

当然如果投资者事先没有什么计划，当面临亏损时，也不要惊慌失措，要放平心态，最好是忘掉本金，让自己能够静静地思考，分析原因，找出解决亏损的方法才是根本。很多投资者在面临亏损时往往会出现两个极端：第一个是过于小心，面对轻微的市场波动，都表现出强烈的神经质，不允许丝毫的亏损，在没有分析市场行情就轻易做出"割肉"举动，多数是忙前忙后，耗费不少精力，连本金也没保住。而另一个就是抱有

"破罐子破摔"的心态，当亏损出现时，表现出漠不关心，放任亏损继续的扩大，最终本金化为乌有。所以这两种极端都不利于我们的投资，那么我们该如何解开亏损的困局呢？

1. 三十六计走为上计。当投资者在投资前已经做好计划，设定了亏损界限，所以当亏损达到了自己所设定的可承受范围之下，那么我们不妨一走了之，快刀斩乱麻——割肉。像这样的操作对于那些本来不打算承担风险的投资者比较适用，而且也是在亏损比例较低时比较适用。

这一策略对于那些中小投资者也许比较适用，因为中小投资者在资金的持有量规模比较小，船小好掉头，但是对于那些资金持有量较大的投资者来说，割肉的下场意味着巨额的损失，很少有机构投资者会在刚刚开始亏损时就选择割肉，对于市场周期性的把握，和自身专业程度的信心，机构投资者在入场前就已经深思熟虑的计算过，所以一般接盘价格不会在顶峰，就算价格有轻微波动，机构投资者也不会草率行动，一不小心会割在地板上，所以这就是我们下面所要说的第二条策略。

2. 咬紧牙关，静观其变。如果不是盲目投资，草率入场，那么我们一定不会一接手就处在了山顶上。巴菲特的原则是：不要频频换手，直到有好的投资对象才出手，也不要幻想买入以后三四个星期就能获得收益。就连巴菲特自己在收到很好的回报时也是在四五年之后了。股票市场风云变化，谁都没法说清影响市场的真正原因是什么，也不能够预测市场未来走向，那就让我们抛弃市场情绪，运用投资大师们的价值投资理念，来对待市场波动。

3. 适时加仓。投资者在亏损很严重的时候，也是市场最萧条的时候，在黎明前的黑夜是最为漫长的，而且这也是验证我们的坚持有没有价值的紧要关头。如果投资者能够认真地评价形势，制订详细的投资计划并严格的执行，则可进行加仓操作。很多时候市场在急速下跌之后，会出现一个触底反弹的现象，这就是由于那些看透时事者入市抄底的行为造成的。市场总是让那些聪明而具有勇气的人赚得盆满钵满。所以适时地加仓也是一个不错的方法，它降低一下我们在较高价位入市的成本，在市场好转时能够赚取差价。

在1974年5月，美国小麦结束了跌势，在350美分左右见底，连续数日放量上升近40美分左右（20美分停板），转而下滑，一路持续，几乎将升幅全部收复，而成交量逐渐萎缩。

而此时美国著名的期货专家斯坦利·克罗，又重新翻看了近十年的小麦的图表，经验告诉他，决定性的时刻又到来了：在360美分左右开始大量买入，6～7月小麦开始大幅度上升，在385美分和440美分的两次回调时又再加码，从360美分到490美分，浮动利润已相当丰厚。但是，此时手握巨仓已经令斯坦利·克罗感到心神不安，为了避免在价格回调时使自己惊慌割肉出场，他决定出国走走，以减轻市场对他的压力。于是8～9月间他和妻子飞到了瑞士，在郊区租了一间农屋，与世隔绝，不接听电话和阅读报纸上的商品信息。

就在他在瑞士期间，小麦的价格起伏跌宕，最高到了558美分。回到纽约后两个星期，斯坦利·克罗又忍受不住诱惑想去感受市场的脉搏，心情又开始紧张起来，他于是决定坐船到布罗克岛和新港去游玩两个星期。再度返回纽约后，他感觉市场有些不对劲，1974年12月9日早上，传出的利多消息，本该令市场上升3～4美分，但开盘反而下挫2美分，价格不能随着利多消息而上涨，斯坦利·克罗觉得天下没有不散的宴席的时刻到了，他打电话给经纪人，要他谨慎从事，慢慢地平仓，几个小时内，250万手的小麦多单全部出场，总共获利130多万美元。

从斯坦利·克罗的事例可以看出，只有那些能够掌握市场脉搏的人才能够跟从市场的趋势，只有适时加仓，谨慎"割肉"，理性地对待市场中的震荡，平静地面对亏损，这样我们才能有着更好的收益。

第十章　基本面分析究竟有多出色

第一节　证券分析师果真是天眼通吗

美国第 35 届总统约翰·F·肯尼迪曾在公开场合表达他对于证券分析师的气愤："我怎么会如此糊涂，竟去相信那帮专家们的鬼话？"——这显然和人们眼中的证券分析师形象相差甚远。在大多数人们眼中，证券分析师类似于古希腊智者的身份，对遥远的未来经济和公司运营总是能做出准确地判断。证券分析师果真如肯尼迪所说那样只是满口鬼话的骗子吗？证券分析师果真是天眼通，还是我们一直看走眼了？

证券分析师的社会地位是蒸蒸日上，而且已有越来越多的女性作为全职人员加入这个行业之中。此外，就连不可一世的投资组合的经理们在决定股票买卖时也要依赖证券分析师的投资报告。最终，分析师跻身专业人员的上层，并被加之以"特许金融分析师"（CFA）的称号。

证券分析师已发展成以他的专业知识和技术，参与很广的投资决策过程的投资专家。事实上，美日等国的注册证券分析师正是分布在证券公司、证券研究所、投资信托公司、投资顾问公司、信托公司、银行、保险公司等不同类型企业，而且工作于证券公司的证券分析师并不占多数。

通过证券分析师执业资格考试的人们成为企业、研究所和华尔街的数据行情分析师。

证券分析师安身立命的天职便是预测公司未来的收益。基金的成长性（在收益上的增长，并进而表现为分红派息的能力和承诺回购股票能力的增长）是估量一只股票真实内在价值必不可少的关键因素。通常能够对未来做出准确预测的分析师将会得到优厚的薪酬。

例如，某个证券分析师可能一开始只是一位统计学家，身着一件白色浆洗的衬衫和一领蓝色破旧的外套。他小心翼翼地带上自己绿色的遮光眼罩，慢条斯理地坐到写字台前，而后开始认真仔细地记录他所追踪的那家公司以往的财务数据。当他的苦日子确实过不下去的时候，他渴望寻求改变，于是证券分析师成为了他的上佳选择。不久后，我们会发现他买回了崭新笔挺的蓝色衬衫和做工考究的法兰绒外套，丢掉了遮光眼罩，斗志昂扬地准备去实地考察那些当初他只能搜集其财务数据的上市公司。

不得不说，各种人无论出身如何只要通过证券分析师的执业资格考试就改变自己的命运。但是通过考试的大多数人，却很少有人能够保持高预测准确率。就算是那些料事如神的证券分析师们预测准确，但是也会出现走神意外状况。这种意外对一家对证券分析师信赖有加的公司来说，却是一场十足的重灾难。

此外在证券市场起步之初，由于市场不规范，不可避免地存在投机现象。在美国十足完善的今天，也存在某些投行分析师的"出轨"行为。

在世界经济衰退和股市持续低迷的大潮下，作为证券业楷模的华尔街也出了问题，证券分析师违规操作的丑闻频现，引发人们对证券分析师法律责任的纷纷议论。最为轰动的美国纽约州司法部诉美林集团证券分析师违规操作案，最终以美林公司认罚一亿美元达成和解协定而告一段落。

纽约州司法部的调查长达 11 个月，重点是 1999 年至 2001

年间美林网络研究分析部门的研究报告，发现这家美国最负盛名的投资银行确实存在欺骗客户的行为，向客户故意推荐很可能导致投资不利的公司股票，以获取自身利益。该案在大白天下初步揭露了华尔街投资银行和证券分析师以权谋私的部分黑幕。纽约州这一调查行动得到了其他 12 个州的证券监督管理部门的支持，可见这个问题的严重性。该案是对华尔街信誉的极大背叛，将推动美国投资银行的全面整改。

此类投行证券分析师以身试法的行为不在少数，曾任前纽约州总检察长斯皮策副手的迪纳罗，参与谈下了与包括高盛在内的 10 家大型华尔街公司的 14 亿美元股市研究和解协议。2003 年的案子涉及对华尔街公司的这样一项指控：它们公布过于乐观的股市研究报告，以赢得更多有利可图的投行业务。和解协议在研究银行业和投资银行业之间竖起了防火墙。在和解协议中，高盛等公司既不承认也不否认有违法行为。但是，答案在客户那里却是心知肚明。

如果公司的管理层确实都是精兵强将，那么我们就没有理由去怀疑它会在未来"失去点石成金的米达斯之手"。同样，如果公司的领导权仍旧掌握在一支精明强悍的领导队伍手中，则未来收益的增长理应能够续写历史的辉煌，否则人们就会为此争执不下。

但是一位分析师如果遇上一位行事作风彪悍的基金经理上司，可算了要面临一场悲剧了。因为，证券分析师的评级要靠基金经理打分，由此也出现了一些分析师跟着基金经理见风使舵的现象。如果我们问一个证券分析师："你现在发现这只股票有问题，如果基金经理买了这只股票，你会不会告诉他，'我准备在报告里改变它的评级，要把它卖掉么？'"这个分析师一定会说："不敢"。

为了预测公司未来的表现，证券分析师往往会从研究其过去的业绩来着手。以往确定无疑的收益增长率将会是判断公司未来收益增长的最为可靠的指标。

假如分析师已经了解了 1980—1990 年间所有上市公司的收益增长率，那么它对于预测 1990—2000 年间这些公司的收益增长率会有什么样的帮助呢？答案就是一点儿作用也不起。同理，就算证券分析师知道了 90 年代的"市场快马"，他们也甭想凭借这个就能找到 21 世纪初跑得最快的黑马。

坦白地说，这些让证券分析师们颇为得意的"佳作"（基于行业分析，公司实地考察等所做出的业绩预测）并不比那些仅仅通过对以往趋势的简单外推所做出的预测准多少，而我们已经知道后者对于未来的研判根本起不了多大的帮助。实际上，在我们比较五年期的实际收益增长率时，证券分析师们的表现甚至还不如几种"粗糙的"预测模型。而且，没有一位证券分析师可以证明自己拥有持续战胜其他对手的实力。当然，在每一年，都会涌现出一批身手不凡的分析师，在他们的"履历表"中我们没有看见这种"超凡脱俗"能够一直保持下去。在一个年头里大出风头的分析师很可能到下一个年头便销声匿迹了。

世界上没有一个人能够预测投资市场，本杰明·格雷厄姆不能，沃伦·巴菲特也不能。因此，作为个人投资者，千万不要妄图去预测股市趋势。

第二节　水晶球为何浑浊不清

很早以前，古老的吉普赛人就使用水晶球来进行占卜。他们让被测者内心把想到一个两位数的个位十位相加，得出来一个数字，然后用心里想的那个数字去减这个得数。完了有一个对照图形。看准图形，然后点击水晶那个球。结果会发现球中出现的那个图形和最先看到的一模一样，并以此来对测试者的未来进行预估。

拥有预测未来功效的证券投资人们就像手持水晶球的吉卜赛算命人，掌握未卜先知的预测能力。可是从他们的操作效果来看，显然"业绩不佳"，那么是什么让他们的水晶球如此混浊不清呢？

根据华尔街投资人伯顿·马尔基尔的大作《漫步华尔街》中的分析，以下的四个因素可以用来解释为什么证券分析师在预测未来时会遇到几乎是难以逾越的障碍。

首先，随机事件成为首当其冲的影响因素。

这以"佛罗里达能源和照明"最能说明问题。在 20 世纪 60 年代早期，几乎每一位公用事业板块的分析师都认定"佛罗里达能源和照明"将会成为公用事业中最耀眼的一颗明星。他们看到的是持续高速地增长，现有客户群对电力需求的增加以及一个宽松的管制环境。可以说每件事情的发展都在分析家的预料之中，唯独有一个小小的细节超出了他们的想象力。

进入 20 世纪 60 年代之后，原本十分有利的政府管制环境却风云突变，这一剧变使"佛罗里达能源和照明"一下陷入了被动。佛罗里达公用事业委员会强令"佛罗里达能源和照明"连续数次大幅削价，这样一来，公司希望将电力的大幅需求转化为高额利润的希望化为了泡影。结果，公司走过了表现平庸的十年，彻底粉碎了分析师们的美好预期。

公用事业可以称得上是所有行业中最稳定同时也是最可靠的一个公司群体，但是"佛罗里达能源和照明"却清晰地向人们昭示了概率性事件的不确定性给股票预期带来的影响。公司并不是一个可以完全把握自己的实体。许多影响公司未来赢利前景的最为重要的变化从本质上来说都是随机的，换句话说，它们都是不可预知的。

其次，通过"创造性"的会计程序"提炼"出的可疑的赢利报告。

如果我们天真地认为这些弄虚作假的会计手段仅仅就是历

史上一些荒唐之举的话，那我们就大错特错了。就在刚刚过去的 20 世纪 90 年代末，包括圣达特国际集团在内的一系列大公司相继宣布它们在过去所发布的赢利数字中有不实成分。这引发了这些公司在二级市场上股价的大幅"跳水"。而且，一些颇受争议的会计方法，比如"大清洗"的重组费用，创意性收购会计制度和"曲奇罐"的准备，被越来越多地用于操纵以往收入和夸大未来赢利。

证券交易委员会主席阿瑟·莱维特曾坦言："比之于过去，我们现在看到了更多的有关此类做假和欺诈的证据。"因而，证券分析师在预测未来收益时困难重重也就不足为奇了。

再次，许多分析师自身所存在的基本能力的欠缺。

如果有人告诉我们，一群训练有素、报酬优厚的专家可能并不是特别擅长于自己的强项时，多半人都会觉得难以接受。然而，不幸的是，世界上的事情往往就是这样。证券分析师在许多方而差强人意的表现恰恰反映了自身能力的局限性，这也是给水晶球带来污点的重要原因之一。

如一个叫路易的金属业专家所做过的分析工作。路易推算出铜价每上涨 1 美分，便会使一家特定的产铜企业的每股收益增加 1 美元。因为他预计铜的价格将会上涨 5 美分，由此他得出结论：这家公司的股票是难得一见的极富投资价值的品种。在重新进行计算时，他的助手发现原来路易搞错了小数点的位置。铜价每上涨 1 美分，只能使该公司的每股收益提升 0.1 美元，而不是 1 美元。当助手当面向路易指出这个错误时，路易只是简单地耸了耸肩，然后若无其事地说："说实话，如果我们别去理会那份该死的研究报告，我的推荐听起来还是相当可信的。"

无独有偶，此类事情并非发生在路易一个人身上。以石油分析家乔治对炼油方面知识的了解来说，他几乎就是一本活的百科全书，但是他缺乏严谨认真的治学态度，因而无法把这些知识转化为有用的投资建议。这使得他既搞不清石油公司下一年的赢利状况，也不能告诉投资者哪一家公司值得购买。

由此我们可以知道，注重细节并不是证券专家的特长。为了平衡人类对工作马虎和敷衍了事的厌恶，上帝特别创造了那些以此为荣的人。很不幸，这样的人在分析家中数见不鲜。更可笑的是，身边的许多分析家和路易以及乔治比起来，实在是有过之而无不及。

典型的分析家其实就是这样一群人：他们薪金优厚，天分颇高。在一个物欲横流的社会里，他们正做着异常艰难的工作。他们经常会误入歧途。有些证券投资家实在太懒，根本做不出自己的赢利预测，于是宁可去剽窃其他分析家的劳动成果，或是将公司管理层所发布的赢利预测不加咀嚼地吞咽下去。如果预测数据在这些人那里还能够保持准确，这就真的算得上是奇迹了。

最后一点不可否认，优秀的证券分析师正在大量流向推销第一线和投资组合管理层。这也加剧了投资人队伍专业化素质的下降。

比之于寄人篱下终日只能唯唯诺诺提出投资建议的证券分析师，那些直接指挥"千金万银"的投资组合经理人将能感受到更多地激动人心，也能触摸到更加可观的收入。不难想象，许多最受尊敬的证券分析师甘于自己职位的日子也不会太久了。

最终离开了自己真正主人的水晶球，在证券市场中被无数的脏手摸了又摸。显而易见，结果正如我们所看到的那样，水晶球已经变得浑浊不堪，而且似乎目前市场并没有给出有效的清洁方法。

第三节　基本面交易策略能选出好股票吗

　　很多投资者都渴望能够基于新闻媒体所发布的最新的基本面信息，并借助于交易体系来获得一个市场平均水平的收益。研究结果似乎在清楚地告诉我们："这根本是不可能的事儿。"

　　对于一个证券分析师和交易员来讲，尤其是交易风格为1天～2周左右时间的交易员，基本大部分都是图表分析师，或者说是纯粹的技术分析流派，虽然偶尔也会关注基本面的动态，但那也仅仅是非常规性的行为，游离于常规交易流程之外的部分。

　　很多投资者，尤其是新手，都特别喜欢到处搜集或者仅仅是关注市场基本面的种种动态，包括数据、讲话、流言等等，然后由此而决定自己买进什么货币，或者卖出什么货币等。这种以基本面消息作为买卖依据的想法是十分可怕的，也是极难由此长期保持获利的，可以说这是一个失败的交易理念。

　　是不是基本面就对交易者没有用处了呢？可以说是，也可以说不是。因为世上存在很多完全依赖于技术图表等分析方法而不借助于任何基本面分析而保持长期赢利的交易员，所以对这些人来说基本面对他们的交易"毫无帮助"。

　　戴若·顾比是全球金融市场10大技术分析大师之一，国际技术分析协会会员。他善于使用技术分析和图表理解市场、发现交易机会，他在欧洲、美国、亚洲等地向专业交易者教授交易及技术分析专业知识。被新加坡股票交易所、澳大利亚股票交易所和马来西亚股票交易所职业经纪人及交易者尊为教父级人物。

　　堪称技术派大师的顾比凭借图线与市场动态信息来做出交易决策。作为一名独立的交易商，顾比有着传奇般的个人经历。

他于 1990 年进入金融市场，之前是一名普通的中学教师，"为了赚更多的钱"他决定进入金融市场。他更多是通过价格本身的信息去理解市场，通过图线分析去理解其他投资者正在想什么，从而发现交易机会。

随着对市场认识的不断加深，顾比也不断发展和完善自己的技术分析理论，并应用于现实市场，取得了丰厚的回报。其中他创立的顾比复合移动平均线指标在其交易决策中占据了重要的地位。

戴若·顾比坚信："价格走势图能够告诉我投资大众的心态和情绪。它虽然不可能告诉我公司基本面是否具有真实价值、公司经营管理及产品和服务质量如何等。而股价走势图却能表明，市场中的投资者和投机者是如何判断上述基本面信息的。"然而，像戴若·顾比这样的投资者对技术图表分析青睐有加的交易分析员不在少数，在他们看来基本面交易策略不足以帮助他们选出一直优良的股票。

但是话又说回来，基本面仍是引起市场价格波动的重要因素之一，但为什么对交易就没有用处了呢？事实上，基本面的用处只是体现在影响市场资金流动方面，但也不完全决定其流动，其中最为直接的是市场预期对资金流动的影响。可能是同一件事情，市场有着不同的理解，这样就造成资金流动的不同。因此很多市场并不是美联储加息就是对美元利好，这点投资者一定要注意。

现在，有许多人已经开始研究，以股息增长的消息为基础能否帮助投资者选到走势强于大盘的股票。有一种观点认为，一只股票股息的增长可视为公司管理层所发出的预期未来赢利增长的信号。事实也是如此。股息的增长通常是未来赢利增长的一个准确的"风向标"。同时，在现实中也的确存在某种趋势，即派发股息的公告刊登后，股价呈现明显走强的趋势。然而，尽管由股息增长而引发的价格上扬可能不会立刻显现在股价上，但是它最终会在公告发布的当月月末之前得到完全合理的反映。

根据已建立的基本面分析理论，一条类似于赢利出乎意料的大幅增长或股票分割消息的发布，将意味着"买入信号枪"扳机的扣响。但是，现有的证据却指出，市场的有效性决定了它在面对新信息时可以迅速地做出反应，以致根本不可能有人能够基于此类公告设计出成功的交易策略。

对于普通的投资者来说，即便你想做基本面分析，但是花上几周甚至几个月的时间来研究一只股票的话，既没有可行性，也不太会有什么成效。可能研究下来会有一些有趣的发现，但总体而言难度很大，并且耗费时间与精力。

对基本面的一些洞察力的确会有一定的帮助，但某些投资者却只想把精力放在某几件能够快速、简易决定的核心问题上。没有必要紧抓着无关紧要的小细节不放，而是应该把眼光放宽，我们应该去了解更大的平台以及更高价格的潜在驱动力是什么。苦苦钻研资产负债表，研究公司规划，阅读数百页 SEC 备案资料的确能发现一些有趣的细节，但我们最终还是要有别的考虑：驱动价格上扬的首要因素是收益，尤其是与当前预期收益相比，未来收益会以什么速度增长。收益增长越快，预期收益增长越慢，那么股票价格就可能上扬，所以我们就要找到一只"收益快速增长但价格尚未完全体现它的未来潜在增长"的股票。这可以通过一种快速、简易的方法来确定。

公司的报表和公开的信息都是可以做的，靠不住。除非我们能像巴菲特那样有自己的渠道能真正了解公司的内幕。所以通过报表和披露信息之类信息来决定我们对投资产品的选择，投资者没必要太重视。

第四节 消息和基本面分析是同一回事吗

投资市场有炒作消息之说，是一种短期获利行为，需要极高的判断能力。一家公司在消息宣告之时，无非有两种可能，一是利好消息，二是利空消息。然而，有时候投资产品的价格却并不随着利好消息的宣告而上涨，或者随着利空消息的宣告而下跌。因而，炒作消息是一种玄乎的技巧，最好不要迷恋。

单纯从消息来判定证券未来走势，是利用消息面进行投资操作行为。但是，为什么投资产品的价格会出现与消息面背离的现象呢？我们可以这样定义一家公司消息的宣告：宣告＝预期情况＋意外事件。即公司消息的宣告是由预期情况和意外事件两部分组成的。

当一家公司的消息符合市场的预期，则意外事件影响为 0，该"宣告"被市场提前消化，即被"贴现"了，宣告不对股价造成影响。若不符合市场预期，即出现意外事件，对投资产品价格的影响表现为波动。

比如，市场对 A 公司今年的销售预期为增长 20％，当宣告增长了 25％，超出了市场预期，因而消息宣告之时会推动股价的上涨，形成"利好"。然而，如果仅仅增长了 15％，小于市场预期，消息宣告之时会引起股价的下跌，形成"利空"。尽管其销售增长了 15％，看起来还算不错。如果你在炒作消息面，最好明白自己行为的性质，并做好相应的风险管理。

由于影响商品供求的因素太多，消息有时候也不对称，而且对价格的影响程度很难准确衡量，中小投资者运用基本面分析法来指导具体操作。与炒作消息面相对应的是注重公司的基本面，这也是价值投资的基本要求，巴菲特和格雷厄姆推崇的投资理念。

基本面分析是通过分析证券商品的供求状况及其影响因素，来解释和预测证券价格变化趋势的方法。消息是基本面分析中的重要影响因素，不过与单纯的消息面分析相比，基本面分析中对消息的依赖程度要低很多，而且基本面分析中的消息基本上都是一些确定、公开性质的消息，如公司的股东人数变动，未来是否会进行除权等。

随着互联网的发展，投资者能够越来越容易地获取分析行情所需要的信息，消息的不对称性越来越小。但对于各种各样的基本面消息，投资者很难衡量价格对消息的反映程度——价格是否已经消化或透支了新的消息。由于市场具有有效性的一面，可以很快地甚至可以提前反映刚刚公布的消息，如果价格已经反映某一已有的消息或者新出现的消息，投资者再把这个消息作为分析市场的一个因素，则显然是刻舟求剑，是落后于市场的做法。

在分析豆类期货价格走势时，很多投资者和分析师总爱把美国和南美创纪录的大豆高产作为看空豆类的主要理由。

但是，我们应该注意到美国农业部早在 2009 年 10、11 月份的月度供需报告中就将美国、巴西、阿根廷 2009/2010 年度大豆产量预计为 33 亿蒲式耳、6300 万吨、5300 万吨的历史高产水平，后来一再调高，但对市场影响有限。说明市场已经基本消化了这一庞大供应消息，转而把注意力转向到了需求上，所以在 2010 年 3 月的月度报告中，虽然 USDA 继续调高各主要出口国产量，但略微调高美国大豆出口、调低期末库存就被市场理解成利好而出现上涨。

不过，在大多数情况下市场是有效的，即能够反映已经出现的各种基本面消息。此时，我们应该学会利用已有的消息，分析判断将来可能出现的基本因素变化，因为这些变化将决定市场价格的运行方向。

消息只是基本面分析中的一部分，类似于打前战的作用。

而全面的基本面分析更多地会利用数据消息进行更深入的比率分析，例如：

1. 短期偿债能力分析

流动比率＝流动资产/流动负债

对于比值最好是 1 还是 2，不同的行业应该有不同的要求。

速动比率＝（流动资产—存货）/流动负债

短期偿债能力分析非常重要，尽管教科书说短期流动性不好会导致企业出现财务窘境和破产情况。说破产有点儿夸张并且是有点儿遥远的事情，但是财务窘境会对企业造成很大的影响甚至影响到年度业绩。如果出现资金一时周转不过来，急如热锅上的蚂蚁的情形，我们就知道短期流动性是多么重要了。

2. 长期偿债能力分析

资产负债率＝负债总额/资产总额

负债权益比率＝负债总额/权益总额

乘数＝总资产/权益总额

长期偿债能力涉及公司的资本结构，对于一家良好的公司其资本结构应该是保持稳定的，因为一家公司不会轻易地引进新的债券人和所有者。

3. 资产利用率分析

存货周转率＝销售成本/存货

应收账款周转率＝应收账款/销售总额

净营运资本周转率＝销售收入/净营运资本

固定资产周转率＝销售收入/固定资产

总资产周转率＝销售收入/资产总额

有的投资喜欢用技术分析来做出买卖决定，有的则喜欢用基本面分析。但如果把二者结合起来，也许操作正确的把握会更大一些。有的时候技术上会出现突破而基本面情况不支持，那么这种突破也许是资金为引发止损单出局制造的假突破。有的时候虽然我们经过认真分析基本面情况，有充足的理由做多或者做空，但如果技术上没走出方向，我们贸然操作就会因为过早介入而遭受暂时被套的痛苦。

正确的做法应该是，用在准确消息的基础上用基本面分析出大致方向，如果技术面也走出与基本分析相同的方向，这时候大胆介入，正确性高，时机的把握也会更为精确，成功的概率就会很高。

第五节　为何基本面分析可能不管用

很多人通过基本面的分析预测市场的未来，认为通过研究基本面的情况可以得出市场的方向，误以为基本面分析的作用就是预测市场的未来，误以为掌握了大量的基本面资料就可以掌握未来。这是一个根本性的错误，并不是说基本面的分析有作用，而是说基本面分析的功能不是预测市场，它的作用更多的是告诉我们市场价格波动的原因，使我们更清楚地认识和了解市场，不至于因为对基本面情况的一无所知而对市场价格的涨跌感到迷茫和恐惧。

其实，就普通投资者来说，基本面分析有哪些特征和作用都不甚明了，他们大多数要么盲从、要么拒绝基本面的分析，这样做的话，基本面对于他们来讲实在是作用甚微，甚至是可能根本不管用。

基本面分析包括调查这家公司的收益、资产负债表、管理层及其他诸多方面，旨在通过分析公司运营情况确定公司的市值，再将其与投资产品的价格做比较，看看它的投资产品值不值得去投资。一般都含有大量的数据和图表，好的报告中数据不仅全面且相当准确，大部分都是研究人员自己搜集整理的，有的甚至是自己去企业考察而的。研究人员通过大量的数据和图表的分析，会得出一个结论：市场未来上涨和下跌的可能性有多大。这样的报告肯定是具有价值的，也会得到行业专家或学者的认可，自然也会得到大部分炒汇者的认可。

很多投资者会用这分析思考的方法进行交易，但很快就会发现这样做在交易中似乎困难重重，市场的走势经常与他得到的基本面分析背道而驰，也与很多专家的分析背道而驰。这令人十分困惑。为什么呢？因为我们不清楚可以得到专家学者认可的研究报告是否能得到市场的认可，而市场才是唯一的权威和裁判。

对于普通投资者而言，通过基本面分析试图击败华尔街巨擘似乎不太可能。大型共同基金公司、机构投资者、股票经纪人有足够的资源和能力把分析工作做得更好，这些公司人才济济、资金雄厚，可轻松接触到管理高层，获取普通投资者无法企及的相信信息和内幕消息。

当然，如果我们把这一观点说给传统的华尔街人士来听，他们绝对会回馈给我们一个张大嘴巴的吃惊表情。因为在他们看来，这样做风险极高，是一种偷懒的、缺乏思量的做法。大家都认为，在买入之前必须先要进行全面、彻底的基本面分析，犯不着相信走势图上愚蠢的圈圈点点。

可惜事实并不如他们想象那样美好，说"基本面可能不管用"绝对不是耸人听闻或是空穴来风，若从细节上刨根究底，我们就会发现这一结论绝对是有据可依。

1. 我们所掌握的基本面资料永远不会是全面的

市场上永远存在对价格有影响而我们又不知道的基本面情况，而不全面的、不及时的资料对交易来说就是错误的资料。因为我们所掌握的资料不一定能给我们带来利润，但我们所不了解的情况常常会给我们带来伤害。市场经常会出现我们无法理解的行情，这意味着市场已经出现了我们不知道的新变化。因为不全面信息造成决断偏颇时有发生，这样又怎么指望我们的分析有用？

2. 静态信息永远比不上动态变化的脚步

基本面的变化和市场价格一样无法预测，未来的市场价格是由未来的基本面情况决定，而不是由目前的基本面情况所决定，我们无法用目前所掌握的静态的基本面情况分析和预测未来动态变化的市场。人们经常讲：基本面利多，为什么股价却下跌？股价已经跌破成本价了，怎么还在跌？基本面一片利好，可股价为什么不涨？这是犯了用静态的基本面对应动态的市场价格的错误。

3. 市盈率并不是进行投资判断的唯一武器

我们常常通过市盈率来判断一只股票，是否有投资价值。而遗憾的是，很多人都步入了这样一个误区，即认为高市盈率不好，而低市盈率才好，其实不是这么绝对的，事实上，很多时候都恰恰相反。市盈率本身并无好坏之分，关键要和未来预期增长率进行对比才行。如果一只股票市盈率高，但其未来增长率更高，那么这只股票就要比"市盈率低而收益增长率为0"的股票划算得多了。

人们把基础面分析看作是一门精准的科学，而被它的表象所迷惑。尽管分析资产负债表、研究复杂的目标收益数据表的确能得到大量有用的数据，但仍存在很多猜测成分。没人能够确切地知道未来将会发生什么，经常是我们对公司的研究过了头，导致对它的产品未来走势做出了大量不准确的预测。

显然，基本面分析不具有预测市场未来方向的功能，这个功能是人们获利的欲望强加它的。基本面分析只是客观地告诉你市场上发生了什么以及市场价格是如何反应的，在某些情况下，我们甚至根本无法从基本面上找到价格涨跌的原因。

投资者每天都在接触基本面方面的信息和各研究报告，每天也会有不少专家为我们分析市场的供求关系以及宏观经济环境，但交易结果并未因此而有大的改观。

第十一章　技术分析真的是制胜法宝吗

第一节　为什么投资大师都使用图表交易

　　大部分的投资者在做出投资决策的时候，大多数都是采取跟风的形式进行操作，就是看到市场上哪个投资产品好就跟着投资哪个，一旦看到这个产品的价格下降，就赶紧抛售，再找一个更加流行的投资产品。但是，只要有心的人就会发现，那些投资大师都是使用图表进行交易的。为什么他们都要用图表做交易呢？

　　只要有图表可供研究，真正的投资大师甚至不乐意去了解公司经营什么业务或处于什么行业。在他们看来，图表中呈现的"倒碗"形或"三角旗"形对微软的意义与对可口可乐的意义完全一样。关于赢利和股利的基本面信息往好里说可视为毫无用处，往坏里说则绝对可看作让人分心的东西。这些基本面信息要么对股票定价无关紧要，要么即使重要，也已经在信息公开之前的几天、几周，甚至几个月的交易中就已经反映在股价上了。正是出于这个原因，很多投资大师若不是为了跟踪每日股票报价甚至懒得读报。

　　所以，在他们的眼中，大多数市场操作是基于技术分析的，他们认为技术分析为短线交易者做出聪明的买卖决策提供了更可靠的基础。许多投资大师从个人的经验了解到即使基础面再好的公司也可能会在几天甚至几小时之内跌掉 2～10 美元，而基础面很差的公司也可能完全相反。基础分析尽管用的很多，但是只有当一个人想要持有股票一年半到五年的时间时它才有最大的价值。而技术分析，如已经证实的价格形态、支撑和阻力、量能特征、机构收集、向上或者向下的突破等，是短线投资者应该选择的，因为技术分析和图表形态仅仅是指引，不多不少。它们帮助投资者评估某个特定的活动的概率，帮助投资者了解在目前它的价值和风险。

约翰·迈吉是一名早期图表师，在马萨诸塞州的斯布林菲尔德的一间小办公室里操作过图表。为了防止任何外界事物干扰自己做分析，他甚至用木板把窗户全给堵上。曾有人引用迈吉的话说："当我走进办公室的时候，我就把整个世界都关在了外面，一心一意研究图表。无论是风雪肆虐的严冬，还是明月高悬的六月夏夜，这间屋子里发生的一切都毫无分别。在这里，我不能只是因为外面阳光明媚就说'买进'，也不能因为外面下着雨就说'卖出'。否则，我会对自己和客户都造成伤害。"

从迈吉的话中我们确实能够体会到投资大师们利用图表来交易确实是可以离开对企业基本面的分析。作为一个显示特定情况出现概率的晴雨表，技术和图表是无可匹敌的。

我们从技术分析的实际操作可以推断，图表师必然是短线交易者，而非长线投资者。当征兆显示有利时，图表师就买进股票；当凶兆出现时，图表师就立即卖出股票。他对待股票的轻率态度就好像某些人和异性打情骂俏，因而他所取得的成绩也就是成功的进进出出交易，并非令人幸福和满足的长相厮守。

当图表师选择一只股票作为潜在的买入对象时，通常在买入之前会用一段时间来观察，因为对他而言，选择时机是绝对重要的。当股价穿过底部形态而涨得更高时，图表师也越来越兴奋。最后，若进展顺利，便会出现心满意足的一刻——赢利在握、如释重负，继而回味余韵。

一个不是很精通的新手可能会看到某个特定的技术规则，

如支撑线没有起作用，就会错误地认为它是不可靠的、没用的。这是一个非常大的错误，应该像躲避瘟疫一样避免。更精明的投资者可以在它不起作用的时候了解到至少与在它起作用的时候一样多的东西。如果支撑线连续四次被证明有用，突然不起作用了，那将是一个非常有用、非常有价值的信息。在我们看来不是规则不起作用了。这是一个正在表明最强烈的、最有价值的信号的技术规则：改变的信号。

基础分析虽然很重要，但是不能帮助投资者在实时评估风险和选择时机。这正是技术和图表胜过基础分析的地方。认为或者期望图表规则能够在任何时候都起作用是非常天真的想法。它们不能。有时它们不起作用，但是当它们起作用的时候，它们会给精明的交易者提供有价值的信号。投资者必须学会如何去听。

技术分析的第一条原则是：与一家公司赢利、股利和未来业绩有关的所有信息都会自动反映在公司的以往价格上。显示股票过去价格和成交量的图表已经包括了证券分析师可能希望知道的所有或好或坏的基本面信息。第二条原则是股价倾向于沿着趋势运动，也就是说，价格正在上涨的股票往往会继续上涨，而横盘整理的股票往往继续盘整。

趋势可能倾向于延续自身，原因在于大众心理中的群体本能使趋势得以延续。当投资者看到某只投机性热门股的价格越涨越高时，他们也想赶浪头分上一杯羹。实际上，股价的上升本身就是自我实现的预言，给群体的热情火上浇油。股价的每一次上涨都激起投资者参与的欲望，并使他们期待着股价进一步攀升。而这些变化都会直接的反应在图表上，这也就是为什么那些投资大师都使用图表交易的原因。

第二节　为何图表法可能不管用

尽管投资大师都使用图表进行交易，但是，有些时候，图表法也有可能不管用。它并不是万能的，也并不是适合每一个人的，甚至是有些投资的场景根本无法用图表法来解释或者是用图表来推测发展趋势。

为什么会是这样呢？为什么那么多投资大师都使用的图表法也会有不管用的情况呢？这是因为那些总是利用图表进行交易的投资大师只是在投资产品的价格趋势已确立后进行买进的操作、在既有的价格趋势已被打破后选择卖出。也就是说，只有市场的发展是有趋势可循的时候，他们的图表法才能够发挥作用，他们才能够根据自己的图表及时地做出投资的决策。

但是我们都知道，在投资市场上，规律是非常珍贵的东西，几乎没几个投资产品的价格是按照一定的规律或者是一定趋势发展的，有也只是暂时的。在投资市场上，很多行情都是在突然间就会发生，剧烈反转的行情也是时常发生的。在这些时候，那些使用图表作为自己交易依据的投资大师们就会错失良机。很少有人能够依据图表交易而抓住了市场的转瞬之间的投资机会。

其实，使用图表作为自己投资交易的依据，本身就有滞后的嫌疑。例如，在图表中某个上升趋势的信号发出之时，在市场中的上升趋势可能已经形成了。从这点来看，这些使用图表进行交易的投资大师们只是跟着市场的屁股跑。那么，在这样的情况下，如果市场来一个急剧转弯，就会给这些投资大师们来一个出其不意，使他们的投资大受损失。

而且，使用图表进行交易的大师们都是依据自己的分析来做出自己的投资决策，图表是客观存在的，面对同一个图表，不同的人会有不同的分析结果，从而做出的投资决策也不尽相同。而那些总是依靠图表进行交易的投资大师们早就各自形成了自己独有的分析方法。这从表面看起来是一件好事，但是，他们的这些分析方法最终必定会让自己弄巧成拙，得到的结果必定适得其反。对任何一项技术而言，使用的人越来越多，其价值必定越来越小。倘若所有的人同时根据买入或卖出信号采取行动，这些信号肯定毫无价值。因为他们都是根据同一个信号做出的反应，即使分析的方法不同，但是他们会看到相同的市场趋势，这样对于投资者来说，如果所有人都能够看到的投资机会就已经不是机会了，就像大家都知道的名言一样："如果连擦鞋童都知道哪只股票的行情好的时候就是退出股票市场的时候。"从这个方面来说，图表法也是不能管用的。

而且，我们都知道，这些使用图表进行交易的投资大师，他们所依据的图表所反映的是已经发生过的市场行情，是有一定的滞后性的。也就是说，他们的投资决策是建立在一种对市场未来发展的预测基础之上的。他们往往会预测技术信号何时出现，并做好应对准备。如果他们发现某一投资产品的价格即将突破某一阻力区，他们往往会在突破之前而不是之后对这一个投资产品进行买入的操作。如果说过去使用图表技术还能获利的话，那么现在则只有那些能预计到信号何时发出的人才可能赚钱。这表明其他人将力图更早一步预测到信号。当然，我们也非常清楚地明白一个道理：没有一个人是能够准确地预测到市场的具体发展情况。换一句话来说，他们预测得越早，越不能确信信号是否会出现，越会出现预测偏差的情况。在这种忙乱地预测信号的过程中，恐怕他们也无法开发出任何能够带来利润的技术交易规则来吧。

也许，最能反映出图表法也有不能管用的时候的最有力的论据应该还是在于投资者利润最大化行为的内在逻辑上。

举个例子说明一下。我们假定某个被市场都看好的公司当前的股价是 20 美元左右，正巧在这个市场行情下，该公司的一个中层管理者发现公司即将采用一套新的生产工艺，这个新工艺可望使公司的赢利和股价翻一倍。而且这个中层管理者也很确信，只要公司把这个即将采用新工艺的消息传出去，他们公司的股价将会达到 40 美元。只要以低于 40 美元的价格买进就会迅速获利。所以他很可能会尽快并尽可能多地买下股票，直到股价达到 40 美元。这个过程可能只要短短的几分钟便可以完成了。

即便这个中层管理者没有足够的资金推动股价上涨，他的亲戚朋友和金融机构必定有充足的资金令股价迅速攀升，以至于那些依靠图表交易的投资大师"尚未登台，戏已收场"。这里的关键在于市场很可能是一种非常有效的价格机制。如果有些人知道明天股价就会上涨到 40 美元，那么今天它就会涨到 40 美元。

当然，如果该公司根据法律要求公开披露他的新发现，那么这个证明图表也有不管用的时候的论据便更有说服力。股价可能对新信息迅速做出调整，从而使技术分析的整个过程成了徒劳之举。所以，尽管那些投资大师都使用图表来协助自己的做投资交易，但是并不等于我们每个人都应该使用图表进行交易，毕竟图表法也有可能不管用的地方。

第三节　数据中为什么会有缺口

利用技术分析进行投资，最重要的就是要掌握数据。但是，在现实的操作过程中，很多人都会有这样的发现，在自己掌握的数据中，常常会有缺口存在。数据中为什么会有缺口存在呢？

数据中存在缺口是因为存在时间断口或者间歇的价格断点，产生这样的情况的原因有很多，例如，发生第一次世界大战的时候，股票市场在几个月内停止营业。2001 年的 9 · 11 事件发生的时候，华尔街也没有数据存在。这样长时间段的数据断口是十分罕见的，但是每次的数据断点都有某种原因。

当市场在国家法定假日关闭一天时，数据就会发生一天的缺口。当然，一般的技术指标不会被这些因素所影响，但是，对于艾略特波浪理论研究者来说，在进行短期数据分析时，一天的数据断点会产生很大影响。

股票和期货的区别之一是卖空。为什么专业人士首先会考虑卖空呢？一般基金经理进行卖空交易的原因是他们认为股票价格会下降或者是降低他们犯错误的风险。股票价差是相对应的股票对，或者十分相关的两个股票的买入和卖出。相关度测量了两种股票价格变动的一致程度。任何股票与它自己的相关性都是 1.00，如果我们比较相同股票的多头头寸和空头头寸，这两者的相关性是－1.00。如果一个股票与纳斯达克指数的相关性是 2.00，那么纳斯达克指数上涨时这只股票会上涨两倍。

如果我们把这些股票都买下来的话，我们的风险就会加大，但是如果我们只买入其中的一只股票，而卖空另一只股票，这样风险就减小了。但是厌恶风险的投资者会比较喜欢买入这种特殊部门的基金，因为这时候他所承受的风险也是之前的一半。所以，这一基金组合的风险管理较好，但是只投资于某个由政府保证的特殊部门的基金是不合逻辑的。

卖空股票存在着很大的问题和缺点。首先，卖空者要能够收回他们所卖出的股票。如果他们暂时不能获得股票会怎么样呢？卖空者就会遇到困难。除非我们已经拥有了这只股票，否则我们不能进行卖空。但是如果其他人拥有这只股票，我们也可以卖空股票。换句话说，我们可以借入股票进行卖空，只要支付给我们的经纪人正常交易费用之外的贷款利息。

除此之外还有报升规定，当我们交易股票时，我们不能在股票下跌时进行卖空。股票交易所做出了这个规定，这意味着之前的交易价格要高于其上一个价格。也就是说，只有在市场上扬阶段投资者才能卖空。我们可以想象，市场中会形成一种卖空压力，一旦上扬趋势来临，大量的卖空行为就会发生。

假设市场价格猛烈上涨，这时交易股票或者股票期货指数是没有限制的。但是期货在大多数市场有上限和下限的限制。

当单一股票期货进入市场交易时，它的交易规则也同其他期货一样。这种商品期货不会被借入并卖空。结果，股票交易所开启了灾祸之源，当专业交易商们想要卖空某种股票的时候，就可以越过这些限制随意买卖这种股票的期货。该期货的标的物是股票，股票价格由现货市场决定。除此之外，当股票期货开始变动时，从事套利交易的人们就会进入市场。套利是通过市场中短期的不平衡而赚取利润。但是，如果专业人士全部都对这种期货进行卖空交易，这种期货价格就会迅速上升。这样，股票本身的价格就会下降。如果套利交易者知道期货和现货价格都会加速下降，他们就不会买入期货。

大约在一种期货合约交割日的前两个星期，交易所就会给出下个月期货的新合约。原因是交易量中的大多数都是投机交易，投机者不想在交割日来临时还持有期货合约。因此，当3月份的期货合约重新签订至6月时，6月份的合约就会被大量地交易。在重新签订到期日之前，3月份合约会被交易，但是其交易量较小。结果，6月份一般会跟随着日本日经指数而变动，这时日本市场的变化领先于美国市场。当日经期货白天在芝加哥重新开始交易时，其价格与日本的价格总会有一定的差距。这一差距会使我们立刻醒来。

日经期货图表的独特性质提供给我们真实的期货价格缺口，这一缺口是在市场交易中形成的。所有期货市场都会有价格限制。大多数市场的价格限制会在前一天收盘价格之上或之下，这一范围是新一天交易的交易范围。这意味着当其他人都与我们进行相同交易时，我们会在期货市场受损，而这会促使这些行为的结束。

当市场开始营业时，现货价格会与前一天收盘价有一定的差距，这就称为跳空缺口，这总会成为市场中的支撑和阻力区域。这个缺口是识别点，大多数交易商和投资者会因此识别市场的发展趋势。在缺口发生之后，市场的趋势就会开始。但是我们必须要知道市场会出现价格缺口的技术原因。原因之一就是我们发现一个显著的阻力区域，市场价格跳过了这一个区域。我们必须识别出缺口，那么该如何识别出这个缺口呢？

想要识别出这个缺口就要遵循下面的原则：测量从曲线开始到缺口处的变化范围。缺口一般就是中间点的标志，也就是说变化到缺口处只是进行了50％，还有50％的变化即将要进行。

如果我们发现了一个价格缺口，并且市场中从未出现过这一情况，市场最终会填满这个缺口。这并不涉及不同时期的交易数据所形成的缺口，缺口仅仅指未经过处理的市场数据中所形成的现象，并且最终它会被填满。

第四节　价格真的就代表了一切吗

回顾巴菲特过往的出手记录和言论，他不止一次论述过价格便宜对于投资的重要性。比如，他曾说过："投资成功的关键在于，当市场价格大大低于经营企业的价值时，买入优秀企业的股票。"他还曾决绝地说过："绝不买入价格没有明显低于企业价值的股票。"从他的话语中，我们也可以看到，在投资市场，投资产品的价格是非常重要的，特别是那些相信技术分析的投资者，价格就显得更重要了。那么，价格真的就代表了一切吗？

在正式的理论基础上，某些技术分析者相信：价格即是一切；所有关于市场的已知或未来的可知资料都已经包含在市场价格与走势中。如果我们单纯停留在理论的科学研究的基础上，这个说法是成立的。在不同的形式与程度上，纯粹的技术学派信徒主张，价格走势中存在一种形而上的必然性，它们是由命运、上帝、演化或某种宇宙的力量决定，经济分析与预测仅是要找寻正确的相关性或循环时间结构，阐明这些价格走势的性质。

　　而从巴菲特的话语中，我们貌似也看到了价格分外重要的意思。从巴菲特的价值投资这个角度来说，在价格和价值之间有一个复杂的逻辑关系。大家都明白，价值决定价格，价格反映价值。但这种反映却并不是每时每刻的。受到宏观经济、市场资金面、供需关系等因素的影响，价格明显低于价值情况有可能出现。每当此时，敏锐的投资者便会果断地出手，获取不菲的投资收益。可以说买价决定了回报率的高低。

　　例如一个人年初以 1100 美元购得股票，到年底的时候还是1100 美元，那他的投资回报率等于零。然而，如果他投资 1000美元，到年底获得 1100 美元，那他的获利即为 100 元，年回报率为 10％。

　　从这个简单明了的例子我们可以清楚地看到价格对于回报率的影响。买入的时候投资产品的价格越高自己在卖出时的回报率就越低。如果投资者至少要求 10％的回报率，最高价格就只应该付 1000 美元。如果投资的价格提高，例如，付出 1050美元的价格，投资者的获利将减少 50 美元，回报率随之下降（50÷1050＝4.7％）。如果付出的价格较低，是 950 美元，投资者的获利将是 150 美元，则回报率上升（150÷950＝15.7％）。由此可知，买价愈高回报率愈低，买价愈低回报率愈高。付的愈多获利愈少，付的愈少获利愈多。从这里我们也是可以看出来价格的重要性，但是我们不能仅从这一点就认定在投资的过程中，价格就代表了一切。

会有这样的误解是因为许多人通常都把投资产品价格的涨跌表现理解为投资报酬，实际上这并不正确。因为投资产品的价格代表的是投资者对价值的看法，并不是它的实际价值。因为如果是实际价值，投资者就不会看到当赢利提高时，它的价格却反跌，而当赢利下降时，它价格却反涨的现象。投资产品的价格波动是随机的、无意义的，偶尔也能反映公司的实际价值，但是一般而言则不是如此。因此投资产品的价格充其量只是投资者交换价值判断的一个小依据而已。

如果把价格看成是投资的一切的话，就是试图以严格的循环理论或纯粹的数学方法预测投资市场的未来，完全忽略市场活动中的主观性质。另外，这种态度也忽略政府干预与联邦准备政策对于长期趋势可造成的明确影响。在某种程度内，这类理论系统确实可以成功地运用于行情预测与分析，这主要是因为它们已经脱离一致性理论需要的严格基础。或许它们的理论结构暂时符合市场的行为性质，因为市场参与者具有某些一致性的行为，这种情况下，只是短期的技术性观察；或许它们的理论结构非常普遍或界定过于松散，而使用者有相当程度的解释与推论空间。

其实，以技术分析模型拟定投机或投资决策，并预测未来走势的幅度大小与时间长短，其绩效将缺乏一致性，因为很多时候，投资市场并不总是按照人们所料想的情况向前发展，它们偶尔也会来个大逆转，完全出乎大家的臆想之外。从这方面来说，那些依靠投资产品的价格来形成的技术分析图形就无法发挥它的作用了。

而那些已经成型的技术模型，由于其理论结构将妨碍健全的推论与分析。因为那些模型已经有了固定的思维方式，但是投资市场并不是一成不变的，它总是在改变中前进。而且市场中参与者的态度也会影响投资的回报，这些因素又很快地反映在投资产品的价格中去。总之，那些依靠投资产品的价格来形成的技术分析图形，在这些不确定的因素下，将会以无效告终。

当然，我们并不是在否定技术分析的作用，我们只是否定某些技术分析者关于"在投资界，价格代表了一切"的不科学说法。毕竟，进行技术分析，我们不能仅仅盯着投资产品的价格来预测投资市场的未来，我们也需要综合考虑，才能够做出合适的投资决策。

第五节　为什么短期框架是最安全的时间框架

在我们的印象中，"投资"和"投机"总是被冠于"长期投资"和"短期投资"的代名词，在很多人的眼中，长期投资比短期投资更加安全，所需要的技术相对来说更低。甚至有人这样说，没有时间而又对投资一点儿都不懂的投资者应该进行长期投资。用他们的话来说，进行长期投资的话就不用在乎市场的短期波动。但是，对于普通的投资者来说，有没有那么多的资金和涵养一直等很久才去回收自己的收获？所以说，在我们的身边的投资者，大部分都是短期投资者。

从这个现象中我们也是可以判定短期投资相对于长期投资是更加安全的。因为每一个投资者都是希望自己的资金是安全的前提下才能够获利的。没有一个人进入投资市场而不会担心自己资金安全的问题。所以，从这个角度来说，短期框架比长期框架更加安全。

而且，当市场上下波动，没有规律可循的时候，我们也会发现，短期投资比长期投资更加可靠。巴菲特的长期投资的方法，尽管永远是可行的，但当市场进入恐慌状态的时候会受到真正的考验。尽管在骚乱的时候，交易者的前景都会变得困难，但是在这种时候，优势永远站在短期市场参与者的一边。

因为在这个时候，市场的前途未卜，谁也不知道投资市场最终是上行行情还是下跌行情，股灾、泡沫经济、市场崩溃等等这些词背后所代表的巨大损失大家也都有所耳闻。在这种市场行情下，最好的办法就是落袋为安，现金为王。能够实现这点的投资方式除了退出市场，就是短期投资。

因为进行短期投资，投资者就可以根据市场的行情进行买进和卖出的操作。敏捷地利用市场的上下波动赚取利润。即使市场的前景很是黑暗，但是这些进行短期操作的投资者也可以在这个黑暗中一天一天的拿到自己想要的东西。可以说，短期投资者有转动硬币的奢侈。他们可以以光速来回变动，改变立场，甚至可以从恐慌中获利。不能否认在黑暗的时期，进进出出的投资者更闪亮，而长期投资者如果不是完全灭亡也会遭受重创。

长期资本管理基金（LTCM）是成立于 1993 年的对冲基金，该基金的投资成绩一直不错，吸引着众多的投资者。但是，在 1998 年夏俄罗斯卢布的套利失败却使 LTCM 陷入了危难之中。

1998 年 8 月 16 日，俄罗斯宣布以卢布记价的到期债券无力偿还，卢布随之大幅度贬值。另外，俄罗斯宣布暂缓偿债并冻结西方投资者的卢布记价债券账户，并使得俄罗斯银行不能够还清西方债权人的私人债务。俄罗斯以卢布记价的债券中有很大一部分被西方对冲基金所持有。许多对冲基金预料到俄罗斯会食言其债券，并采取了如下措施对冲其风险——做空俄罗斯国外债券并向俄罗斯银行做空卢布期货。然而事实上，俄罗斯并没有食言其国外债券，而是实施了延期付款政策，这样使得对冲基金所做的套利失效。结果，大多数投资于俄罗斯的对冲基金都蒙受了巨额损失。LTCM 就是其一，LTCM 的基金价值在 1998 年 8 月出现了大幅下挫。

俄罗斯的食言使得世界金融系统几乎崩溃。在债券食言之后，这些对冲基金必须拿出现金来清还债务和兑现保证金贷款中的条款，要不然就要面临着没收保证金或者对保证金进行清算的局面。保证金成了毫不夸张的大贱卖，对冲基金必须对头寸以任何价格进行清算。

这次套利操作的失败给 LTCM 带来了巨大的灾难。1998 年 8 月，LTCM 几乎损失了约 15 亿～20 亿美元的资本。基金的现金也所剩无几，只有巨额的损失和债权人的还债呼声。1998 年 9 月 23 号，基金已经几次从新老投资者那里融资失败。最后，LTCM 被它的一组债权人营救了。该营救计划是由纽约联邦储蓄银行安排的：债权人注入 36 亿美元的资金，占有基金 90％的净资产，进而控制了基金并换掉了现有的股东。这次拯救行动的目的是以平稳的方式处理基金的持仓。

如果不是强大的美联储和大批这个国家最大的投资银行，如美林和摩根，世界上最大的和最受尊敬的对冲基金将会成为一种回忆。不知道如果他们的名字和他们的方法是"短期资金管理"，而不是"长期资金管理"，他们会不会经营得好一些。但是有了那一次的经历之后，相信他们会严肃地考虑一下这个想法。

当然，这个名字跟基金公司的投资理念和方法并不是一回事。但是，我们仍然要明白，在这种市况不明确的情况下，短期投资远比长期投资要安全得多。如果我们是一名短期投资者，那么，当市场的情况变坏的时候，很多时候，我们也是很难躲过灾难，我们的资金也会有所损失，但是不管我们损失多少，那些进行长期投资的人总是会被伤得更狠。

总之，不管从哪个角度来说，短期投资总是比长期投资要更加安全。可以说，长期持有共同基金和精心选择的蓝筹股总是一种可行的退休类型的投资，但是对于在这个范畴之外的资金来说，短线周期更适用。

第十二章　储蓄是聚宝盆还是亏损冠军

第一节　为什么有人认为储蓄不是投资

根据美国联邦储蓄系统的数据，美国大约 2800 万居民选择拒绝使用银行这一传统金融机构，或者钱全还了账单，庞大数量的存款账户余额已经没有剩余。这意味着，每 12 个美国家庭中就有一个家庭没有银行账户，比例大约为 8.7%。

按照 2004 年数据，美国年收入 1.89 万美元以下的家庭中，接近 25% 在银行没有账户。美联储分析认为，从 1989 年至 2001 年，无银行账户家庭比例原本呈减少趋势，但此后便保持稳定。据 2006 年统计，一般美国家庭的平均储蓄仅 4000 美元，到 2011 年的调查显示，只有 36% 的美国人拥有超过 1000 美元的银行账户。在金融危机后，七成以上的美国人碰到突然间的 1000 美元的资金缺口，只能通过朋友借贷甚至典当家产。

大多数美国人，上到总统奥巴马，下到新入籍的拉美裔美国人，哪怕只用 1 美元在银行开户都觉得是麻烦——许多人的口头禅是："说不定一年后就会因为一分钱不存，倒欠银行 15 美元管理费。"

"财富积累最重要的驱动力在于储蓄，并且按照严格的纪律进行储蓄。"哈佛大学商学院毕业的美国投资大师伯顿·马尔基尔认为，只有把储蓄作为一种常规习惯，长期坚持履行，才能在可预见的将来继续享有年轻时所体验到的财富生活。

多数美国人，经常潜意识将储蓄从投资的选项中删除。美国人是全世界出了名的不喜欢存钱，并且相信储蓄不是投资。为什么美国人如此的不信任储蓄呢？

美国人之所以不信任储蓄，从根本上说，是一种惯性使然。多数人做不到把存钱视作习惯，没有意识，也从不考虑积累致富。

美国近来流行的观点认为，只有进行资产配置，购入优秀的股票或共同基金才能积累财富。他们的理由不外乎是三个。

一是，只要短期，你能在各种不同的资产间踩好跷跷板，投资的面越大，风险越小。总体上还是可以超过银行的收益的。哪怕一年的收益率只有不到 7％，也比银行的 2％～6％ 的利率高得多。再说定期存款账户还要纳税，活期存款连利息也没有，还不如直接消费享受。美国大多数时间里，光是通胀率也已经接近银行的利率。消费和投资都比存钱要好得多。

二是，市场上总有那么一两只股票或者基金是被低估的，只要眼光好，长期持有，不愁不涨。不用储蓄也能安乐无忧。巴菲特和大师马尔基尔不都是长期投资优秀股票的天才吗？

三是，婴儿潮的一代们认为既然自己的父母没有储蓄，也可以安然度过。他们正好赶上了格林斯潘统治下的市场繁荣，连养老金都是由投资法人控制操作的，把钱存在银行是在浪费赚大钱的大把好机会。

马尔基尔教授用自己的投资经验和理论，反驳了这类说法。在他看来这些说法本身就是投机取巧，目光短浅：

第一，缺少定期储蓄计划，完全依赖投资，也是不可靠的。因为投资只是一时，而储蓄却是一辈子的事情。即使拥有再多的投资收益也无济于事，金山银山也会被不断夷平、清空。年轻时错过了储蓄的时机，不经意间跨入老龄的行列，却发觉身无分文，甚至负债累累，那就更要立即着手缩减开支、尽力储蓄，不然等待着你的只有窘困和死亡。马尔基尔坚信，一个人若能从年轻时起就一直坚持定期储蓄计划，并尽早实施，那么他在生命的最后时期一定能拥有一笔稳健增长的财富。

第二，资产的长期持有是以一定的资金做准备为基础的。马尔基尔做教授的时候，人人都认为教授们接受低工资是理所应当的。教授们谈钱是学界大忌，一般人都认为，如果马尔基尔没有教职和华尔街的顾问费，他也只能像其他教授一样，只能继承钱，和有钱人结婚，或者花掉更多的钱，但是绝不会赚大量的钱。

第三，马尔基尔遗憾地发现，美国人都缺乏储蓄的意识和行为，喜欢给这种行为找借口。在他看来凡是不可预期，没有规划的个人资金活动，都是投机行为。美国人中的大多数缺乏理智和耐性。数百万人面临着财富紧缺的威胁，他们中多数人的财富早在互联网泡沫的破灭中就化为乌有，仍对投机乐此不疲。可是不承认失败的人群，为了掩饰，所以才不断地加入非理性的活动中。

马尔基尔强调，美国人的失败，特别是金融危机后的窘迫，主要是因为财富被随意挥霍掉的坏习惯作祟——马尔基尔建议每年消费量最好不超过家庭总资产的 4.5%。低调生活和节约开支的原则，凡事要求精打细算，制订预算并监控实施；改变大手大脚的花钱习惯，只购入确实需要和想要的东西；万事以节俭为上，舒适为度，而不是极力追逐奢侈与享受，这样才能为晚年准备好充足的资源和财富。

早年萨缪尔森开始研究华尔街的投资市场的时候，也看到了马尔基尔的书，对于这位年轻校友的畅销书，他说："当我的同事到了退休的年龄和我的儿子到了 21 岁时，我就送一本马尔基尔的书给他们。在我看来，介于他们这两个年龄段的每个人都应该买这本书看看。"

总之，把储蓄划为另类，是一个美国式失败投资的案例。不管美国人表面生活的多么光鲜，临死之前却有大批的债务留给下一代，这不是投资和积累财富，而是给下一代的失败埋下祸根。

第二节　银行可以为我们做什么

大约二十几年前，华盛顿互助银行，还只是家名不见经传的地方银行。美国地方银行，多数是由一些纯粹性质的储蓄互助合作组织演变来的。华盛顿互助银行的"互助"一词本身，就体现了这家的银行的"血统"。与中国不同的是，在美国只有这种带着"储蓄互助"名义的银行，才能经营存贷的货币业务，专门吸纳存款。他们依靠给储户高额利息，然后放贷，或者发行次级贷款来赚取利差。

2008年9月16日，美国第三大投资银行摩根大通最终同意支付19亿美元接手华盛顿互助银行。这标志着1889年成立的华盛顿互助银行，全美最大的储蓄银行和第七大金融服务公司寿终正寝。它成为美国有史以来倒闭的最大规模银行。总部位于西雅图的华盛顿互助银行自遭到政府查封以来，储户已从该行提走167亿美元。

摩根大通的收购可能是美国历史上最大的银行并购案。摩根大通收购华盛顿互助银行后，将拥有5400家分支机构和9000亿美元存款，将成为美国银行业最大的银行机构。华盛顿互助银行拥有2300家网点和1820亿美元的存款。

对于多数的普通储户来说，这笔最大规模的倒闭案，究竟怎么发生的，他们一无所知。直到倒闭前，储户们出于挤兑心理取走的钱，还不到这家银行存款的2％。人们普遍认为，华盛顿互助银行这家银行一直是一个"零散资金"的最佳存钱罐。就投资本身而言，这是家"好得不能再好的"人性存款机构。这个银行的客户代表，喜欢给储户们发送带有银行标志的芭比娃娃；喜欢给客户提供免费的支票服务和高透支的信用卡；喜欢直接提供名目繁多的储蓄投资项目，比如教育储蓄保险，免税的货币市场基金……

甚至，在次贷危机前，问一个打算存点钱的美国人，或者计划存钱的外国留学生，多半会优先选择这家华盛顿互助银行。在人们的眼里，华盛顿互助银行能做的，也是一个美国人最能想到的银行是干什么的机构：每个人从那都拥有支票和普通信用卡。

在华尔街的投资大家们看来，这只是一种错位的感觉而已。大家相信银行能做的，根本上只是皮毛而已。真正的银行服务的妙处，还藏在人人熟视无睹的情形下。在哈佛，许多投资大师认为，银行是一个能让人们成为百万富翁的独特机构。定期存款则是这一切发生的重要工具，而秘密在于利率本身。

"金钱很像种子，你可以吃掉种子，也可以种植种子。"第一个对美国的百万富翁生活和投资方式进行近距离研究的作家，教授托马斯·斯坦利写道，吃掉种子即为消费，它宜以满足基本生活需求为度，适中为上，才能有更多的种子用于种植（投资）。在托马斯看来，拼命节省的人不可能致富，过度消费，追求奢华，只能带来虚幻的符号化满足，并不能给个人带来更多的实质性收益。那些"多入多出"的人只能算作"低级财富积累者"，永远无法达到"多入少出"的"财富积累能手"的高度。银行最伟大的作用，就是发挥钱生钱种子的作用。

华盛顿互助银行的前 CEO 基格林一语道破天机：注重每一个细节，节约每一份资源。这就是富人和银行能让我们变富的成功秘诀。能让这一切发生，种子不断长出果实的，正是利率的一种古老计算方式——复利。复利是长期投资获利的最大秘密。

巴菲特认为，长期持有具有竞争优势的企业的股票，将给价值投资者带来巨大的财富。其关键在于投资者未兑现的企业股票收益，通过复利产生了巨大的长期增值。但是股票是有一定风险的，而且随着公司的消亡，总会在时间上发生断裂。这导致增值总是在有限范围内有效。更为重要的是，股价增长的基础上的市场价格波动，并不是股票收益本身。真正具有生生不息的增值潜力的，这世界上只有一种，那就是存款的利息。

在人类历史上所有已经发明的投资工具中，只有定期存款，不会因为投资人或者经纪人的精神和市场上的信息发生波动。简单的复利公式计算，尽管只需要时间和本金、利率几个变量，却是最少受到干扰、最可靠的。也正因为如此，长达数千年里，从犹太富豪到普通的美国百万富翁们，一直相信储蓄，只有储蓄和节俭本身才能带来财富。而银行这种金融机构，从诞生起一直经营的也是最简单的存款业务。银行悠久的存款历史本身也其实在证明，最好的投资往往就是最简单的定期存款，最基本的投资原理就是最简单的复利公式。

银行到底能为普通人做些什么呢？最简单，最可靠的答案是，只要能好好地利用好复利和存款本身的投资，就是一个人可以从银行得到的最有价值的礼物。至于那些看上去人性化的推销手段，从甜美的客服代表的信用卡劝说，到寄给顾客的免费家用电器，在银行看来，都是引诱客户多存钱，而不是增加财富总量，提高投资绩效的手段。聪明的投资者，要多盯着银行的利率表，少关心那些奇怪的存款赠品。

第三节　储蓄真的是最保险的投资方式吗

"老龄化是一个和多个学科相关的现象，这要求我们用全新的工具来研究它。"Joseph·F·Coughlin是老年研究中心的负责人，他说当人们考虑Agnes的时候，人们总是会筋疲力尽。从那这位教授的黄色风镜往外面看，Coughlin教授的领带显得很暗淡。"Agnes 是其中一个工具",他说。

Coughlin 教授指出:"事实就是人们做不出老年人专用的产品,因为年轻人不会买。老人还是不会买。"而他意外地成功了,Coughlin 教授说,"那些零售商在把产品放上货架的时候他们根本不知道这些东西是为老年人设计的"。

美国的老龄化研究和人口学的统计都说明这样一个事实:当年美国 7600 万的婴儿潮在今年一月已经变成白发苍苍的老人了。他们比以前的任何一代都要对生活怀有更高的期望。

联合国预测,2050 年的 65 岁以上老年人可能会是现在的两倍,据估计 2050 年全球人口是 150 亿。也就是说,有史以来 65 岁以上的老年人数量将要超过 5 岁以下儿童的数量。这意味着许多人要延迟他们的退休时间——或者永远也不可能完全退休——这样才能得到可持续的收入,"老而不能养"已经成为可怕的现实。这个现实,也让经济学家和投资家们十分关注老人难题。

对于美国来说,这似乎是个更加严重的问题。美国 2010 年人口总量已达到 3.08 亿,是世界人口第三大国。20 世纪 40 年代,美国已经是人口老龄化社会,2010 年 65 岁以上老龄人口占总人口的 17.4%,是典型的老龄化社会。

哈佛大学有些是以"家庭经济学"为名称的特殊投资课程,很有代表性。通常,教授们会建议学生们遵循古老的财富法则,比如将收入的百分之二十到三十做出储蓄,放到银行中。有些投资家宣称只有这样,才符合经典的"二八法则"。

不过,正如哈佛经济学家莫迪利安尼的"生命周期假说"所揭示的那样,一个人和家庭,总有生老病死,盛衰枯荣,储蓄也要按照这个规律进行。多储蓄主要是劝说年轻人尽可能最大限度地挤出一部分储备金,以免老无所养,这不是投资,而是忠告和预防措施。许多经济学家并不把七八十岁的老人数量的增加看作一种财富,而是若隐若现的预算危机。毕竟,治疗老年痴呆在世界范围内每年的花费超过 6 万亿美元。

据英国《每日邮报》报道，全球最大社交网站 Facebook 的创始人，哈佛大学毕业生马克·扎克伯格的父母，他们并不甘于享受，而是继续从事着自己的事业。

据《福布斯》统计，扎克伯格的个人资产已达到 175 亿美元（约合 1100 亿元人民币）。虽然儿子已经身为亿万富翁，但是他的父母埃德和凯伦依然住在纽约多布斯费里的一所老房子里。而且两人也没有选择轻松的退休生活，而决定继续奋斗。

父亲埃德继续经营着自己在 1978 年创办的牙医诊所，母亲凯伦就在诊所办公室内做些管理工作。两人工作很忙碌，经常加班。

埃德和凯伦非常节俭，从不乱花钱，很少给家中添置新家具和电器。他们也教育自己的孩子们要节俭。

即使是亿万富翁的父母，也未尝不考虑养老难题。理智的人们依然不敢松懈，依旧坚持储蓄和节俭的原则。美国的老龄化问题，让生命周期投资的说法，不是什么储蓄致富的福音，而是魔咒。考虑到成千上万的美国人的储蓄少得可怜，即使退一步相信美国社会保障体系的养老金是一种最安全的储蓄。问题是，曾经作为国家保险的项目，如今已经成为华尔街市场随行就市的一种投资品而已。

对于任何一个投资者来说，最无风险的资产首先是美国的国债，大量的保险公司持有着养老金相关的债券，相比前者的安全评级绝不可等而观之。显然，从小布什总统允许养老金和储蓄性质的货币债券入市后，储蓄作为最安全、最保险投资的历史，已经一去不复返。

只要知道这样事实，你就会明白真相的黯淡。养老金是全球最大的资本，到现在规模几乎不变，这意味着回报可以忽略。随着退休人口的增加，养老金的破产指日可待。没有一个美国人会天真地相信，一个不是国债的投资品，没有国家信用担保的情况下具有最安全的未来。当希腊危机的坏消息此起彼伏，再问一个美国人，是否相信华尔街掌控的保险类储蓄的安全，多数人会报以无情的嘲笑。

对于深处旋涡，有过惊险经历的美国人来说，像美林银行这样的投资专家的"储蓄"相关的建议，不是安全，而是可能最不安全。

美国银行美林退休服务负责人安迪·赛格建议，对于持退休金的投资人来说，为了确保退休后的收入，一般选用的都是比较稳定，基本为三年期限的投资。这种说法，其实还有一个流行的称呼，就是短期投机。而市场上提供这种好项目的只有那些高风险、高回报的短期市场。众所周知，这种市场几乎都不在美国，具体情形要由离开美国千里之外的，老人们一无所知的发展中国家的代办处来办理，从投资成本看，除去咨询费和手续费，回报可想而知。

这些养老投资专家们吹嘘说，他们的储蓄投资如何的高明，比如从新兴市场储蓄类债券中不仅能获得预定收益，还能够获得货币升值带来的收益。此外，新兴国家未来的国内生产总值增长率至少在5.6％，而发达国家每年经济增长率仅有2％。许多全球公募基金的收益率在4％～5％之间。例如，一年期澳大利亚政府债券最近收益率高达4.68％，远高于美国债券0.28％的一年期票据收益率。不过，这些都是谎言。因为这些话都是广告。

资产管理总裁罗纳尔多·德斯科说，像 Cablevision 和 Frontier Communication 其实并没有达到投资的级别，不过因为他们有能力偿还债券，并且还能够提供不错的现金流，所以，高收益的企业债券也被列入到了投资者的考虑范围。如果投行不这么说的话，他们的生意就会立刻停止。

他们可以用短期现金流迷惑投资者，可是养老费非得有长期可靠的现金储备不行。

退一步，你回想一下，美国的次级债务和银行的储蓄资金的宣传广告何尝不是如此呢？在次贷危机爆发前的若干年，成千上万的人不是听从这类蛊惑，将养老金投向了次级债的无底洞中吗？

正如那些最简单的经验所证明的，把赌注押在储蓄甚至任何一款其他的投资品上，根本换不来最保险最安全的投资回报。这个世界不存在一劳永逸的安全投资法。哪怕投资的对象是储蓄产品。

第四节　为什么说储蓄是隐形的亏损冠军

美国《新闻周刊》报道，2011 年美国各个城市正在掀起一场规模浩大的偷井盖风潮。其中芝加哥一个月就丢了 200 个井盖，据说有 40 个是在一天之内丢失的。美国费城供水局下水道清洁部门负责人马丁·麦科尔说："我们过去每年都会丢一些，但没这么多。光昨天晚上费城北部地区就丢了 12 个井盖。"这简直就是重复若干年前欧洲井盖丢失的现象。

按照新闻记者们的调查，废旧金属价格上涨，而中国、印度、韩国和其他发展中国家对回收金属的需求增大，导致铸铁井盖不断被小偷偷走。美国通常每个井盖的重量大约有 100 到 2000 磅（1 磅约为 0.45 千克）。2001 年，每吨废旧金属的价格为 77 美元。2004 年是每吨 300 美元，如今将近 500 美元。据美国警方分析，盗窃通常由 2 到 3 人完成，他们卖掉一个井盖只挣 10 到 20 美元。不过，这个价格对于低收入者也很有吸引力。

实际上，美国被盗的不只是井盖。小偷对所有可回收的金属都已经染指，如铝、铜和不锈钢等等。随着需求增长，所有金属的价格都不断上涨。所有含有可回收金属的东西都有被盗的危险——从汽车的催化式排气净化系统到家里的铜管，甚至啤酒桶。美国啤酒行业估计，每年被盗的不锈钢啤酒桶的价值大约为 5000 万美元。

像井盖这样的有形的耐用品，之所以被小偷们盯上，主要是因为具有增值的可能性。或者说具有潜在的价值——可以回收循环。你当然可以随便处置任何一美元纸币，绝不会改变它的价值。可一美元的投资价值，只要放到银行家那里"回收"，必然产生新的变化，比如会带来几美分的利息。

这种回收并不是毫无条件的，假如井盖下是放射性物质，没有人胆敢挺身犯险。储蓄，碰到通胀的威胁，这一切都会自动打破。很多时候，看似不变的东西，其实会随着外部环境的变化而变化。现实生活中，可能没有多少人会愚钝到连猎物腐烂也察觉不到，但在投资中却有许多人对通胀失去了感觉和知觉。很多人习惯于储蓄，忽视投资理财，到最后却发现，通货膨胀已经渐渐地把自己的积蓄吞噬掉了。

哈佛大学出身的投资大师马尔基尔指出，21 世纪的前几十年很可能只发生轻微的通货膨胀或根本不发生，投资者也不应无视通货膨胀在未来某个时期加速发展的可能性。尽管 20 世纪 90 年代和 21 世纪初生产率加速提高，但历史告诉我们生产率日高的速度总是不平衡的。

在马尔基尔上大学的时候，《纽约时报》的价格已经涨了 19 倍以上，巧克力棒涨了 15 倍。就算美国按照如今的 2%～3% 的通胀率温和下去，马尔基尔预测到 2020 年买一份纽约时报要花费至少 2 美元。事实上，金融危机后《纽约时报》出现这一过程的时间表加速了，2011 年，《纽约时报》决定未来几年完全取消纸质版，因为它成本太高了。

这一切几乎完全是在悄无声息的环境下进行的。从 1962 年到 2002 年，美国经历过两次大的通货膨胀期，石油危机曾经引发两位数以上的通胀。还不到一代人的时间，美国的市场分析师们忘乎所以，他们经常武断的下结论说，通胀已经消失。在金融危机后，多数美国人甚至想不起来二十年前还发生过惨痛的物价上涨。而在 2007 年以前，投资者甚至仅凭银行许诺的高利息，就轻易判断有利可图。

让我们再看一下市场的事例，来自股市市盈率和银行账户存款折现回报率的历史证据表明，巴菲特 1964 年的个人资产是 400 万，到 1977 年，他的资产变成了 7000 万美元，增长了大约 15 倍。到 2004 年他的个人身家已经是 415 亿美元，比 1964 年增长了 10000 倍以上。同一时间，巴菲特将 400 万美元存到银行里，那么结果会是怎样呢？

考虑到美国直到上世纪 80 年代，才给存款利息的话，即使不考虑利息税，最多也只能和指数基金的回报率比肩，这意味着最多的不会多于 1000 万美元。那意味着，一个投资者，在漫长的几十年里，选择了错误的储蓄，其亏损的最大值可能就是上百亿的资金。按照银行的纯粹复利公式计算出来的利息，很可能成为投资的亏损噩梦。这一切到底是怎么发生的呢，不妨让我们看一个烧鹅的故事。

假设在我们的世界里，人们能够消费烧鹅的产量是固定的每年两只，每只 30 元，两只都被 A 购买；房子的供给量是每年一套，价格是 120 元，每年都被 B 购买；股票则除了企业主持有的部分以外，每年都有一部分流通的股票被 C 购买。

当你有一天需要买两只烧鹅时，烧鹅的产量还是每年两只，都被 A 购买。现在你要买两只烧鹅，那么 A 也需要两只烧鹅，那么烧鹅的价格一定会提升，价格高到一定程度时，最可能的结果就是你和 A 分别用比较高的价格，比如涨 10% 的水平，各买一只。而你支付的成本，远比 A 原来购买时高得多。同理，你准备购买房子，B 也仍然要买房子。B 需要买房，但不是一定要买到，而你由于没有房子，所以一定要买到。那么最可能的是，在你和 B 对房子的竞争中，你以高 10% 的价格买到了房子，同时，B 原来购买的房子全部增值。而 C 的股票由于烧鹅和房子价格的上涨，企业业绩得到提升，涨幅达到了 20%。这就是这个世界通货膨胀的基本过程。显而易见的是，股票涨了，物价随之同样也涨了。但是物价涨的却名显比股票要低些。

在现实投资中，储蓄和消费就相当于烧鹅和房子，人们在银行中存款获得了微薄的利息，但与此同时，其他人利用低成本贷款增值远远高于你获得的利息。在你进行消费的时候，你所承担的成本远远高于你的利息收入，也高于其他较早进行消费的人。同时，其他人的资产通过你的消费行为得到了进一步的升值。

毕竟，银行储蓄利率会永远低于银行贷款利率，是银行赖以生存的主要收入来源。而银行存款在利息方面的收入，理论上会落后于物价上涨的幅度。也就是说，本想通过银行储蓄来保证资产不受损失，却遭受了巨大的隐性亏损。

第五节 如何存钱才能多赚利息

存钱对于多数美国人来说，似乎根本不是件事情。在哈佛，多数的学生也搞不清推销来的支票账户、信用卡和存钱有什么关系。有些商学院的学生发言说，他们根本不知道除去信用卡，还有更好的理财规划。

要想知道哈佛的投资派们的存钱手段有多贫乏，只要看一下美国运通支票的受欢迎程度就知道了。

美国运通在留学生心目中一直有着极佳的口碑，其旅行支票等金融服务更是获得了众多用户的青睐。"美国运通旅行支票大使"招募活动自 2010 年 4 月 19 日至 2010 年 7 月 15 日，通过海选、投票、答题、面试等环节，成为美国运通旅行支票大使，就会连续 6 个月，每月获得 100 美金的奖励，关注活动并进行投票的网友也将有机会通过抽奖获得 100 美元的大奖。

一位正在加州大学洛杉矶分校攻读经济学硕士的留学生表示："每月有100美金的零花钱，可以补贴日常花销，而且能够成为美国运通的旅行支票大使，更是一件非常有意义的事情，对毕业后申请当地工作也会有很多好处，所以我和身边的朋友都参加了，因为有一些条件限定，所以参与的留学生总量不会很大，所以中奖概率还是很高的。"

这还是只是留学生人群，美国运通即使在美国受欢迎的程度也不低。原因很简单，美国人喜欢频繁地出入境旅游。在签证的同时，就能随时得到现金，这种花钱的便利，是人们抵制不了的。运通本来就是以快递现金邮单起家的。久而久之，凭着这种现金的优势，他们便占领了全球的市场，并影响了美国人的生活方式——美国人因为花钱太便利，存钱的必要性要比别国的人要低得多。

花钱太便利，存钱就会减少。这不仅是常识，也是投资学的学术理论成果。早在一百年前的哈佛大学，像阿尔文·费雪这样的老牌经济学家的交易观点，就已经被人接受。费雪的观点简单直观，钱就是我们交易买东西的工具，为了买东西，才在手中持有一定的现金。这部分现金，那时也可以看成"储蓄"。到了如今的投资大师那里，比如哈佛出身的马尔基尔那，在他看来，没办法避开利息税的存钱已经毫无意义。换言之，在现代，给储蓄下个定义的话，只有能获取利息收益超过利息税和手续费的存钱方式，才能算得上真正意义的储蓄。手里拿着的支票，还有活期的托管存款账户，根本谈不上你有储蓄。

现在，大部分的人都会认为会储蓄就等于多赚利息。问题是，按照这个说法，有几个人真正的会存钱，怎么才能多得到利息，已经成为一个十分复杂的投资问题。

大家都是个白领，职员，没有经验从事专业的投资业务的能力。倾向节俭发家的投资家，都会这么劝导你：不要轻易涉足各种复杂的股票和基金业务，即使涉足，也要委托给合适的人；除非你考虑好，自己要"吃得多，还是睡得香"，为了高收益，每天心惊肉跳不是个好选择。所以，依旧老土地去银行存钱吧！

哈佛的商学院课程多数时候不涉及存钱教育。这也不是商学院的老师会告诉人们的。真正的存钱的高利息的手段，不在课堂，反而在那些形形色色的银行营销单上。

中国人热爱储蓄的名声世界知名，中国的一条关于如何最佳的获取利息回报的帖子写道：假设从 2012 年 1 月 1 日起每天选择定存 50 元，从 2013 年 1 月 1 日起，每天就能获得 1.75 元利息；可是如果这笔钱放在活期账户内，至 2012 年 12 月 31 日累计到 1.8 万元时再存成定期，则要到 2013 年 12 月 31 日才能获利。到期时，虽然累计生息同为 630 元，但前者每天都有定存到期，可选择续存或支取，灵活性要强得多。比如，存款人在 2013 年 6 月 30 日需提前支取 1.8 万元，前者仍可获取 6 个月的定期利息 315 元，而后者仅能得到半年的活期利息 45 元。

定期存款是所有银行储蓄产品中利息最高的，一般将一笔资金拆分为若干份并按差异期限存入银行，就会得到不同利息回报。这样做既对资金有所限制，并且银行定期存款最短期限为三个月，利息也不算高。您不妨将这笔资金存进一张存单。多家银行都推出了按期储备存款的部门提取业务，有资金使用需求，到银行提前支取个中一部门就可以了。固然提前支取的部门利息凭据活期储备存款利率计算，但是未支取部门则仍会按原存期、原利率付出利息。

在美国，你可能还要注意提供这些产品的银行是不是属于存款保险计划的银行，否则有受损的可能性。

在一些网上银行，提供更加多样化的储蓄存款形式，从通知存款到零存整取结合使用。

在存款方面，存款银行也实现了智能化服务，存款保险制度，让他们合理避开税收管制，兼营一些利息很高的存款性质的业务。储蓄银行调解整存整取存款利率时，银行系统会凭据既定的公式计算出转存，是否划算的临界点天数，再与客户的已存按期存款实际天数进行比力，判断出是否应该转存，还可通过自动转存免去储户东奔西跑治理转存手续的麻烦。这种方式比较人性化，对于一些不善于存钱的人们，这是个好兆头。

529教育储蓄计划是美国通用的一种银行教育储备产品。许多中国银行也都创办了教育储备储蓄，存期主要分为一年、三年、六年三个档次，一个户名能存2万元，最多可以享受3次免税政策，高中（中专）享受一次，大专和大学本科享受一次，硕士和博士研究生享受一次，这样一来，就会比普通同档次按期储备存款多收入5％的利息收益。

高等教育的花费对于一般的美国家庭也是难以承受的，中产家庭的祖父母通常是这种教育储蓄项目的忠实拥护者。这个产品最理想的一点是，在教育的名义下，它是免税的而且可以享受较高的利息。这种存款对于不同年龄段的人，特别是有志于家庭的投资人士来说，可谓保险和储蓄一举两得，是个十分好的选择。在投资市场的数万种产品中，具体到储蓄，不管怎么说，现在看起来，教育储蓄是唯一的能够给个人和家庭带来额外收益的项目。

第十三章　股票是财富
天使还是金钱魔鬼

第一节　为什么说股票市场是精英的领地

"股票是一个风险教育场所。"这句流传很广的哈佛名言，并不是说给普通人听的。这话是给哈佛的未来精英们说的。在1932年，熊彼特在股市中赔得身无分文后，内心大概不相信股市中心脏功能特异的人会有出息。他对后来的大名鼎鼎的投资家，自己的学生约翰·伯尔·威廉姆斯说，"没有一个人愿意挑战投资本身的想法"。冒风险成了熊彼特"企业家"的标准配置。风险对于银行家和市场投资家来说，都成了需要小心翼翼、谨慎对待的话题。

直到上世纪70年代，说起股市的风险，商界精英和学界精英谁都不太敢谈论，甚至那些已经在股市上摸爬滚打，闯出一番事业的精英们对此也没什么好说的。

1919年4月，华尔街的第一代股神本杰明·格雷厄姆在Savold轮胎公司上市的第一天大赚了250%。同年10月，该公司爆出欺诈丑闻，其股票变得一文不值。格雷厄姆的早期收益记录如今已经散失，据估计，这只股票的投资应该是失败的。

1929—1932年大萧条期间，格雷厄姆的亏损接近70%。但1936年起直至1956年退休为止，他的格雷厄姆·纽曼公司的年收益率不低于14.7%，高于同期股票市场12.2%的整体收益率——这一成绩可以跻身于华尔街有史以来最佳的长期收益率之列。

格雷厄姆说："很奇怪，我能对各种重大事件做出正确预测，却不能预感到自己账户的资金将要面临一系列危机。"

精英们的卷子成绩不好看，普通人的答卷更是惨不忍睹。据统计，除了一个叫巴鲁克的投资家在1929—1932年的华尔街灾难中全身而退外，被股市风险"屠杀"的过眼烟云的富豪已经接近大屠杀的规模。回顾历史，股市里能留下长青基业的几乎个个都是精英。当然不客气地说，这就是矮子中拔高个——但，这就是股市精英化最好的历史进化证据。这就像是生存竞争一样，适者生存，优胜劣汰。你认为华尔街是个教育场所，那么必修课肯定是风险的灾难。这种灾难课可不是普通人心脏可以消受得了的。

股票获利机会较多，但也是最难以捕捉、风险很大的理财手段。股票的涨落往往惊心动魄，常常会伴随着家破人亡的事件发生，这不是什么夸张，而是股市真实风险的后果。

顶级大师詹姆斯·奥肖内西说："投资虽然不一定要以标准普尔500指数作为参考标准，但需要明确直觉思维投资法和机械投资程序之间的相同之处。"在过去的五至十年中，大盘股是最好的。然而再往前46年的数据却显示，资本总数还不足2500万的公司发行的小盘股，着实让投资者们大赚了一把。这种历史差距带来一个不可避免的状况，股市必然是能让一部分人一夜暴富，也可以把一些人推入万劫不复的深渊。也就是说，到最后必然是精英们的领地。

问题是既然这是个屠场，为什么有的时候，普通投资者也可以咸鱼翻身，甚至一夜暴富呢？为什么大家没有因为老是投资失败，退出这个投资精英的大本营呢？即使在1929年经济繁荣的顶峰，华尔街宣称只有400万或500万美国人参与股票市场。1970年夏天，纽约股票交易所骄傲地公布了一项调查，其结果表明美国当时有超过 3000 万股民。

《了不起的盖茨比》是"美国二十世纪最杰出的作家"之一F·司各特·菲茨杰拉德的代表作，在好莱坞电影史上有过五个版本。故事背景在第一次世界大战之后的美国，感叹"美国梦"的覆灭，大亨杰伊·盖茨比的发家与没落及其个人感情经历构成了故事的主体。

爵士时代是美国梦的狂飙年代，但在多数股市投资者们看来，了不起的盖茨比绝非虚构，而是美国股市造富时代结束的一个象征。约翰·布鲁克斯这个第一个给华尔街的投资史著书立说的人这样写道：

"吉尔伯特不能算是金融家。他的投机方式和最后的犯罪，导致新的防范性法律或证券交易委员会法规的出台。除了盲目相信他的亲戚朋友之外，也没有投资者受到伤害。"

作为一个社会人物，吉尔伯特的生涯反映了 20 世纪 60 年代初美国金融生活的面貌。不论是"垮掉的一代"还是生于"镀金时代"的美国人，不论漂亮的还是丑陋的，都随着大萧条和二战成为过去。但吉尔伯特不知道这些。由于生得太晚，他在不自知的情况下开始用华丽的方式进行自我毁灭。

然而，作家毕竟是作家，他只是从感情和表面做出的判断。对于精英何以控制华尔街和股市，他的答案可靠性不强。特别是他无法解释，在精英明显占绝对优势的华尔街股市，他们究竟是用什么手段做到：一边淘汰大批的非精英进入股市碰运气，另一边那些偶然跃入精英的穷人的机会也是存在的，而且某种程度上让股民大量入市。

直到 1997 年，哈佛大学教授施莱弗和威士纳依才找出了病因。他们的研究指出，一定程度的股权集中是降低股东与管理者之间代理成本的有效途径，但股权集中又导致大股东与小股东之间出现严重的代理问题。大股东在能够对公司实施有效控制的情况下，常常为追求自身利益最大化而转移公司资源，损害公司价值，从而对小股东的利益构成侵害。大股东通过隐蔽的渠道侵吞公司资源的行为被称为"隧道行为"。对大股东与小股东代理问题的深入研究发现，大股东也并不只是单向攫取公司利益，为了获得长期收益，在必要的时候，如为了保持公司不被摘牌、为获得股权融资资格等，他们也会向公司输送资源以维持公司的业绩，这种反向的利益输送被称为"支撑行为"。

"支撑行为"这一概念，最早由弗里德曼等提出，他们认为，控制性股东不仅会实施隧道行为侵占公司利益，同时还可能在公司处于财务困境时，利用私人资源对公司提供支持，从而使小股东受惠。当然，支撑行为的出现更多是由于控制性股东希望公司继续生存以保留未来实施隧道行为的机会。Riyanto和Toolsema（2004年）也认为，正是由于存在控制性股东的支撑行为，为小股东的投资提供了激励，才使得通常存在隧道行为的金字塔式的所有权结构能够吸引到小股东的投资。

像道·琼斯公司的企业家族，实际上他们在不同时期都在采取上述两种行为，这也是为什么这类家族长盛不衰的原因之一。班克罗夫特家族好几次都利用绝对优先的股权尝试支撑和隧道行为。毕竟，精英们的血液里不完全是屠场的成分，这让他们经常得在托市和压市间逐渐取得平衡。这样的结果是，华尔街总会有股市，而股市的大头一定是少部分精英的领地。这一点，正像那个传统的美国精英社会的结构一样，少部分人高高在上，稳定而持续的让大众在保留美国梦的同时接受统治。

第二节　看盘真的能窥视股市风云吗

道·琼斯本人和后来的华尔街技术分析师们有计算机，估计根本不会有道·琼斯公司。也不大会有道氏理论。之所以这么说，最主要的原因是：对成千上万的投资者来说，道·琼斯的股市指数在投资者心中有神圣的地位。遗憾的是道·琼斯公司并不依靠投资赚钱。技术分析师们不是靠投资生活，而是靠出卖报告。

这里面显而易见的悖论是，既然道·琼斯公司和分析师们宣称他们的大盘分析报告——包括各种图表，从简单的 K 线和蜡烛图分析术，到艾略特波浪图。从道·琼斯当日的股市指数到 4000 种以上其他的投资指数指标是有效的。为什么如此有效的报告和指数，却让他们自身陷入股市投资失败的阴影。特别是著名的旗下拥有《华尔街日报》《巴伦周刊》的道·琼斯公司。如今的道·琼斯公司不但和查尔斯·道没有什么关系，甚至和班克罗夫特家族也没有关系。最为诡异的是，这个靠预测股市，报道股市走势的公司，2007 年正好被当年他们看不上的小角色，现在的传媒大亨默多克的新闻集团收购。

美国新墨西哥州卡里索索镇只有一个交通信号灯，完全是一个与世无争的乡下小地方。在小镇的四风汽车餐厅里，人们可以尝到警长递过来的辣酱。但小镇法院里，却有详细讲述班克罗夫特家族发展动向的 12 本厚重的文件夹，这些文件曾经是鲁伯特·默多克竞购道·琼斯公司的关键。

1948 年杰奎琳·斯潘塞·摩根嫁给小休·班克罗夫特，小休·班克罗夫特是克拉伦斯·巴伦的外孙，巴伦于 1902 年买下了道·琼斯，因为这样的关系，道·琼斯公司一直是班克罗夫特家族的私产。夫妻俩在这座小镇中心以及林肯县的荒芜土地投入了几百万美元，从此在这个小地方生活了近 50 年。社区中心的游泳池、高尔夫球场、斯潘塞剧院的建设，都有一部分来自道·琼斯公司稳定的红利捐赠。法庭文件详细记述了杰奎琳、斯潘塞、摩根每年是怎样为其信托机构——它持有价值约 5000 万美元的道·琼斯股票——收取近 400 万美元红利的。

道·琼斯自己的股票这么多年来其收益率和红利，甚至是现金业绩表现一直差强人意。甚至最极端的情况是，1928 年巴伦去世的时候，道·琼斯公司也陷入了无穷的黑暗中。此后在华尔街的风暴中不得不进行革命。该公司一直没有恢复元气，上世纪 70 年代后才开始重新扩张。

一个在股市中失败的公司制作的股票大盘报告，怎么可能让看盘本身具有可信性？

不过，这么说可能过于单薄，真正对于看盘本身价值的否定，还是来源于股市本身和投资家们的理论和实践检验。

首先从股市本身看，不管多复杂的看盘手段和技术，都是源于查尔斯·道的道·琼斯指数和其道氏理论。从技术上说，指数表示法和股市的走向本身并没有逻辑和历史的联系。道·琼斯指数本身并没有什么神奇之处，查尔斯·道本人不过是个小学没有毕业的农场主而已，他所知道的数学知识仅限于算术平均数指标。

这种指标的问题是，高估某个参数，比如价格，就会高估那些高价股的作用。而且这种指标本身的意义只是反映一种平均趋势，作为股市的历史描述来说还算差强人意。就像每个人手里的老账本一样，大致可以凭此判定你是穷人还是富人，但你要是拿自家祖父辈的账本记录来确定自己现在的开销水平，不是饿死就会疯狂。

下面是道·琼斯的涨跌历史情况：

1974 年 12 月 6 日，跌至 577.60 点，为近 12 年以来的最低点和 30 年代熊市以来的最差业绩。

1987 年 1 月 8 日，首次突破 2000 点，以 2002.25 点结束交易。

1987 年 10 月 19 日，暴跌 508 点，日跌幅达到创纪录的22.6%，以 1738.74 点报收，该日被人们称为"黑色星期一"。

1991 年 4 月 7 日，首次升上 3000 点，收于 3004.46 点。

1995 年 2 月 23 日，首次突破 4000 点，收于 4003.33 点。

1995 年 11 月 21 日，首次突破 5000 点，收于 5023.55 点。

1996 年 10 月 14 日，首次突破 6000 点，收于 6010.00 点。

1997 年 2 月 23 日，首次升上 7000 点，收于 7022.44 点。在 89 个交易日即上升 1000 点，创该指数千点跃升最快纪录。

1997 年 7 月 16 日，首次升上 8000 点，收于 8038.89 点。

1997 年 10 月 27 日，狂泻 554.26 点，日跌幅达 7.2%，以 7161.15 点收盘，日跌点数创历史之最；并且，首次启用股市停盘的规定，由于跌幅过大，当天两度停盘并提前收市。

1997 年 10 月 28 日，猛升 337.17 点，创日升点数最高纪录。

1998 年 4 月 6 日，首次突破 9000 点大关，以 9033.23 点报收。

1998 年 8 月 31 日，剧跌 512.61 点，突破 8000 点。

1999 年 3 月 16 日，盘中曾首次突破 10000 点大关，但闯关后以 9930.47 点收盘。

1999 年 3 月 29 日，首次以 5 位数收盘，报收于 10006.78 点。

2007 年 4 月 26 日，报收于 13000 点。

2007 年 10 月 11 日，见至今历史高点 14198 点。

2008 年 10 月 6 日，受金融危机影响跌破 10000 点，收于 9962 点

1987 年黑色星期五，按照历史判断，应该是华尔街的最大危机了。现在的投资家确信 1987 年的危机远远逊于 1929 年。按照过去的研判，这是个错误的做法。即使按照道氏理论的说法，在这个时候慎言慎行，你很可能在接下来的二十年找不到股市投资的黄金期。

道氏理论本身而言，这个理论严格意义上不能称为理论。道在世的时候只有关于投资的只言片语。道本身的理论的可信度可想而知。一个靠拼凑起来的理论，实际执行能力终究有限。

其次，投资家们，特别是对于投资理论进行了规范的哈佛

投资大师们，他们从实际和理论否定了看盘和股市未来走势的关系。学院派的大师们，从萨缪尔森到现今的莫顿米勒，都不相信看盘。学院派精英投资家指出，看盘技术本身只是在对股票已经发生的价格趋势进行描述而已。一个投资者在这种情况下，要么只能望洋兴叹，在过去的好投资机会中慨叹机会流失。要么根本不知道预期投资收益率是多少，说到底，一个父亲怎么能在孩子未出生前判定其寿命长短呢？

1956 年哈利·罗伯茨对道氏理论的图形产生过程进行了模拟检验，哈利·罗伯茨用扔硬币的方式随机产生了图表师们发明的"头尖角"图形。更进一步地验证发现，道氏理论的所有形态都可以在这种纯粹的随机图表中发现。这就是说道氏理论的特征并不特。当然分析师们还是谨慎地相信自己的图表和道氏理论的价值，你不能妨碍别人也喜欢星座学。这毕竟是一种股市文化。

最后，按照一些随机漫步投资理论的解释，即使以道·琼斯的类似手段统计股市投资的盈亏，得到的也只是随机性的，类似扔硬币的机会均等的分布规律。这等于彻底断绝了寻求看盘技术得到什么保赚不赔的股市操作秘诀的想法。

第三节 "快动股"还是"慢动股"

提到美国近来的成长股，首先要提到的是 MediFast。这家传统上健康减肥计划的供应者，曾经创造 10 年回报率增长 200 倍的奇迹。在短短 10 年，这家公司的营业收入从 100 万美元增长到 2009 年的 1.7 亿美元，10 年翻了 180 倍。

ZAGG 是给 iPhone 提供防震保护产品的一家公司。iPhone 的热销，刺激这家公司业绩爆发式增长。其主营业务收入由 2006 年的 278 万美元到 2009 年的 3836 万美元，复合增速达到

140%。对于投资者来说，这是搭上顺风车的超级公司之一。

　　Netflix 原来的主营业务是 DVD 租赁，采用的是会员制的模式，现在这家公司推陈出新，也开始提供网络在线观看业务。这项革新，让该公司业务自上市以来迅速扩张，从 1998 年到 2009 年的 12 月，它的收入从 100 万美元发展到 16.7 亿，足足翻了 1200 多倍：从一家名不见经传的小公司成长为全球最大的在线影片商。可以说投资者的回报也是惊人的。当然，这可能在后期引起市场对其未来面临的竞争担忧，但现在 68 倍估值仍表明投资者对其业务未来成长性的肯定。这些成绩毕竟不是什么公司都可以撼动的。

　　这些快动股，经常可以在有限的时间内，创造超越绝大多数标准普尔 500 指数平均水平的增长率。这本身高成长股票，总是给普通人以快速致富的利好。你投资了上述几家股票中的任意一家，换取快速回报，便可成为百万富翁。在 1926 年至 2002 年的 76 年间，这些快动股创造了增长率的奇迹。1995 年到 1998 年，微软的净收入增长率分别达到了 24.5%、25.3%、30.4% 和 31.0%，同期每股赢利的增长率分别是 20.8%、58.6%、56.5% 和 27.8%。

　　2000 年 3 月 27 日，思科的总市值达到历史高点——5550 亿美元，一度超过微软成为美国市场价值最高的公司。为了爬上这个位置，微软用了将近 25 年的时间，而思科仅花了 16 年。这个过程，仅在几次简单的分拆后，微软就制造了数个排名世界前列的亿万富翁。思科的总裁也从普通的打工者变成了有名有姓的顶级富人俱乐部的成员。

　　你接受股神巴菲特的教诲，估计这些美国奇迹的神股肯定首先会被剔除出去。对于哈佛这个保守风气占优势的地方，许多人更喜欢"慢生活"，更关注纽约市场里慢腾腾的常青树。这些股票的特点，仿佛那些新英格兰登陆的英国贵族后裔，在过去的几十年里一直保持着业绩上不温不火的状态。对于投资者来说，尽管他们并不会带来财富暴涨的效应，长期持有总是能最大程度上的减损。

可口可乐是巴菲特到现在长期持有的一支稳健型股票。20世纪 30 年代就有媒体认为："现在关注可口可乐公司已为时太晚了。"事实却是 1938 年以区区 40 美元投资可口可乐公司股票，到 1993 年底就已经增值到 25000 美元了，整整 600 倍回报率！

1977—2003 年，16 年间巴菲特持有可口可乐股票从未动摇过，投资收益率高达 681.37%。尽管这期间可口可乐也一度出现过业绩下滑，巴菲特坚持相信对其强大长期竞争优势的判断，而决不把股价的一时涨跌作为持有还是卖出的标准。1997 年可口可乐的股票资产回报率为 56.6%，1998 年下滑到 42%，1999 年更跌至 35%。许多投资者纷纷抛售可口可乐的股票，但巴菲特不为所动。他继续坚决持有可口可乐公司股票，并与董事会一起解雇了可口可乐原 CEO 艾维斯特，聘任达夫为新 CEO。果然不久之后可口可乐就重振雄风，为巴菲特继续创造高额投资回报。

多数的投资者，不管是股市老人，还是初入华尔街的哈佛毕业生。究竟是选择迅速致富，盘活资金的快动股，还是选择基业常青，走赢长期的慢动股，这是个十分严重的问题。一些人在入行很久后，对此依然是一头雾水。甚至与哈佛投资的教父们的意见看上去也是相左的。

哈佛投资大师们认为，就收益率本身和机会成本来说，快动股和慢动股，就像是萝卜和青菜，只是对于不同的投资偏好人才会产生不同的结果。

高成长的股票，对于那些冒险的、喜欢短线投资的人来说，不需要大量的资金仓和保证金账户，就可以达到目的。有些人还会专门盯着那些有着高增长潜力的概念股和科技股，比如在 2007 年以来，中国大量的概念股就受到华尔街的追捧。不过，持有高成长的股票通常需要更多的关注事件和时间的变化，这意味着同等情况下，你必须耗费大量的时间和资金在一支和一个系列的同类股票。这可能丧失了投资其他股票的好机会，也可能在突然的风险中加重你的损失。

稳健型的股票，对于保守，喜欢长期投资的人，虽然也可能需要一个大账户，不过花费的分析时间较少。这样反倒可以有别的时间和充裕的资金考虑更多的风险计划甚至短线投资来止损增值。从巴菲特历年来持股变动情况可以发现，他的股票投资分为两类，一类是像可口可乐、宝洁、富国银行和美国通用这样的优质企业，巴菲特选择的是长期持有，很少进行大动作的换仓。

这种投资也是目前最为大家所津津乐道的"价值投资长期持有策略"，但显然巴菲特并没有把所有股票都长期持有，二类就是低价买入、高价卖出，阶段性持有的股票。除了可口可乐、宝洁、富国银行、美国通用、强生以及最新买入的 IBM 外，其他很多股票巴菲特都只是阶段性持有，而非长期持有。巴菲特最早在合伙公司期间大概用 40％的资金做套利，使合伙公司的业绩稳定增长，在熊市远远超越大盘和其他基金，而且没有一年发生亏损。

总的来说，这最终是个资金的安全性问题，怎么样投资股票才是经济安全的。这本身更多是一个个人风格的问题，并不全部取决于股票本身。真相是快动或者慢动都有大把的成功案例，只不过，采取的手段各有不同，不同的人采取不同的战略而已。

第四节　到底是什么让股市上涨

由于美国经济数据利好提振投资者情绪，2012 年 3 月 15 日纽约股市标普指数创下四年多新高点，首次超过 1400 点以上。当天美国劳工部公告，前一周美国首次申领失业救济人数减少

1.4万人至35.1万人，数据表明美国就业状况仍在持续改善。受高油价的推动，美国当年2月份生产者价格指数环比增长0.4％。纽约联储在2012年3月15日表示，纽约州制造业指数3月份上升至20.2，这是2010年6月以来的最高水平，显示纽约州地区制造业复苏强劲。

截至2012年3月15日收盘，道·琼斯工业平均指数比前一个交易日涨58.66点，收于13252.76点，涨幅为0.44％。标准普尔500指数涨8.32点，收于1402.60点，涨幅为0.60％。纳斯达克综合指数涨15.64点，收于3056.37点，涨幅为0.51％。

"由于美国经济数据利好提振投资者情绪"，这种分析化的说法随处可见。哈佛出身的投资家可能不太相信该说法的客观性。因为从直观上说，这等于承认宏观数据和股市上涨似乎存在直接的关系。

《华尔街日报》的一位主编曾经指出：道·琼斯的数据可能影响美国经济的长期趋势。道·琼斯的指数就是华尔街和美国经济的晴雨表。道氏理论的创始人查尔斯·道反对将他的数据表和股市涨跌联系起来，后来他的继承者们却反其道而行之。

道氏理论的集大成者罗伯特·雷亚认为，道·琼斯的长期趋势指标，确乎是可以看作是数据影响美国宏观经济走势的显示器。技术流和图表分析师在华尔街的流行，几乎让外界产生这样的错觉。股市涨跌，就是一些罗列数据和图表后的各种报告，股市的全部秘密就操控在宏观数据图中。特别是上涨趋势上，因为盼望从股市中获利的动机显然更强些。

前美国财政部长、上任哈佛大学校长萨默斯，可谓是股市和学界的双料王牌。萨默斯在学界硕果累累，属于经济学家中的明星人物。他的学术成就多涉及国际宏观经济数据方面的研究；萨默斯也是一个在华尔街的分析师团队中的核心首脑人物。他所在的一家对冲基金公司，正好是做报告后提供给承销商和客户的。遗憾的是，这位华尔街大人物的一个细节，暴露了道氏理论在哈佛精英面前的价值。显然，萨默斯从不相信宏观数据能够挽救不断下跌的华尔街，他想到的不是数据本身，而是股市以外的力量。萨默斯在金融危机后第一个赞成对金融业和对冲基金进行管制。

这意味着，萨默斯用行动说明如下道理，股市的涨跌中最重要的因素是股市以外的风险因素，并不是股票价格或者公司经营、市场情绪等等力量。说来这也不是什么新鲜的说法，在四十年前，莫顿米勒和莫迪利安尼就断言，公司的价值和资本结构无关，现在不过进一步说，股市的上涨和股市的结构无关而已。

除了在 Shaw 公司获取的薪酬之外，通过投资该公司的基金，萨默斯的财富不断增长。与大多数在 2008 年股市猛跌时蒙受巨额损失的对冲基金不同的是，Shaw 公司宣称，它的宏观经济基金的回报率大约为 7％。而另一项多重策略基金仅缩水 8％，这一比例远远低于大多数对冲基金。

Shaw 公司的一位发言人表示，萨默斯的主要工作并不是充当推销员的角色。但据知情人士透露，2007 年秋，在金融危机一触即发之际，萨默斯前往迪拜，与 Shaw 公司的销售人员和潜在投资者共同参与了一系列会议。这一地区的银行家们闻讯之后，纷至沓来。同时，萨默斯还在几个奢侈的宴会上发表演讲，并且会见了 Shaw 公司在该地区的房地产投资合作伙伴。

2008 年 9 月。萨默斯向 Shaw 公司的交易员解释说，一项重要的伦敦银行同业拆放利率出现了偏差，由此帮助该公司的交易员避免了损失。在总统大选之前的几周，他先后在 Shaw 公司成立 20 周年庆典聚会，以及在波士顿召开的一个著名的对冲基金投资人会议上，发表演讲。12 月份，萨默斯出席了该公司在美国自然历史博物馆一个巨大的蓝鲸模型下举办的年度节日聚会。

推动全世界股市上涨，影响"牛熊"的关键因素在市场之内。哈佛大学的教授们是不相信股市价值的，这多少可能让人感到惋惜。正如学界出身的投资名家马尔基尔所说，这已经是学界常识。马尔基尔不经意间说出了真相，有些人可能误解了股市中有效市场的理念，说到底，市场的有效性只是个假说而已，现实并不存在。

金融危机的到来，更显示出股市和宏观数据的背离。从2008年以来，美国实体经济复苏前景惨淡。从那个时候起，美国宏观经济从就业来说，基本上成绩为零。奇怪的是，道·琼斯指数和标准普尔500指数，短短两年，再度全线飘红。纽约股市的点位甚至已经接近危机前的高峰。在遥远的时代，这就是活生生的南海公司泡沫浮世绘。

到底是什么推动了如今股市不断上涨的，正如一些华尔街银行家坦诚的那样，这是美国政府救援在股市数值上的反映而已。当然，这个理念在哈佛的学生投资报看来，不是什么标新立异。因为80年前，凯恩斯的股票价格由心理预期决定的说法传达的正是这套教义。美国政府的救援显然直接地影响了投资者的心智，无形中让他们建立了股市上涨的心理基础。

站在华尔街的任何地方，有些人做的是股市不断上涨的牛市梦，有些人则追逐的是市场的波动，寻求发财的特殊机会——卖空只是另一种牛市而已。老牌的哈佛毕业生们，通常都坐在安静的办公室里察言观色：一只眼睛望着道·琼斯的电子显示屏，另一只眼睛正盯着从华盛顿和哈佛学院走出来的黑衣政客们。

黑衣政客和市场之间看不见的更加复杂的联系，也许是市场的皮毛之外，股市兴衰的真正"内在价值"。你想知道上涨的秘密，正如常言道，旁观者清，跳出市场，也许人们在喧嚣的股市发财梦中，能得到些关于股市的真谛。

第五节 什么成就了"好"股票

2011年8月1日版《巴伦周刊》称，亚马逊如果能把资本转向为零售、Kindle电子书阅读器和云计算业务，这些业务的迅速增长，还将让股票上涨10％～25％。亚马逊股票第二天就达到史上最高点的227.20美元。而在2011年7月29日的亚马逊股票收盘价是222.52美元。《巴伦周刊》预测上涨25％意味着亚马逊股票价格将上涨到278.15美元。

《巴伦周刊》称，虽然亚马逊股票价格达到2011年预计利润的107倍有点儿"不可思议"，可是，这与沃尔玛20年前的情况有可比性。沃尔玛当时的营收增长35％至440亿美元。毕竟，亚马逊有14年的优秀经验。它通过积极地投资技术、分销渠道和房地产，用牺牲利润率来提高收入增长。投资建设完成和分销中心，为亚马逊Web服务云部门建设数据中心以及扩大其Kindle部门做准备。这些做法对于增长都是持续利好的。

华尔街的高盛分析师们一直认为，华尔街长期漠视亚马逊股票的价值。亚马逊的表现显然报复了这种傲慢。对于偏好价值投资的高盛团队来说，一支好股票就是像亚马逊这样被人低估内在价值的股票。瑞信的分析师们更加直白：他们列举亚马逊的种种优秀品质。这就从纽约港口中那些卖相不太好的大路货中挑出上等货一样。有些上等货必须要特殊的时间、特殊的条件、特殊的方法才能被高明的投资家发现。

在发现最好的股票方面，有一位投资大师的经验是不可或缺的。哈佛大学的金融经济学家兹维·博迪开玩笑说，一代大家格雷厄姆的价值投资是如此成功，以至于现在那些具有投资价值的股票都消失了。上世纪华尔街股市灾难中成长起来的一代投资大师格雷厄姆无疑是在股票选择方面具有最高的发言权。

但在去世前，格雷厄姆个人关于好股票的观点，已经发生了某种程度的变化。

格雷厄姆说："我一直在讲运用简单的标准来衡量证券的价值。然而，其他人试图去做的是选出施乐公司和 3M 公司，因为它们的长期前景较好，或者判断明年半导体行业会有较好的表现。这些看起来都不是令人信赖的方法。其他很多方法都比这些方法要好。"

在关于主张有效市场理论的人们可能误解了价值投资问题上，格雷厄姆认为，有效市场派声称他们关于有效市场理论的基本论点是正确的，人们应当研究股票价格行为，并尽量从中获利。对格雷厄姆本人而言，这并不是个鼓舞人心的结论，因为根据他本人在华尔街 60 年的经验，他所看到的是人们并不能够成功地预测股票市场的变化。

格雷厄姆认为，投资者所要做的事是听听《华尔街周刊》的说法，要学会看出上面没有任何一篇文章具有股票市场将要发生什么事情的权威性或特殊见解。这些文章的作者们和那些经济学家们都有自己的观点，你问他们，他们很愿意表述他们的观点。但格雷厄姆相信经济学家们不会坚持说自己的观点是正确的。

这是格雷厄姆去世那一年的一篇专访。格雷厄姆相信存在一种简单的标准衡量好股票，不过他已经不再相信"好"股票是可以预测出来的。人们眼中的好股票是未来的收益高的话，显然格雷厄姆是不承认有这种"好"股票的。可见，真正的好股票，显然是这样一种证券，在一定的时间内，股票的内在价值被低估，有较大的把握在一定时期内可以获得较高的收益率产品。

在格雷厄姆那本《价值投资》圣经出现后，哈佛大学的学界精英们也开始出版他们自己的专著，讨论到底什么是好股票。经过哈佛大师从威廉姆斯、数十年的发展，好股票的构成因素的成分逐渐从华尔街那里被分离出来。

按照目前哈佛最流行的两本投资学的畅销书的观点，也就是博迪和米勒的两本投资学著作的权威说法。好股票主要拥有以下条件。

1. 高预期收益率。虽然预期收益率的计算比较复杂，也没有多少人能找到合适的风险组合比率。不过从理论上，这个说法对于投资者来说还是比较靠谱的。虽然洛尔批评资产组合理论在这一点上是一种未卜先知的做法。一个有着长期投资经验的人，也应该大致估计出投资一种股票的风险程度。历史证明，像美国国债这种产品大致上可以是作为预期收益率的基准的。总体而言，风险总是要比国债的风险高些。

2. 市盈率。价值投资的专家们偏好相信低市盈率且有良好的发展前景的公司股票，可以变成好股票。例如股神巴菲特就相信长期价值可以战胜增长。像可口可乐这样拥有独门配方的投资品，在巴菲特看来，长期总会因为独特的价值而报酬丰厚。股神之所以很少涉足那些喧闹的概念股，很重要的一点是，这种短期的高增长总会因为没有特殊的价值最终消失。不过，按照一些研究发现，这种说法似乎只是 20 世纪 90 年代以前的数据的结论。要谨记这个说法可能仍然对未来没有用处。

最后我们不得不再次发出警告，理论上说世界上不存在什么好股票或者坏股票。毕竟，依照金融经济学家的看法，股票市场完全是个博弈的市场。它的本质总是将一部分人的钱从另一部分人的口袋里转移出来，并不会直接产生任何产业价值。所以对于科班出身的经济学家来说，讨论好股票，这似乎还不如讨论些别的更有价值的内容。

在哈佛大学成长起来的所有投资理论，几乎全部是验证股票的价值存在与否，至于股票的价值到底是好还是不好，到现在没有一篇论文谈到。哈佛投资学的概念是，这里不是华尔街分析师胡说八道的道场。

第十四章　共同基金到底是
利益共享还是风险共担

第一节　为什么要投资基金

2008 年下半年，金融危机已侵入看似平静的哈佛校园。同年 12 月，哈佛大学校长德鲁·福斯特和执行副校长爱德华·弗尔斯特联名给院长委员会写信说，从 2008 年 7 月 1 日到 10 月 31 日期间，哈佛捐赠基金就缩水 22%，损失超过 81 亿美元。哈佛大学这座世界最富裕的大学，遭遇了其现代历史上规模最大的一次资产缩水。

与哈佛的损失相比，竞争对手剑桥大学在金融危机爆发前，就将大笔资金从私人股票投资领域撤出，从而得以全身而退。剑桥大学捐赠基金近些年来稳健增长，仿效耶鲁大学的模式，主要投资于"抗通货膨胀"的标的上，诸如土地、自然资源以及利息与通胀率挂钩的债券等。

代表美国 2500 家高等教育机构的"全国大学经营者协会"主席兼 CEO 约翰·瓦尔达表示，尽管捐赠基金收益率从 2010 财年的 11.9% 继续增长，但美国大学基金数年内仍不太可能恢复到金融危机前的水平。

这意味着哈佛大学有可能在和竞争对手的竞争中落于下风。

哈佛大学的师生们确实该考虑大学为什么要把命脉操控在一个基金公司手里。基金损失已经威胁到哈佛学生们的生活。按照文理学院的预算报告，哈佛在接下来的几年里将停止供应免费咖啡和食物，其他各种降薪和降低教学密度的措施不一而足。

哈佛资产管理基金公司主席曼迪罗对于这种投资困境解释说："我们没有一个人能够预测市场在下周或下个月的走向，所以我们尽量不要把对投资的安排过度集中在一种假设情景和条件下；我们要在能够承受的波动下，力争长期的平均年回报率为正。我们能够根据平衡风险和收益的原理，寻找市场定价失败的时机，投资在那些有增长潜力的资产，那么我们的投资长期的走势就是非常良好的。"

这不能解释哈佛的理财要选择基金公司。哈佛选择基金公司，和大多数人一样。其根源于一种历史信念，基金是一种专家理财，相比普通人具有长期高收益率的优势。

2008 年以前的十年间，哈佛捐赠基金的年平均收益率为13.8%，基准收益利率为 9.5%，所有大型捐赠基金的平均年收益率为 6.1%。在 2007—2008 年度，哈佛大学捐赠基金的表现还远好于市场，其年收益率为 8.6%，不仅高于基准收益率的6.9%，也高于所有大型捐赠基金平均收益率的 4.4%。

基金作为专家理财的古老说法基本是这样的：随投资市场的扩大和信息的增加，金融市场已经分化出来。只有具有专业的投资知识和背景的人，才能获取有效的信息和技术，选择最优价值的产品获取最高的收益。就投资产品扩大和信息增加来说，从道·琼斯的《华尔街日报》那种简单的方式开始，接着自动股票报价器发明，到今天大概有数千种关于投资市场的投资显示形式。

计算机的推广，又将信息和市场扩张到惊人的水平。就投资专业化来说，哈佛投资大师伯顿·马尔基尔则干脆认为，投资如今已经成为人们生活的一部分。投资的专业知识已经不可或缺，在这种情况下，谁拥有专业的知识，自然也就等于获取投资优势的一种方式。

　　打着专家理财旗帜的基金，无疑是顺应时代潮流的。不过以上的种种说法，是否成立还要经过实践检验。在这方面，哈佛的确具有理论和实践上的特殊优势。

　　20世纪60年代以前，对投资基金的业绩评价，主要是根据投资基金单位净资产和投资收益率这两个指标来进行的。但显然基金的投资收益与股票的投资收益一样具有波动性，即具有风险，所以早期不考虑风险因素的基金业绩评价有很大的缺陷。那时流行的基金业绩评价还是按照威廉姆斯的理论进行的。在这种评估风险中，相当于说基金经理们具有某种特殊能力，可以比常人有更大的成功率。华尔街的投资大师大多数也就是这一时代的基金管理人。从格雷厄姆到巴菲特，马尔基尔、邓普顿、欧奈尔，概莫能外。甚至，连萨缪尔森对此都想当然的接受，尽管他是第一个考虑风险问题的经济学家。

　　1965年，在哈佛受过数学和商学院教育的美国财务学者特雷诺对此提出疑问。在《如何评价投资基金的管理》一文中，他首先提出一种考虑风险因素的基金业绩评价指标，后人称为"特雷诺指数"。

　　在财务理论中，衡量投资收益的风险一般采用两个指标：一是其历史收益率标准差 δ，衡量投资收益的总风险；二是其系统性风险系数，即 β 的估计值。特雷诺认为，基金管理者通过投资组合应消除所有的非系统性风险，因此特雷诺用单位系统性风险系数所获得的超额收益率来衡量投资基金的业绩。

　　特雷诺对美国的基金经理的业绩和风险的实证研究却让人大跌眼镜，他们利用T－M模型对一些共同基金的数据进行了估计，但几乎没有找到任何基金经理把握市场时机的证据。也就是说美国的基金经理们的专业能力只是伪装的。

　　更有意思的是后来阿玛蒂、罗斯等人论证了 T－M 模型在衡量市场时机选择能力居然是负有效的。这就是说，基金经理们可能总是在大损失和大波动上表现得更突出的失败。这当然也部分适用一个现实，大部分的基金，在过去的几十年里，都是大盘的失败者。

在这种情况下，人们投资基金的合法性，也就不断地受到质疑。直到最近，投资大师们才开始重新找到基金合法性的证据。罗尔指出，之所以得出基金缺乏专业和投资风险预防能力低的说法，最主要的可能是人们的市场标准有点儿褊狭。从前的判断标准太过简单以市场论英雄。这可能让基金的长期多样化风险的优势显现不出来。

基金同许多投资产品相比，的确可以规避更多的风险。基金形式本身就是产品多样化的代表。尽管巴菲特的基金管理公司也出现过大幅落后市场的情况，但是这并不妨碍他成为获得利益最多的基金公司。看来，经过历史的长期淘汰，今天的基金公司专家化的神化面纱已经逐渐褪去，分散风险的本身形式却还具有生命力。正是这一点，才使得多样产品的环境下，人们更多的选择基金。

第二节　长期投资基金真的有用吗

将资金放在银行里的投资方式，有通胀不断侵蚀的危险。而其他的专业投资渠道，如股票、期货交易，一般的投资者根本就无法把握。因此大量的报纸和投资顾问建议，基金作为一种集合投资的渠道，基金管理人较一般投资者而言，具备更专业的研究能力，更能为投资者获取更稳健的投资回报。有些经理人更是宣称，从长期而言，购买基金是跑赢通胀的关键，是一种重要的理财途径。

那么，长期基金真的能赚钱吗？

对于基金来讲，长期投资比短期投资要好，并不是说长期投资一定赚钱。

　　基金（主要指股票型基金）的收益是和股市密切相关的，而股市和这个国家的经济状况是密切相关的，因此，长期投资也是建立在对这个国家经济发展和资本市场政策长期看好的基础上的。如果这个国家的经济处于衰退期，或者资本市场非常不完善的话，那么股市和基金当然也不会赚钱，不论短期长期。因此，基金也是有风险的，只是它的特点使得它的风险要比个人投资股票小得多，而获得的收益比个人投资的平均收益要高得多。对于中国这样没有美国那样繁杂的基金类型的国家来说，基金的长期投资收益率更值得人们关注。显然，不管是在中国还是美国，人们对于基金的长期回报，都有一定的要求。美国人同样在问，基金长期值得投资吗？

　　这个问题必须换一种方式来思考。因为一谈到长期，人们必须回到投资的原点，大概才能有一个冷静清醒地认识。经典的哈佛教科书学者，特别是商学院的大师们相信，从长期来看，这不是一个投资什么的简单问题，而是一个经济学的普遍问题。基金长期是否值得投资，归根结底，取决于你的机会成本，主要是交给基金的管理费是不是合理。

　　在金融危机出现一种奇怪的现象，这就是华尔街高薪高奖金现象。索罗斯因为捐赠 4000 万美元协助联合国一项非洲农村发展计划而在联合国举行记者会，当被问到对"占领华尔街"行动的看法时，他表示，最令民众愤怒的还不是用纳税人的钱救银行，而是已经陷入困顿的银行还让执行主管领取高额红利奖金。"我觉得我可以赞同他们的看法。"索罗斯说。

　　许多人大概此时可能突然对索罗斯的印象焕然一新。事实是，由于银行业的高薪受到攻击，业务处于低谷，对冲基金此时正利用大好时机招兵买马，招徕银行业的明星员工。所以，索罗斯大秀道德牌，以期吸引更多的人和资金进入基金。

　　这个细节，以经济学家的观点看，却是相反的。这说明基金的管理费一定在金融危机后有了历史性的增长。很可能基金经理的报酬将以天价的记录被刷新。这一点，由于基金的业务的国际性，在中国表现得就更加明显。甚至出现了基金的天价报酬。大有追平华尔街的趋势。

2012 年 3 月是中国基金经理们的欢乐时光——从该月开始到年中，上一年的年终奖将逐一兑现。2011 年基金创下 5000 亿元亏损，不过，基金经理们的管理费和薪水"一分都不能少"。类似中国巴菲特王亚伟这样的明星基金经理，保守估计年薪 1000 万以上。2010 年股基冠军孙建波，至少有 500 万元的过户费。在中国基金市场上一位成熟的债券基金经理年薪已到 300 万～500 万元。

而与此形成强烈反差的是，证监会统计在 2011 年每个基民平均亏损 4000 元。一边是投资者的巨大亏损，另一边是基金管理人员的天价管理费和奖金。粗看，这两者并没有什么关系，其实不然。同多数产品不同的是，基金的长期投资和基金的管理费有相关关系。

索罗斯的老师，诺贝尔经济学奖得主夏普考察了 1954 年到 1963 年之间 34 个共同基金的经营业绩，他发现收益率的主要差异是源于每个共同基金的费用各不相同，而且，若用夏普指数来衡量的话，则大部分基金的业绩表现都不如道·琼斯工业指数所衡量出的业绩表现。

1968 年哈佛教授詹森提出了以资本资产定价模型为基础的业绩衡量指数，又称为"詹森指数"。在考察了 1958 年到 1964 年间 115 只共同基金的业绩表现之后，詹森发现，没有证据能够说明任何一只基金能比随机选择的投资组合的业绩表现优异。

金融理论家开始认识到，只有将基金经理的管理费看成是基金的机会成本，才能有效评价其长期投资的收益水平。基金本身的代理委托形式，同样要服从一般的经济学理论，只有基金管理人和基金投资者的长期利益保持一致的时候，基金的投资者才能够获利。否则在管理费和投资报酬不挂钩的情况下，最终只能让投资者多数赔了夫人又折兵。

因此，在这种情况下，除非专家和管理者切实地站在投资者的长期利益的角度上投资，否则很难说，基金的长期投资是有益的。毕竟，把自己的钱交给一个盲目的专家，而这个专家还打着自己小算盘的时候，同床异梦，怎么可能有好的结果呢？

第三节　共同基金的"小秘密"

"我也越来越平静，我比其他所有基金经理轻松得多，我没有必须赢利的压力，对我而言，保住胜利果实就是最大的胜利。"

"其他的基金经理在做什么呢？他们可能并没有这么轻松，他们为了跑赢其他基金，他们为了给他们的客户赚钱，而且必须在那些事先承诺的回报压力下，"他们必须满仓，无论股市怎样下跌，他们也只能满仓，他们只能期待股市尽快回暖，他们心里清楚，即使熊市来临，即使崩盘在即，他们也只能满仓。"

"业绩是自己的，损失是客户的。只要自己比别人跌的少，就是业绩。所以他们宁可眼睁睁看着股市一跌再跌，看着自己的基金一跌再跌，却不能减仓，而是不停地操作，各种操作，他们焦头烂额地在股市里挣扎，使尽浑身解数，痛哭着，却挣脱不出来。"这些基金经理无疑是最痛苦的，面临心灵矛盾。一边他们可能祈求着："所有的客户们，求求你们了，快快赎回你们所有的基金吧，这样我就解放了。"但是另一面，这些人必须假仁假义地说："长期持有，你将获得丰厚回报。无论任何情况下，他们都必须这么说，即便他们心里渴望客户们赎回基金。"

这是一个职业基金经理的独白，也可能是所有基金管理者共同的自白。在不经意间，这个简单、天真的经理，为投资者打开了一扇未知的窗户，这里有经理人共同的小秘密：只要保本，他们就再不关心一切，一旦操作失误，他们最希望投资者赎回基金，越快越好。

这个秘密无疑是让人不高兴的，一个投资者兴奋而理智地决定把自己的钱和账户交由经理人和专家团队们掌控，换来的只是淡漠和抛弃，有的时候甚至是背叛。以道德风险的角度看，这是明火执仗的"不负责任"的行为。法律和合同虽然可以通过赎回条款、咨询、监管来保证公平，但这是不够的，谁会愿意让一个随时和你离心离德的家伙做合伙人，你就是翻遍《呼啸山庄》，也见不到如此让人头疼的现实。

这个有点儿卑鄙的小秘密的卑鄙还不至于此，还有更加让人意想不到的环节。人们能够看一下共同基金的操作过程，新的亮点还会被挖掘出来。

基金经理经常是不保本的，即使他们经营的是保本的基金。"保本"需要两个基本条件：一是，必须从该只保本基金的认购发行时购买；二是，必须持有资金满预定版本期限。两个条件不能同时达到，"保本"就形同虚设。一旦认购期过后，无论投资者在保本期限内何时间段购买该只基金，基金公司都不保证投资者的本金，只能按投资者赎回时的净值进行返还，简单来说，到那时该只保本基金就只是一只普通基金，没有任何保本可言。

基金一般设定了一定期限的锁定期，在中国一般是 3 年，在其他国家甚至达到了7～12 年，对投资者所投资的本金提供100％或者更高保证的基金。这是通常人们对于保本基金的定义。可是这只是表面文章，我们前面已经说过，基金经理在判断市场上并没有什么特别的能力，这种说法，从一开始就只是个空头的许诺而已。匪夷所思的是可以被写进合同。让哈佛的刻板经济学家们看这一问题，也许他们会认为交易所的确一直都很不靠谱。

不过，这正是共同基金招徕生意的第一种方式，也是最有效的方式。这就好像是一个推广活动一样，华尔街多数时候，这种近乎不负责任的推销一直在进行着。关于这种投资营销行为，攻击者很少。一来是因为基金经理在美国保持在小范围内，比如麦道夫的乡村俱乐部。另一原因是，基金经理并不能直接影响市场利率。因为他们的表现一直以来都比较低调。除去对冲基金，几乎像一个行动缓慢的巨人，这也很少引起经济学家和公众的激烈质疑。简而言之，这就是一个胆怯的巨无霸群体而已。问题是，这也是基金最好的伪装。

在赎回环节上做文章，经常掩盖不可告人的问题。即使满足了保本的两个条件，但保本期满后，净值却跌破了原有的面值，那么投资者也拿不到原本的100％本金。各只保本基金的规定不同，有的基金可以保证100％本金，但有的只能保证90％的本金。一旦出现上述的情况，对于投资者来说，选择保本基金便不能保住自己的本金，亏损也就无法避免。当然，在保本期限内赎回，就更是没有保本一说了。

保本基金毕竟为投资者提供了一定本金或收益的保障，对于不能忍受投资亏损、风格稳健和保守的投资者比较适合。但它毕竟是在熊市中推出的产品。在市场普遍认为牛市并没结束的时候，选择保守基金是不太明智的，但可以作为组合配置投资的其中一种进行操作。

第四节　投资指数基金赢在哪里

世界顶尖的投资大师，都对指数基金青睐有加。就以巴菲特来说，他的一条不成文的戒律是从不公开推荐任何股票和基金，但唯独指数基金例外。巴菲特曾多次公开推荐指数基金：在1993年至2008年的16年中，巴菲特曾有8次公开推荐指数基金，平均每2年就推荐一次。

在巴菲特1996年致股东的信中，他这样写道："大部分投资者，包括机构投资者和个人投资者，早晚会发现，最好的投资股票方法是购买管理费很低的指数基金。"在 2003 年致股东的信中，同样包含了"对于大多数想要投资股票的人来说，收费很低的指数基金是最理想的选择"的内容。此外，巴菲特在出席 2008 年度伯克希尔·哈撒韦股东大会时，在回答提问时曾明确表示了他对指数基金的情有独钟。

指数基金是通过购买一部分或全部的某指数所包含的股票，来构建投资组合，目标是使这个投资组合的变动趋势与该指数相一致，以取得与指数大致相同的收益率。其实理解起来很简单，这就是个用股票池子堆积起来的"山寨指数"而已。理论上，既然大盘指数可以看成是代表性的收益组合，那么只要根据每一种证券在指数中所占的比例购买相应比例的证券，长期持有即可。

这相当于说你看见华尔街的奶牛养得不错，依样画葫芦，也按类似的方法开始养殖一样。这种模仿，虽然不一定可以让你超过专利所有者，至少不会损失得太多。

1971 年在美国庞大的机构退休金计划市场中第一次推出指数化基金，因为养老金显然很特殊，养命钱要求有长期的稳定收益。这时候聪明人就发明了这种山寨方式的股票管理方式。1976 年它被引入美国的共同基金业。到现在美国市场上的指数基金的资产大约有 4000 亿美元，约占美国股市总市值的 1/10。

大道至简。指数基金这种形式，抛开各种因素，意外的总是股神们优先考虑的形式。依照巴菲特的投资哲学，金融危机后短暂的低谷似乎更像是一个买进的好时机，投资指数基金则是首先的手段。到底是不是这样？现在的大形势下非专业投资者应该如何做？

巴菲特在与上百名宾夕法尼亚沃尔顿商学院学生的交流中，就和此问题相关的很多问题进行了解答。

巴菲特邀请了上百名宾夕法尼亚沃尔顿商学院的学生齐集一堂，讨论美国的政治、经济和金融问题："和少数专业的投资者相比，这些投资者并不擅长发挥主观能动性，我建议他们守住价格便宜的指数基金。他们应该在一段时间内分次购买，因为他们没有选对基金的价钱和时机的能力。他们需要做的是避开那些不好的证券和不好的价钱。这样他们拥有了一笔好的投资，当然也不能一次性地全部买进。"

巴菲特的全部关键词，其实落在一个便宜之上。的确，和其他的基金类型相比，指数基金的最大特点，恐怕就是便宜了。相对于主动管理型基金，指数基金的优势之一就是费用低廉。对投资者来说，申购费率和赎回费率是两个重要的评价指标。一般情况下，指数基金的申购费率同样有前端收费和后端收费两种形式，不同基金公司、跟踪不同标指数的指数基金的申购费率会存在一定差别；同时，不同指数基金的赎回费率也会有所不同。不过总体而言，他们的差别只是形式上，大同小异而已。

便宜而且能够山寨，这是指数化投资者的福音。对于没有多少天资和技术手段的人来说，这是指数化基金获得从普通人到股神青睐的根本。山寨，总是饿不死，也不会撑死。不过，真正的廉价指数基金的观点，也许更加惊人。这让人们从侧面验证了一件事情。指数基金长盛不衰的秘密，也许就在廉价本身。甚至这比通常想象的还要突出得多。

"22年前，我开始以投资专业人士的身份，对那些采取积极管理策略的投资经理进行监测和评估。"美国一位投资人士说，到上世纪90年代中期，他开始转而成为约翰·博格尔、查理·埃利斯、伯顿·马尔基尔及许多其他投资家的热切信奉者，对他们长期所主张的投资理念深信不疑。大师们都认为整个积极投资过程是失败者的游戏。最后这位投资者相信，积极型投资基金的费用太高，人才太少，竞争太激烈。因此，从长远看，积极型投资经理难以超越指数投资。

上面这位美国投资者对于巴菲特本人和中小盘的罗素指数，表达了深深的不满，并且在文章的最后还认为关于指数基金存在各种陷阱和谎言。但落脚点还是集中在廉价之上的，"维持这个谎言可以为他们带来许多丰厚的收益。通过积极投资获得的收费及佣金收入，大大超过将被动投资的优势告知客户并对这个建议所收取的合理费用。即使那些从积极投资转向被动投资的理财顾问，也不会自行降低他们的费用。"这位自称是美国最大廉价指数基金的管理者说道。

那么哈佛的学者是怎么看这个问题的？学者们同样在这个观点上两极分化，但他们好像更关注细节。一类相信指数基金。马尔基尔尽管嘲笑一月效应是赔钱指数，但他本人就是先锋500指数基金的设计者。马尔基尔甚至认为，即使有瑕疵，但是这不妨碍指数基金的省时省力的特点。另一类则不然，他们反对经济学家们例如格罗斯曼和斯蒂格利茨的观点——"信息成本悖论"，认为在把研究成本纳入考虑范畴之后，竞争的加剧会促使掌握信息与不掌握信息的投资者的投资业绩趋于平均化。若现实果真如此，主动管理型投资者所做的研究分析就会快速演变成为一个自我击败的过程。

但对手认为，这种说法太复杂，脱离现实，基金投资者没有规模上的优势，还有谁会相信指数基金呢？

这些观点，总的来说，对于投资者都是一个建议。普通人，正如巴菲特所言，只要把握将指数基金定位于普通，不超大盘，自然可以吃得香，睡得好。这就足够了。对于普通人来说，这已经是一种优势和收益。说到底，就总的收益来说，这也许才是指数基金最大的赢利点。

第五节　排名越靠前的基金回报率越高吗

迈克是个著名的基金投资顾问，他认为基金业绩可以在一定程度上证明基金管理人的能力。不过，他相信，通常排名前10的基金并不可靠，它们很难长盛不衰持续辉煌。因此，他认为正确的选基金方式是从排名中等靠前的位置挑选基金，找出黑马。

这种观点，终于被金融危机所改变，2007年的下半年，迈克推荐给客户的基金没能成为黑马，却成了亏损最多的基金之一。2008年的一天，迈克能够停下来回顾过去忙于在不断变化风格、规模甚至基金经理的各种基金间挑选黑马时的经历，他有了新观点。迈克基金组合时总会配一些指数基金。这有两个好处。其一，指数基金选择的是全部市场，因此就不会出现全部选到错误股票的情况；其二，总是"满仓"的指数基金，也绝不会出现"踏空"的情况。

许多人通常按照想象，凭借名人的光环、以往的业绩来选择基金。通常排在前十名的基金，也是基民们扎堆的基金。即使在华尔街这种现象也很普遍。最典型的事情是，像彼得·林奇，长期成为人们追捧的对象。巴菲特的伯克希尔·哈撒韦公司一直被看成是巴菲特基金投资能力的象征，人们宁愿付出极高的费率也要坚持在他那投资。即使是现在名誉扫地的麦道夫，他的一位大户在临终前对自己的继承人说：把钱交给麦道夫才能让他死后安眠于天堂。

追捧业绩好、排名靠前的基金，真的是好事吗？

理智的哈佛教授会告诉你，答案是否定的。这种观点早先已经被从萨缪尔森到曼迪罗验证。那些排名靠前，短期获得高增长率的基金，经常被人称作是明星基金和基金家族。

不过，也像流星一样，以美国经验为例，1991—2002年，包括混合型和债券型基金在内，那些排名靠前的基金通常也是被关闭最多的类型。甚至更夸张的事情是，每次当人们开始追捧一个共同基金的时候，这家基金距离生命结束也就不远了。

因为，不管从经济学还是投资的实践来看，基金本身的山寨本质，造成了一种宿命般的结局。就像山寨产品制造，本来的优势在于价格竞争的优势一样。明星基金一旦成功，立刻也就成为策略竞争的中心。其他业绩较低的基金投资者会毫不犹豫地仿制明星的做法。由于基金的投资方略多数有迹可循，从各种股票研究报告和信息披露中都可以找到，这意味着复制的难度和成本都极其低廉。这样用不了多久，随着投资者的涌入，必然带来管理费上升和资金规模成本的问题，这种山寨产品，就会因为价格竞争倒台。

基金从形式上看，在设计时的目标就是能够代表市场，这就意味着投资者虽然只买了指数基金，却相当于把整个股市中的每种股票按比例都少许买了一些。的确市场存在着一些短期涨幅惊人的股票，存在板块间的轮动。但是既然绝大多数人都无法把握这种短期机会，不如占有整个市场，分享经济增长带来的增长率。这样的结果是基金的竞争只能更激烈，除非该基金解散关闭。

更有意思的事情是，在关闭后，对于追捧者来说，他们面临两方面的投资风险，一方面是明星基金可能辉煌不再，为了保持业绩和竞争，砸盘的可能性越来越高。通常，在结束考核后，基金经理通常会采取疯狂的做空方式，抵制竞争对手威胁自己的地位，可这也就意味着投资者的账面价值将化为乌有。另一方面，那些因为封闭，只好转向普通基金的人，只能承担没有投资的风险和机会成本，这对于每个投资者来说，等于资金上已经产生损失。面临砸盘，那就更是风险加上风险，屋漏偏逢连阴雨了。

当然这不是最严重的，关键是让人想不到的是，经常排名靠前的基金非但没有好的回报率，倒是管理人从你那获得了高额的回报率。

第十五章 债券是不败
传奇还是沉没陷阱

第一节 债券投资究竟是怎么回事

现在的大多数人提起投资的时候，总会首先想到股票。每天都要在繁忙的时候，紧紧盯着股票的每日 K 线图；在休假的时间里，有时候会莫名其妙收到经纪人的电话；在亏损的时候，你感觉自己的生活好像被毁了；在每一次不好的大盘形势下，你总是在付出心血后，还要有巨额损失；即使自己赚钱了，糟糕的是，这好像给下一次大跌增加了更多的心理负担。听着报纸上不断出现的股市突发事件，心脏搏动的速度的确大受影响。

问题是，你是否早已厌倦了股票市场的高风险？你是否不满意银行的存款利息？你是否希望你的资产抵御通货膨胀而又不愿意冒太多的风险？你是否希望你的财富稳健增长而且可控？回答"是"，在一些明智的投资者眼里，这证明你的债券投资机会来到了。债券应该可以满足你以上全部的要求。

上面的劝说，也并非这个世纪的债券推销员的原创，虽然人们现在知道的最多的投资方式是股票。可是最早的投资方式，却是属于债券，最原始的债券是一种叫作永久银行券的凭证。属于财团联合签发。想知道债券投资的好处，看下面的例子就可以清楚了。

举个例子，2008 年北京某股份有限公司发行公司债券，信用评级为 AA 级，首次发行面额为 100 元，期限规定为 5 年，债券利率是 8.20%。按照合约每年付息一次，兑付日是存续期内每年的 7 月 18 日。

假如你在 2008 年 7 月 18 日发行的时候按照面值 100 购买了该债，这只债券发行后在交易所交易，接下来 5 年你每年 7 月 18 日就会得到每 100 元面额 8.2 元的税前利息收入，扣除 20% 的利息税后，利息收入达到 6.56 元，而 5 年后的 2012 年 7 月 18 日，该债券到期偿付最后一期利息并归还 100 元的本金。此外由于市场条件的变化，这只债券基本上以高于面值的价格运行，甚至有时高达 110 元以上，你以高价售出，还可以获得价差收入，而买卖的费用很低，这样你的年化收益率甚至能达到 10% 以上。对于高等级信用债券，即使没有那么高的价差收入，你的买卖时机掌控也并不如意，但你获得的稳健的利息收入能达到税后 6.5% 以上也是相当不错了，长期来看足以跑赢物价，达到保值增值的目的。

和多数的其他投资类型比较一下，就可以知道债券投资是怎么一回事情了。债券不需要经过银行存款机构，就可以获得稳定的利息和本金。没有基金赎回的高昂费用，像股票一样可以自由交易赚取价差，却不用担心价格反转。综合以上，不难发现，在所有的投资类型中，债券投资的确是风险最低的一个。

没有人喜欢担风险，即便可能获得收益也同样如此。但趋同的厌恶风险心理之上，为了获得机会、收益和证明自己的机会，不同的人愿意就不同对象承担一定风险，抑制对风险的厌恶。

假如你打算按照面值买进后就不再积极买卖，到期你仍然可以得到本息。理论上说，国债，是一种最安全的投资方式，由于国家信誉的担保。人们通常认为国债就相当于长期无风险的投资产品。本息收益是稳定的、可预期的，虽然丧失了获得更高收益的机会。可没有风险的收益能让你的财富不断增长，你又何乐而不为呢？

国债这种类型，按照最早的哈佛投资理论家约翰·威廉姆斯的公式，这相当于一种现金流可以折现为无穷大的一笔固定存款。理论上，人们之所以愿意借贷，只是因为预期将来可以获得更高的回报。而债券的面值应该就等于这笔回报的现在的价格。否则没有人愿意借钱。在国债的基础上，市政债、公司债的信用和风险依次增加，当然投资的回报也会增加。

综合考虑资产配置上的失误、时机选择上的差别以及费用和税收之后，股票和债券的实际投资回报率经常有很大的差别。一个最明显的差别是，两个人一个投资国债，另一个投资股票，前者在股市出现震荡的时候到期，将收入大量的现金救济。后者则可能血本无归，彻底被套牢。

从20世纪50年代开始，巴菲特在2008年初还处于世界财富榜的首位，可是经过2008年的金融危机后，到了年末，他的财富缩水25%，大约损失了163亿美元。索罗斯在2008年第二季度竟然投资了一家快要倒闭的投资银行——雷曼兄弟公司，结果1.2亿美元的真金白银就这样打水漂了。比尔·盖茨财富缩水120亿美元，约相当于其总资产的40%；沃尔玛家族损失211亿美元，约相当于其总资产的19%。

2008年，债券投资大王比尔·葛洛斯。葛洛斯带领的团队在2008年净赚了17亿美元。为什么呢？当金融危机到来时，股市大跌，资金出逃，再加上利息下调，债券的优势凸显，债券市场必然是红红火火，特别是那些优质的国债和公司债券，甚至有些公司债券的收益率超过了两位数（即使是股票也很难达到这样的收益率），这些债券的信用级别都是A或者AA以上的投资级的债券，这可以说是最具吸引力的投资了。

通常，正像华尔街的分析师的经验：风险是很难预期的，要么高估，要么低估，总是在事后抱怨错过了看上去并不怎么吓人的风险机会……

任何投资都是有风险的，这可能也就减少随之而来的各种收益。通胀凶猛，奇望储蓄保住财富的想法自然不切实际；股市及关联的基金投资虽然可能实现高收益，却是以让投资者们心惊胆战的高风险为前提的。这个时候安全第一才是投资者的王道，能够准确衡量风险程度的债券，显然是风暴中最好的避风港。

债券的投资需要一定的策略和技巧，这当然可以提高投资的平均收益水平。即使你不采用任何投资策略，只要购买并持有直至到期，你就一定会得到本息，避免了时机选择等操作失误可能带来的损失。此外在柜台买卖债券的费用往往体现在买卖差价上，在交易所买卖债券的佣金远远低于股票的费用，而且交易债券不必缴纳印花税。

期盼投资者都成为巴菲特或彼得·林奇，或者短线高手，是极其不现实的。没有投资经验的投资者不妨尝试债券投资。入市交易的债券通常需要达到一定的信用等级，尤其是政府发行的债券，更以安全性著称。可以说，被称为固定收益投资的债券投资，其收益率和风险系数居于储蓄、股市投资之间。

此外，利率波动、资金供求、调控政策的变动等因素，还会导致债券价格的变化，给债券投资者带来资本以外的额外收益。债券作为到期还本付息的债权债务协议，持有债券到期就一定能够获得本息，具有偿还性、安全性、收益性和流动性等特点，其收益稳定高于银行储蓄，基本上能让投资者跑赢通胀。这种情况下选择投资债券的确是一种正确的选择。

第二节　债券何以被忽视

关于投资管理公司债券承销者的一项调查发现，仅有38%的金融顾问认为他们对固定收入市场足够了解。而接下来的一个问题更是揭示出即便是 38%。这个数字也存在很大的水分。仅仅只有 27% 的金融顾问了解"债券久期"的准确定义。"久期"听起来似乎和时间跨度有所关联，而债券久期是用来衡量债券利率风险的工具。

在美国乡村俱乐部的鸡尾酒会上，金钱是谈论得最多的话题。曾经的殖民地新英格兰，陈设的早期美国家具，可以让来宾感受到盎格鲁—撒克逊先祖的气息。酒会上的客人们什么都聊，从新的度假村到对总统的看法，无事不谈。而房地产经纪人最爱搬弄是非，喜欢谈离婚后续偶、迁居之类的闲话。多数情况下，话题最后还是会绕回到财富和投资上来：邻居的财富现在到底有多少，谁又在房市中大捞了一笔，谁手中有巨额的对冲基金。只不过极少听到有用高级香水的客人们谈到债券！

尽管美联储每天都在按照国债的利率摆动美国经济的指针。国债是一切金融活动的中心，风暴和利好都从这个地方开始，不过美国人对于债券的了解，却可以用贫乏来形容。

2008 年秋季次级债券的崩溃让美国人第一次想到生活中居然还有债券！这些债券似乎适合"垃圾"这个名字，甚至它的所有者也毫不关心。《华尔街日报》就许多富有的债券所有人做的一项调查显示，只有很少的人知道利率上升时债券价格下降，反之亦然。

在这些人看起来，债券很复杂；债券市场不透明；信贷风险难以预测；债券交易的手续费不易计算；更根本地来说，债券的许多特征不直观，其中包括利率和债券价格的逆向相关关系——自哈佛大学的威廉姆斯提出这一观点以来已经整整 80 年。这个关系比股票风险定价公式还早出生十几年，知道的人还是寥寥无几。这纯粹是心理作用的结果。债券最多被看成是一种失败的资产类别。

这种忽视究竟该如何解释呢？除去心理上的原因外，至少有几个原因造成了人们习惯性忽视债券，甚至在华尔街崩盘后，还无法找到失败的方向。有些投资者除去慨叹外，现在才发现债券是个宝贝。

首先，国债是信贷紧缩时期少有的安全资产之一，但是无风险也就意味着某种程度的损失，比如你可能放弃了高收益的好处。在债券发行存在竞争的时候，这一点就更加明显。利率上升时，市场上新的债券收益高。要出售手中债券的话，就必须做出一些牺牲，那就是降低债券价格，当债券到期时，买方会获得比付出的价格更多的收益。或者，更简单地说，你的债券能产生一定收益，利率上升时，新发行的债券的收益将更高，没人再愿意购买你手中的债券，于是债券价格最终下跌。

债券很无趣，没有吸引力，它不会像股票一样猛然上涨。信贷紧缩前，媒体只谈论股票，从不关心债券。正是由于缺乏了解，缺乏兴趣，导致我们在投资债券时无从下手。所有债券都大同小异，既然收益都不高，何不选择高收益债券呢？进一步他们选择了次级债，甚至转向股票。总之，低收益在人们风险需求下降的时候，选择性的让人们离开债券投资。

其次，即便有适当的债券配置，债券的投资组合中还是不够分散化，这方面的无知，常常是人们在技术无能的情况下，放弃债券。固定收益资产的多样化要比股票的多样化还要重要，原因是债券与股票不同，债券一荣俱荣，一损俱损。投资者可能不明白持有不同类型的债券。

这是个人投资者在债券市场遇到的实实在在的问题。单靠一己之力是无法办到的。单个的债券价格昂贵，不好交易，除非你十分有钱，不然很难使债权投资多样化。就算你很富有，测算债券实际价值的工作也是项艰巨的任务，更别提独自进行信用分析了。

雷曼兄弟公司在破产前五天仍然得到了"A"的信用评级，大部分个人和机构投资者包括雷曼兄弟公司自身在内都未能正确评估雷曼兄弟公司的实际信用风险。要避免重蹈雷曼的覆辙，同样要求做到投资多样化。而最简单、最有效的办法就是，通过共同基金或是多行业的债券型基金实现多样化，它们既能分散债券市场的风险，也能帮你进行信用分析。

最后，有的时候，个人投资者的口味，让债券投资丧失了某种活力。自然大家都不再选择投资债券。他们倾向于按照债券的面值交易。比方说，某一债券的利率是 5%，其面值是1000 美元，交易时也是 1000 美元，这就称作平价交易。

晨星公司固定收益策略部门主管埃里克·雅各布森说："投资者喜欢整数，因为整数简单易懂。"而且他们喜欢以平价来购买债券，总是避免溢价或是折价交易。"平价购买债券便于投资者跟踪投资走势，因为有明晰的投资起始点。这同样使投资者更容易被专业的债券交易商蒙骗，业内人士对投资者习惯平价购买市政债券的倾向了如指掌。渔夫们利用鱼总往光亮的地方聚集的习性在夜间捕鱼，与之相同，债券业内人士也利用散户们对平价债券的钟爱而大获其利，这部分投资者就是他们捕获的"肥鱼"。

债券的平价交易导致一种奇怪的接力棒形式的买卖行为，国债卖给地方，地方卖给公司，公司最后卖给个人。即便是平价购买，这类债券都极不稳定，因为它们依赖于利率的走势。业内把这种不稳定性称作"易赎性"，因为这类债券随时可能被赎回。雅各布森说："个人投资者购买的平价债券看起来既稳定又简单，而它的风险极不稳定，完全不适合投资组合。"个人投资者应该杜绝对平价债券的盲目追捧，三思而后行。

这样为了规避风险和成本，结果是只有规模越大的人才可能投资债券。多数人对它再也不会关心。无论是多精明的个人投资者也无法得到债券的信用分析等信息，无法估算债券的适当价格。综合这些因素，债券投资还是得靠专业共同基金管理人。但是鉴于他们最近的过失，你还敢相信这些专业人士吗？你还敢把自己的钱交给他们处置吗？

1996 年 10 月 14 日，首次突破 6000 点，收于 6010.00 点。

1997 年 2 月 23 日，首次升上 7000 点，收于 7022.44 点。在 89 个交易日即上升 1000 点，创该指数千点跃升最快纪录。

1997 年 7 月 16 日，首次升上 8000 点，收于 8038.89 点。

1997 年 10 月 27 日，狂泻 554.26 点，日跌幅达 7.2%，以 7161.15 点收盘，日跌点数创历史之最；并且，首次启用股市停盘的规定，由于跌幅过大，当天两度停盘并提前收市。

1997 年 10 月 28 日，猛升 337.17 点，创日升点数最高纪录。

1998 年 4 月 6 日，首次突破 9000 点大关，以 9033.23 点报收。

1998 年 8 月 31 日，剧跌 512.61 点，突破 8000 点。

1999 年 3 月 16 日，盘中曾首次突破 10000 点大关，但闯关后以 9930.47 点收盘。

1999 年 3 月 29 日，首次以 5 位数收盘，报收于 10006.78 点。

2007 年 4 月 26 日，报收于 13000 点。

2007 年 10 月 11 日，见至今历史高点 14198 点。

2008 年 10 月 6 日，受金融危机影响跌破 10000 点，收于 9962 点

1987 年黑色星期五，按照历史判断，应该是华尔街的最大危机了。现在的投资家确信 1987 年的危机远远逊于 1929 年。按照过去的研判，这是个错误的做法。即使按照道氏理论的说法，在这个时候慎言慎行，你很可能在接下来的二十年找不到股市投资的黄金期。

道氏理论本身而言，这个理论严格意义上不能称为理论。道在世的时候只有关于投资的只言片语。道本身的理论的可信度可想而知。一个靠拼凑起来的理论，实际执行能力终究有限。

其次，投资家们，特别是对于投资理论进行了规范的哈佛

投资大师们，他们从实际和理论否定了看盘和股市未来走势的关系。学院派的大师们，从萨缪尔森到现今的莫顿米勒，都不相信看盘。学院派精英投资家指出，看盘技术本身只是在对股票已经发生的价格趋势进行描述而已。一个投资者在这种情况下，要么只能望洋兴叹，在过去的好投资机会中慨叹机会流失。要么根本不知道预期投资收益率是多少，说到底，一个父亲怎么能在孩子未出生前判定其寿命长短呢？

1956 年哈利·罗伯茨对道氏理论的图形产生过程进行了模拟检验，哈利·罗伯茨用扔硬币的方式随机产生了图表师们发明的"头尖角"图形。更进一步地验证发现，道氏理论的所有形态都可以在这种纯粹的随机图表中发现。这就是说道氏理论的特征并不特。当然分析师们还是谨慎地相信自己的图表和道氏理论的价值，你不能妨碍别人也喜欢星座学。这毕竟是一种股市文化。

最后，按照一些随机漫步投资理论的解释，即使以道·琼斯的类似手段统计股市投资的盈亏，得到的也只是随机性的，类似扔硬币的机会均等的分布规律。这等于彻底断绝了寻求看盘技术得到什么保赚不赔的股市操作秘诀的想法。

第三节　"快动股"还是"慢动股"

提到美国近来的成长股，首先要提到的是 MediFast。这家传统上健康减肥计划的供应者，曾经创造 10 年回报率增长 200 倍的奇迹。在短短 10 年，这家公司的营业收入从 100 万美元增长到 2009 年的 1.7 亿美元，10 年翻了 180 倍。

ZAGG 是给 iPhone 提供防震保护产品的一家公司。iPhone 的热销，刺激这家公司业绩爆发式增长。其主营业务收入由 2006 年的 278 万美元到 2009 年的 3836 万美元，复合增速达到要突破这道心理防线还很难。正是因为以上诸多原因，到现在，债券交易在美国和世界上的大多数地方，都是一种被广泛忽略的存在。

第三节 为什么被债券困扰

上个世纪50年代末，李永权考入中国香港中文大学，因对探讨社会和人生的兴趣，他决定选修社会学。越战结束后，他无法拿到奖学金到美国留学，这令他感到发展受阻，任职助教几年后便辗转其他行业，最后成为一名期货经纪人。在推动中国香港零售债券方面，李永权做出了突出贡献。1998年首次以全新的发行机制成功发行了零售债券，之后更发展到了网上认购等方式，令中国香港债券市场的发展更加深入。2004年5月正式出台了200亿港元的零售债券发行计划。

1995年，李永权获选为中国香港资本市场公会首位华人主席，其后机管局、地铁、"五隧一桥"也成功发行债券，令中国香港的债券市场逐步形成。李永权也赢得了"中国香港债券先生"的美誉。

在中国香港，债券被看成是上层阶级必有的资产，那里的投资管理者认为：若一个人的投资组合一半是股票，一半是债券，则可"富过三代"。李永权白手起家的致富哲学是"一个人端正做人的态度，再努力，自然会走出一条路。股神巴菲特说得很对，为子女留太多钱，只会剥削他们在争取成功过程中的乐趣"。

世界上的债券中心，在1998年以前，主要集中于美国和欧洲、日本。像"香港债券先生"这样的人，可以说是债券世界的另类。个人承销债券，由于其不可思议的复杂计算方式，经常成为不可能完成的任务。换言之，在个人承销业务没有被广泛推广之前，这种方式一直被看成是困扰。在香港这个地方，以单人独马的力量，建立一个庞大的债券市场，不论怎么看都是个奇幻色彩的行为。

"美国政府国民抵押贷款协会发行的债券基金的投资者们，根本没有意识到债券市场的波动已经变得多么巨大，他们被'100％由政府担保'的广告打消了所有疑虑。不错，他们是对的，这些债券政府担保肯定会支付利息，但这并不能保证他们购买的这些债券基金在利率上升而债券市场下跌时基金单位净值不会下跌。"这样的彼得·林奇的预言，看上去并不显得另类。在进行一番警告后。金融危机让一切危机都暴露出来。两房的债券几乎成为所有投资他们债券人的噩梦。

在 2012 年，同样打开财经报纸，再一次看利率上升 0.5％，债券基金净值的变动可能比十年前还要大。如今的投资者已经能够明白彼得·林奇的苦口婆心。在"香港债券先生"安然推广债券的时候，基金的波动幅度就已经跟股票基金一样剧烈。只不过，历史真实地证明和再现一个事实，利率的波动既让聪明的投资者从债券投资上获得了丰厚的回报，同时也让持有债券更像是一场赌博。

从根本上说，你不可能将这种困扰看得无足轻重。投资债券时，高利率迫使债券持有人做出权衡：继续持有，直到债券到期。但是要忍受低收益率，或者折价卖掉。你是风险厌恶者，那么货币市场基金和银行是比较适合你的投资场所，否则，无论你投资其他任何金融工具，都会面临风险的困扰。这种安全和收益之间的两难，一直是困扰债券投资最简单，最核心的部分。

华尔街在次级债风暴出现的时候，表现出一种完全无法应对的陌生感。仿佛债券投资是天上掉下来的一样。也许彼得·林奇和哈佛的投资家们，甚至凯恩斯都打算嘲笑一下市场的无知和健忘。在十年前，最著名的违约事件是华盛顿公共电力服务公司和其发行的声名狼藉的"Whoops"债券。99.9％的债券得到清偿，不过剩下的部分是违约之外还有其他情况会导致债券投资者遭受损失。让一个投资者考虑一下，通货膨胀严重的时期，一直持有一支息票率为 6％ 到期时间为 30 年的债券的实际投资损失会有多大？

1972—1974 年间股市大跌时百斯顿公司的股票从 9 美元跌到 4 美元，Teledyne 公司的股票从 11 美元跌到 3 美元，而麦当劳的股票则从 15 美元跌到 4 美元。可是同时期债券市场上却诞生出垃圾债券大王米尔肯。同样在此次的金融危机后，人们突然发现，那些经营国债和其他可靠的债券的公司，他们的收益率却开始达到历史的高位。投资者争相涌入曾经凋零的国债市场。

这两类矛盾的事实，总是在牛熊交替的市场上给人们意想不到的冲击。有些投资专家开始相信，这本身就是债券投资的特点之一。

毕竟从已知的各类条件中，人们无法得出债券市场的总体风险低于别的市场的结论。理智的经济学家们赞同在竞争的作用下，债券市场和股票市场一样具有风险和交易上的成本。由于两者在这方面的区别，才构成了两个市场。可以预料的是，除非债券市场消失，否则人们只能不断接受债券困扰之类问题的挑战。

第四节　债券回购是如何运作的

一般的关于回购的教科书内容是这么介绍债券回购的：债券回购可分为逆回购和正回购，逆回购是资金融出方，投资者以牺牲资金的使用权获取利息收益，而他的对手方就是正回购，即资金融入方，以支付利息来获得资金的使用权。作为回购交易的两方，通过债券凭证作为质押物，由于在交易所上市的债券有好几百种，价格、到期时间、风险各不相同，交易所为了方便业务开展必须把每个债券按照一定比例折算成标准券，作为统一的质押品。

运用杠杆方式获得更高收益的投资方法，投资者先买入信用债，按照一定折算比例质押入库后通过正回购拆入资金，然后再次买入信用债，再次质押入库后做正回购拆入资金，继续买入信用债。由于回购会到期，投资者需要不断滚动地进行正回购维持杠杆，不想继续持有债券了，理论上先得清算回购资金后才可以卖券还款，因此投资者一般不能把所有资金都用于债券和回购杠杆交易。

通过滚动操作的方式放大几倍杠杆，投资者可能获得更高的收益，赢利主要在于债券收益率和回购利率的差值。比如目前7天回购利率约3％～4％，而债券的收益率在6％左右，中间有2％～3％的利差，投资者运用了3倍杠杆，就获得了3倍的利差收益。另一方面，债券价格上涨，3倍杠杆还能获得更高比例的债券增值收益。

以上是一位债券投资的专业人员所经常介绍的债券投资操作的过程和定义。不过对于普通人来说，这样的描述无异于天书。其中像回购、到期日、杠杆利率，利差等说法，具体操作的缘由，即使去问一些华尔街的债券投资人，也是一头雾水。这样岂不是从糊涂开始，以糊涂结束？

要真正理解债券回购，其实本来应该是一种十分有趣的和有历史的智力活动。这里，我们就向大家解释一下回购，到底是怎么操作的。

要理解回购，首先要从一种简单的借贷活动开始。通常人们借钱是可以求助银行和信用卡的。信用卡也可以透支，不过超过还款期，就会产生相应的罚息和利息。人们一般很少对此做深入探讨，多问一个为什么：银行为什么在约定以外的时间要多收利息，加上利息，我们实际支出的借贷成本增加了多少，这样浅显现象内在理由是什么？

当然，你是借贷者，一定会回答说，这是因为超期后自己的钱本来可能的收益出现了部分损失，个人完全可以用这笔钱多消费甚至再借另一个人。这意思是这笔罚息看成是你承担收益风险的补偿。为了抵消风险，你需要较高的利息。

回购，其实就是这种利息差的票据流通过程。一个拿着某种债券，比如国债10个月的票据，此人认为接下来几个月利率可能下跌，自己的收益下降，自然他会选择卖出票据。相反另一个票据市场的人则可能认为会上升买下这笔票据。等到10月票据果然下跌，这时候显然买者要多付出一定的利息，这个时候他付出一定代价。假如11月后国债利率再度上升，此人决定再次买回自己的债券，这时候，某些商业票据，比如本息票之类的就可以用收回的方式进行。

作为资金拆出方的逆回购者，基本是没有风险的，比如当日进行了一笔10万元的逆回购交易，次日（确切说是当日清算后）可以看到账户里有10万元标准券的数量，这就是质押物。进行的是1天的逆回购，那么第二天资金就可以使用，但不能划转，要等当天晚上资金清算完成后，第三天才可以划转。而作为资金拆入方的逆回购者，在资金拆入当时即可使用这笔资金，而第二天资金就被冻结，当天晚上资金就会清算给对手方。

上海的一般债券回购主要是1天、2天、3天、4天、7天、14天、28天和91天的期限类型；深圳主要是1天、2天、3天和7天。从交易情况看上海回购要比深圳更活跃，1天、7天品种相对更为活跃。回购手续费一般和回购日期有关，上海1天回购，1手（10万元）手续费是1元；2天回购，1手手续费是2元；但7天回购，1手手续费是5元，其他更长日期的品种手续费与其日期相对7天的倍数相当。

这是简单的回购，是中央银行的回购市场，则要复杂一些，因为中央银行根本没有现金，它只能通过商业银行的票据来充实自己的账户资产。这就出现了一种的只有票据流通的市场，在这个市场是只有纯粹的资金账户划转，不可变现。在这个意义上，国债的流通性甚至好于现金。不过因为这个市场太过敏感，也经常导致国债的长期债券，更加受到欢迎，这个时候，利率的冲击将被时间侵蚀掉。央行发行永不赎回的债券，这样也就等于根本没有任何风险和利息收益的负担。美国财政部因为这样的原因最终停发可赎回的债券，所以目前的赎回仅仅是商业银行和公司间债券的勾兑市场。

通常情况下，债券在其发行不久后即可赎回，其赎回价值略高于其发行价——比如，只有 5%。这意味着，当基准利率出现剧烈的波动时，投资者必须自行承担其负面的冲击，但是几乎无法使自己获得有利变化带来的好处。

美国煤气和电力债券就是一个典型的例子——期限 100 年，票面利率为 5%。该债券于 1928 年以 101 美元的价格向公众发行。4 年后，在恐慌的氛围下，这一优质债券的价格跌到了 62.5 美元，收益率为 -8%。到了 1946 年，经过一轮强劲反弹后，此类债券出售时的收益仅为 3%，因此其 5% 的利率的对应价格应该接近 160 美元。但此时，该公司利用其赎回条款，仅以 106 美元的价格将其赎回。

这种债券发行合约中的赎回条款，几乎是公然宣称："我总是赢家，而你总是输家。"在其问世很久以后，债券购买机构开始拒绝接受此种条款；近年来，大多数长期高息债券通常禁止发债机构在其发行后的 10 年，乃至更长的时间内赎回该债券。这种做法仍然会有碍于债券价格的上涨，但已经比较公平了。

从现实的角度来说，我们建议长期债券的投资者宁肯利率低一点，也要确保其购买的债券是不可在短期内赎回的，其赎回期应在债券发行 20～25 年以后。同理，折价买进低息票率债券，要比购买息票率较高但大致按票面价发行，且短期内即可赎回的债券更为有利。因为，折扣部分（例如，息票率为 3.5% 的债券，按面值的 63.5% 出售时，其收益率可达 7.85%。）足以保护赎回行为造成的不利。

第十六章　外汇是让你一夕致富还是隔夜破产

第一节　为什么说外汇本身就是一种规则

世界上两个主要的外汇交易平台 EBS 和汤森路透的日交易量，下降到了六年来的低点。在 2012 年头两个月降至平均水平以下。分析认为，投资者回避交易欧元，加上各国央行都继续严格控制本币汇率，导致规模达数万亿美元的外汇交易市场上的交易总量流失。

传统上投资者在经过平静的第四季度后，会在接下来的下一年的前两个月重新交易。苏格兰皇家银行外汇业务负责人蒂姆·卡林顿表示："现在恐怕是我记忆里欧元/美元交易意愿最低的时候。"

根据 EBS 发布的数据显示，2012 年头两个月的日均交易量已经跌破 2006 年记录开始时录的最低水平。EBS 是由英国毅联汇业拥有的外汇交易平台。汤森路透单独发布的数据也显示交易量出现下降，2 月日均外汇交易量同比下降 5％。可见，在经历 2011 年的艰难之后，投资者今年也对外汇投资采取了更为审慎的态度。

知道外汇交易是怎样一种交易，也许多数人会相信。这根本就是规则的宿命。你总不能跟一台没有血肉的机器谈恋爱。在人类已知的交易中，从来没有一种交易，像外汇一样几乎是完全依靠电子规则的平台进行的。中断交易也极其简单，只要断网和切掉电话线。整个交易就可以立刻停止。同样的情况下，股票市场则靠手势在黑暗中也可以照例进行。

外汇交易从某种角度说，首先是一种规则，然后才是投资。这还要从外汇交易本身说起。外汇与其他金融市场不同，外汇市场没有具体地点，也没有交易所，同时买入一对货币组合中的一种货币而卖出另外一种货币。外汇是以货币对形式交易，例如欧元/美元或美元/日元。其真正交易的对象也是数字，而非真实的货币。所以在这种情况下，完全是一种以虚拟的形式开展的交易活动。

从理论上看，外汇交易的根本是一种利率而已。汇率本身，是本国货币和外国货币的比价，由于各国的市场和法律的限制，就出现了一种利率的差别。同一种外国货币，在不同国家会有不同的汇率，这样就产生了一种低买高卖、赚取利差的活动。不考虑利息和税收，一次外汇交易，就相当于倒腾一次货币。

从历史上看，外汇交易古来有之，但是那种简单的换汇行为，只能说是一种普通服务活动。古代就出现过用金币国家和银币国家在货币上的折算交易。其依据的基础也很简单。就是买卖和一价定律。

古代的交易并不是专业外汇交易。在现代的金融市场上，大约每日的交易周转的5％是由于公司和政府部门在国外买入或销售他们的产品和服务，或者必须将他们在国外赚取的利润转换成本国货币。而另外95％的交易是为了赚取赢利或者投机。

对于投机者来说，最好的交易机会总是交易那些最通常交易的（并且因此是流动量最大的）货币，叫作"主要货币"，今天，大约每日交易的85％是这些主要货币，它包括美元、日元、欧元、英镑、瑞士法郎、加拿大元和澳大利亚元。

这是一个即时的24小时交易市场，外汇交易每天从悉尼开始，并且随着地球的转动，全球每个金融中心的营业日将依次开始，首先是东京，然后伦敦和纽约。不像其他的金融市场一样，外汇交易投资者可以对无论是白天或者晚上发生的经济，社会和政治事件而导致的外汇波动而随时反应。

外汇交易市场是一个超柜台或"银行内部"交易市场，因为外汇交易是交易双方通过电话或者一个电子交易网络而达成的，外汇交易不像股票和期货交易市场那样，不是集中在某一个交易所里进行的。

其次，现在的外汇交易系统，本质上根本就是一台机器上的实时划转系统终端而已。什么是交易系统？从简单的概念上讲，交易系统是系统交易思维的立体化。系统交易思维是一种理念，它体现为在行情判断分析中对价格运动的总体性的观察和时间上的连续性观察，表现为在决策特征中对交易对象、交易资本和交易投资者的这三大要素的全面体现。

正规外汇交易系统具备两种交易特性"价格跟随性系统和价格预测性系统"。让我们来简单地介绍一下它们。

第一种是价格跟随性系统。通过动量指标，震荡指标，平均方法，跟随市场的走势。最简单的做法就是找到一条适合的移动平均线并按照所指方向进行交易。也可以加入其他的指标，比如 MACD、随机指标、RSI、布林通道等。一个图表可以有 29 种不用的技术指标，无数种搭配协同分析方式。再加上 20 种不同的时间框架（年、月、周、日、小时、分钟等），难怪一些不谙此道的交易者会 12 小时地坐在屏幕前进行分析而不敢下一口仓。

第二种时价格预测性系统。一般是长线系统，运用于交易时段、天线或者更长。它包括在一个较长的时间框架中预测整个货币的走势，然后逢低吸入，逢高派发。水平线、趋势线、黄金分割线以及移动平均线等都是一些常用的指标。

不过无论是哪一种系统，交易系统本身，都是一个连接外汇交易中心的电子终端而已。这就像一个事先设定好全部规则的游戏体系一样，外汇交易者所做的就是在这个固定的规则上开始全部交易活动。

第二节 为什么要进行外汇交易

经纪商美国百利金融集团有限公司是一家专业致力于衍生品和货币市场的专业经纪公司。他们一直试图加速它的外汇交易系统的技术改进和提升交易速度，以此来吸引更多的高频率交易的客户。

这家总部位于芝加哥的公司，已经将核心的外汇交易系统转移到东海岸，以此来更加靠近纽约的交易者并将让电子交易订单执行得更快。美国百利金融集团的外汇销售部总监 Ric Chappetto 说道："为了成为外汇市场中真正的领袖，我们必须跨出这步，这样可以增加我们的交易准确性，吸引更多参与自动交易的客户。"在美国百利金融集团开户交易的零售投资者将会得益更多，因为有更多高通量交易机构的加入提高了流量，降低了点差。

将 Typhoon 技术转移到纽约，并且由数据操作中心 Equinix Inc. 运作，这相比起原先需要将订单发送到芝加哥再发送回纽约这样的一个流程来说，现在的方式节省了大约 40 毫秒。很多芝加哥的公司也喜欢在纽约设立自己的交易系统和服务器，因为这样也可以让快速的交易变得更稳定。美国百利所发展的由计算机驱动交易客户，将使美国百利的日外汇交易量可以达到百亿美元。Chappetto 还认为，这一举措让他们变成一家更高级别的、成交量更加庞大的公司而能专注于服务通过数量分析交易的机构，更加快捷地执行订单。

为什么要进行电子外汇交易，最初的答案是因为这是货币和商业的需要。现在的答案则是赚取点差，甚至靠拥堵的电子平台来制造赚取暴利的机会。

　　之所以这么说，人们必须重新睁开眼，看看这个世界到底发生了什么。这是不到一个世纪产生出的巨大转变，规则当然还是一样。外汇市场上的报价一般为双向报价，即由报价方同时报出自己的买入价和卖出价，由客户自行决定买卖方向。买入价和卖出价的价差越小，对于投资者来说意味着成本越小。

　　通常，银行间交易的报价点差正常为 2～3 点，银行（或交易商）向客户的报价点差依各家情况差别较大，目前国外保证金交易的报价点差基本在 3～5 点，香港在 6～8 点，国内银行实盘交易在 10～40 点不等。

　　真正促成外汇贸易新世界的事件是，今天的外汇市场已经变得日益的多元化。在布雷顿森林体系崩溃后，点差始终处在动荡变化中，并且造成了 70 年代后大多数世界金融市场的危机。布雷顿森林体系和同时存在的一个东欧美元黄金市场，几乎可以看成是今日外汇交易的主要源头。

　　1960 年后半到 1970 年前半之间，美国的贸易收支不断地恶化，引发了市场对黄金价格（对美元）上涨的投机性观测，投机资本纷纷逃出了美国。德国政府为了与这种投机性的资本移动相对抗，在 1971 年 5 月导入了 DEM（德国马克）的浮动汇率制。

　　1971 年 8 月，美国政府宣布废止了黄金与美元的固定价格制度（即 1 盎司黄金＝35 美元的固定价格制度），欧洲与日本等主要国家的货币汇率对美元停止了几乎固定的汇率，被迫实施了相对浮动汇率制，这就是外汇史上著名的"尼克松冲击"。到 1971 年 12 月，黄金价格 1 盎司上升到了 38 美元，重要工业国试图在布雷顿森林体制下来设法修正、调整国际货币体系，但最终由于无法防止投机性行动，到 1973 年初，布雷顿森林体制下制定的国际货币体系完全崩溃了。

　　在布雷顿森林体制崩溃之后，一些主要工业国还在持续地对外汇汇率进行着规制。英国到 1979 年废止了这些规制为止，养老

金基金不能有超过 1 百万英镑的资金到国外投资。澳大利亚到
1983 年废止了这些规制为止，"盯着美元"的美元联动制一直在
维持着。其他很多国家到现在为止还在实行着某种形式的固定汇
率制或变动性联动制的外汇管理。但造成德国和日本松口的首先
是在他们中间出现的东欧美元市场，因为前苏联国家在这个时期
对欧洲长期贸易顺差，他们囤积了大量的美元。这时候，也就导
致美国美元不断地贬值，外汇的黑市也就出现。

总的来说，这种体系造出的奇怪市场给外汇的利差提供了
巨大的空间。正是因为利润的诱惑才使得更多的人加入到这种
贸易体系中。由于欧洲的市场远离美国，管制松懈，德国的法
兰克福首先成为这种外汇贸易的中心地带。

有了利润空间，但是不一定就有市场扩大的结果。来而不
往非礼也，随着美国在布雷顿森林体系崩溃放弃美元和黄金挂
钩，美国的信用开始下降。这导致大量的外国企业抛出美元，
兑换其本币，美元带给一些贸易大国大量的通胀压力。而同期
美国市场上的货币却开始不断地贬值。为了对冲，美国也开始
与贸易伙伴国建立经常性的外汇清算，这就是国家外汇贸易市
场的开端。

美国银行的外汇交易在数量上，金额上都增加得非常多。
美国企业的对冲开始，1975 年会计制度改变，更加促使这种倾
向加速。至此，外汇交易额就开始大踏步地持续地上升了。

第三节　为什么说外汇交易是一种概率游戏

伟大的交易奇才 Richard. Dannis 是个有着传奇培训经验的
人。当他在训练"忍者龟"时，其招募的对象主要是职业赌徒
和桥牌高手。所谓职业赌徒是指能够以赌博为生的人，而不是
指仅仅沉醉赌博而不能自拔的人。不管是职业赌徒，还是桥牌

高手，其共同特点在于精确和熟练地根据概率管理风险和收益，任何步骤都是基于对潜在风险和收益的概率估算。

外汇交易是一种金融电子系统投资，与其他交易不同的是，这种交易的随机性极强。将每天的外汇交易市场某种货币组合的涨落趋势作图，绝大多数时候是一种无规律的图形。尽管有一些形态投资研究者宣称可以通过某种方法找到这些特殊的投资形态，随意让这个系统变为模拟系统，得到的图形仍然是可以重现的。

其次，影响外汇交易的因素，几乎可以用多如牛毛来形容。外汇市场是建立在全球范围内的虚拟市场，交易系统完全忽略了掩藏在背后的各种爆发性因素。诸如文化、国别、心理、风俗、法律规则等等。这和本国内的其他投资形式有着本质的差别。有些人为此寄希望于外汇期货，不过糟糕的是，同其他的期货工具的保值性相比，通常外汇的保值性是最差的。因为谁也没办法猜测一个外汇的保值区间到底是多少。

最后，许多人意识到，交易中最大的错误在于认为存在能够100％地把握行情的可能，人们的情绪和交易情感，经常非理性地影响外汇交易的过程。有的时候，有些保持奇怪习惯的交易员居然会做出疯狂的举动。比如著名的索罗斯先生，这位外汇交易员的背疼直觉投资，其实是为了压制交易的情绪，做出的某些类似强制性精神病人的提示规则而已。

外汇交易中涉及的情况是充满不确定性的，所以概率和统计的思想在交易中占据着核心。迄今为止，学术界的投资研究者了解最为清楚的市场，并不是股票市场，而是外汇市场。这是因为，这个市场正好符合有效市场的几乎全部条件。当然结论也适合，从来没有见过一个外汇交易中涌现大师级人物。这说明外汇市场是不可预测的。甚至在内幕交易这个魔鬼上，外汇市场也是惊人地符合专家们的研究要求，除非控制全球的计算机网络，否则内幕消息根本没有传递的时间。外汇交易本身就是为了消灭时间和空间的差异才产生的。

2009 年发生了一起令美国商品期货交易委员会比较尴尬的事情，美国少年萨尔曼·莱辛，透过一个植入到银行结算系统中的一个后台程序，合法地窃走了 82 亿美元。

有时候在交易频繁时段，一分钟里执行超过 1000 笔 88888 美元的交易，这样的交易在市场看来是完全合法。萨尔曼的做市商 OANDA 却在交易监测程序中发现，萨尔曼的交易有些诡异，每笔持续时间非常短，交易频繁。而交易成功率却极其高。假如这个程序执行 1 年，将至少能卷走 1 万亿美元的利润，这个程序仅仅执行了 3 天，就卷走了 82 亿美元的利润，这太惊人。

美国商品期货交易委员会介入调查之后，通过萨尔曼家的电脑，发现了真相。

冷战时代或许永远都不会回来，取而代之的很可能将是金融战争，网络战争。

许多人认为这意味着外汇市场中存在内幕消息，实际不然。因为黑客根本没有利用价格信息，而是利用了系统的设备故障的交易风险。这正好更加形象地说明了外汇市场中的概率发生的可能性。一起小概率的交易系统失败，足以让你满盘皆输。

那么如何培养概率和统计思维呢？首先在交易系统的设计中要利用历史数据对系统进行检验得出各种统计特征，比如最大单笔亏损，以及胜率等等，只有凭借大量的统计数据得出的检验结论才能形成优良的交易系统，接着利用新的行情数据对已经初步建立的交易系统进行外推检验，并根据统计结果对系统进行针对性的检验，然后在正式交易中利用交易日志对系统进行定期的修正和改进。涉及一个概率分析，也就是说当诸多矛盾因素合成时，必须在赋予不同因素的不同权重的基础上进行交易决定，而这涉及概率和潜在风险和报酬分析。

交易方法和系统的改进过程中会出现一种极其错误的观念，

称为"过度优化"，或者"优化陷阱"。

第一，胜率不是持续成功交易的决定性因素，很多成功的交易员胜率不足 50%，但仍然能以可观的速度积累利润，相反很多胜率很高的交易者却因为一两笔单前功尽弃，关键的原因在于，每笔赚的要多，每笔亏的要少，也就是单笔最大亏损要小，平均赢利比平均亏损要大。追求胜率是一个新手的主要冲动，其实在交易中有很多试探性的举动，这些举动必然很多都是亏损的，但赢利的那单必定能在弥补了所有的亏损后还能带来丰厚的赢利，就像期货交易中的突破一样，虽然假突破占了多数，但我们很难区分突破的真假，所以即使是假突破，在事前我们不知道的情况下，多半还是要进去，因为毕竟相比损失而言，潜在的利润是丰厚的。

第二，追求胜率会导致模型的过度优化，也就是增加太多限制条件来力图囊括所有的数据。我们在宣传中经常看到胜率在 90%多以上的交易软件，其实这明显是过度优化的伎俩，其中的流程是这样的：首先根据数据建立交易系统，然后将交易系统不能阐释的数据找出来，然后在交易系统中加入新的规则使得这些数据能够得到说明，随着这个过程的持续，几乎所有的数据都得以在交易系统中得到阐释，而每段行情都可以抓住，这个系统在这段数据上表现完美，但运用在其他数据段上要么发不出信号，要么错误信号太多。这就是过度优化。

第四节 为什么绝大多数人都无法学会外汇交易

"我从事外汇交易快三年了。中间也经历了很多次的交易失败。我一直希望找到一种能够直接抓到市场的起涨点，降低交易风险的方法。达到战无不胜，不胜不战的境界。我尝试了很多种方法。对技术分析下了大量的功夫，做了一些研究。不管是东方的，西方的；现代的，传统的；保守的，还是激进的，我都试过。我也试过各种各样的指标，包括指标的联合使用。但是总觉得有一些问题。也许是我研究得不够深入。"

这是一位张姓投资者的个人感悟，他其实并非普通投资客，而是一个典型的中国股神。在他职业生涯的早期，在股票市场的成功案例不胜枚举。在中国这样的市场，能做出这种成绩，其职业能力应该说已经有较好的体现了。不过从他个人的经验看，外汇市场的交易还是难上加难。

吉姆·罗杰斯曾经对索罗斯说："我就喜欢我们两个对抗整个世界的感觉，这确实很酷！"

就外汇市场的难度和现实来说，几乎让所有人都感觉无法承受。简而言之，这可不是普通门外汉级别的投资客能够染指的。

尽管在外界看来，外汇投资是最公平和最少受到操纵的。在外汇市场上，无论你身处世界哪个角落，无论你出身何等卑微，无论你学历是否源自名校，这一切都不重要。外汇市场是一个全世界公平的竞技场，你想出道世界，挑起万丈风云，外汇交易正是一个最佳的舞台。

在华尔街的历史上，一些投资大师就是从外汇市场上历练出来的。索罗斯那些闻名世界的投资大案，包括击败英格兰，阻击欧洲，战胜泰国和东南亚，武器都是外汇，外汇交易就是他实践金融炼金术的法场。许多金融帝国的传奇都和外汇交易有着紧密的联系。甚至在一些情况下，外汇是主要的角色。也正因如此，类似货币交易等纠葛才成为一些大家族，例如罗斯柴尔德家族的一种文化符号。

普通人，没有选择进入金融市场，也许永远不知道个体的脆弱、盲从、缺乏自制、疏忽大意。在金融市场的修炼中，你将很快学会。金融交易是一场战争，也是博弈，外汇交易是金融交易中最难从事的一类，博弈思维要求考虑的因素很多，包括博弈支付矩阵、参与者以及均衡结果。

　　著名的混沌交易大师比尔·威廉姆认为金融交易是促进个人心智开发和身心平衡的最好良药，因为市场可以纠正人类天性中的很多弱点，市场可以让你的缺点变得如此地显而易见。普通人之所以无法染指这种投资，很大部分来源于心理和投资的冲突。投资学称呼这种冲突门槛，叫作随机性强化。

　　在最近几笔交易上，或者是最近一波走势上，我们就步入了一个随机强化的陷阱。这种陷阱经常无声无息地保留，有些人不露痕迹的成为这种陷阱的猎物。

　　市场在短期内呈现的随机强化特性，利用我们的因果观念让我们徘徊在有效交易方法的大门之外：当 B 紧随 A 发生的话，倾向于认为 A 是 B 的原因，当一个交易结果 B 紧随一个交易行为 A 发生的话，倾向于认为交易结果 B 是由交易行为 A 导致的，其实真正的因果关系未必这么简单。有些人认为自己选择适应市场，就能够赚取利润，在金融市场上出现一种混乱的赢利时刻，人们总会因为一时一刻的盈亏影响行为。这也就是随机强化特性。

　　不管怎么说，市场是我们所不能影响的，所以我们只能适应市场的走势和特点。由于交易行为受到交易态度的影响，而交易态度又受到交易观念的影响，所以交易行为能不能适应市场，进而产生高水平的交易绩效最终取决于交易观念。而市场随机强化会利用心理偏差来干扰交易绩效的提高，使得交易者适应市场走势的想法导致悖逆市场走势的行为。

　　"真是很困难的事。现代人花了许多时间，沉浸在电视秀、电玩及其他娱乐形式的虚拟实境之中，很难对现实（指变动、不确定）产生敬意。但是，你无视于现实，现实终究会赶上你。要面对现实，承认错误是其中最重要，也最困难的一步。

　　"多数人以为，认错是羞耻的来源；但只要能承认不完美的理解是人类的常态，就不会觉得认错有什么好丢脸的。认错的好处，是可以刺激并增进批判力，让你进一步重新检视决定，然后修正错误。我以承认错误为荣，甚至我骄傲的根源来自认错。

"我记得在事业初期，有一次我把我自己账户里的钱都赔光了，但我必须继续工作，装作没发生任何事，那个压力大到午餐后我几乎无法回去上班。这就是为什么我鼓励同事分享彼此的问题，只要他们表示有任何问题来找我，我都非常支持。"

这是索罗斯对自己成功的一次真实阐释，在他看来，他的成功在于认错和不断纠正自己的心理问题。

当你最近几笔交易赚钱的时候，你就认为正在使用正确的交易策略，甚至认为自己很聪明，那么接下来的业绩表现一定击垮你的认知和自信；当你在最近一波走势中感觉良好的时候，在接下来的一波走势中你的感觉将变得相当糟糕，这就是牛市中股民将要经历的情况。

你炒股炒了十年，或许你做外汇也做了快一年了，但你真的明白自己现在的交易处在什么样的水平吗？你知道市场是怎么回事吗？市场是如何利用你自己来欺骗和误导你吗？如你对这些问题的答案不清楚，则你的交易绩效也是空中楼阁。对抗心理偏差和随机强化干扰最简单的方法之一就是拉长你的交易时间框架，而最有效的方法则是基于原则去交易，而最好的原则无疑是完善的交易流程。